MINERVA
はじめて学ぶ教職
15

吉田武男

監修

生 徒 指 導

花屋哲郎/吉田武男

編著

ミネルヴァ書房

監修者のことば

　本書を手に取られた多くのみなさんは，おそらく教師になることを考えて，教職課程をこれから履修しよう，あるいは履修している方ではないでしょうか。それ以外にも，教師になるか迷っている，あるいは教師の免許状だけを取っておく，さらには教養として本書を読む方も，おられるかもしれません。

　どのようなきっかけであれ，教育の営みについて，はじめて学問として学ぼうとする方に対して，本シリーズ「MINERVA はじめて学ぶ教職」は，教育学の初歩的で基礎的・基本的な内容を学びつつも，教育学の広くて深い内容の一端を感じ取ってもらおうとして編まれた，教職課程向けのテキスト選集です。

　したがって，本シリーズのすべての巻によって，教職に必要な教育に関する知識内容はもちろんのこと，それに関連する教育学の専門領域の内容もほとんど網羅されています。その意味では，少し大げさな物言いを許していただけるならば，本シリーズは，「教職の視点から教育学全体を体系的にわかりやすく整理した選集」であり，また，このシリーズの各巻は，「教職の視点からさまざまな教育学の専門分野を系統的・体系的にわかりやすく整理したテキスト」です。もちろん，各巻は，教育学の専門分野固有の特徴と編者・執筆者の意図によって，それぞれ個性的で特徴的なものになっています。しかし，各巻に共通する本シリーズの特徴は，文部科学省において検討された「教職課程コアカリキュラム」の内容を踏まえ，多面的・多角的な視点から教職に必要な知識について，従来のテキストより大きい版で見やすく，かつ「用語解説」「法令」「人物」「出典」などの豊富な側注によってわかりやすさを重視しながら解説されていることです。また教職を「はじめて学ぶ」方が，「見方・考え方」の資質・能力を養えるように，さらには知識をよりいっそう深め，そして資質・能力もよりいっそう高められるように，各章の最後に「Exercise」と「次への一冊」を設けています。なお，別巻は別の視点，すなわち教育行政官の視点から現代の教育を解説しています。

　この難しい時代にあって，もっと楽な他の職業も選択できたであろうに，それぞれ何らかのミッションを感じ，「自主的に学び続ける力」と「高度な専門的知識・技術」と「総合的な人間力」の備わった教師を志すみなさんにとって，本シリーズのテキストが教職および教育学の道標になることを，先輩の教育関係者のわれわれは心から願っています。

　2018年

吉　田　武　男

はじめに

　本書は，教員を志して教職課程で学ぶ学生や大学院生，学び直そうとする現職の教員，また，学校の生徒指導について基本的な事柄を確認したいと考える教育関係者を主に念頭に置きながら編集された。

　そして，編集方針を定めるにあたり，生徒指導をタイトルに含む教職テキストをいろいろと手にとって確認することから始めた。そこでは，『生徒指導提要』（文部科学省，2010）の解説のようなものから，特別活動や教育相談（カウンセリング），進路指導，集団主義教育（生活指導），あるいは教育心理や心理臨床に重心をおいたものまでさまざまであった。さまざまな論者がそれぞれの立場から生徒指導について論じていた。

　しかし一方で，共通して指摘できることもあった。それは，生徒指導だけを取り出して論じ，学校の教育活動全体，あるいは（教師ではなく）教員の業務全体のなかに生徒指導を位置づけて論じているものは少ないことである。そのため，生徒指導の理念がその業務を伴うことなく語られたり，実際の生徒指導は児童生徒の行動管理であるという認識を助長したり，あるいは，生徒指導が単なる行政用語であると説いたりするなど，生徒指導の説明に偏りや誤解が少なからず生じている。

　この点において本書では，従来のテキストとは異なり，学校の教育活動全体のなかに生徒指導の業務を捉えて，偏ることなく，生徒指導本来の意味に即して説明するように努力した。その理由は，「これからの生徒指導」を考えるうえで欠かせない基礎を提供する必要があると考えたためである。つまり私たちは，日々の教育活動の何が生徒指導なのかを理解することなしに，それを改善することはできないと考えたからである。この意味において本書は，生徒指導の理念と実際を架橋する挑戦でもある。

　このような意図を方針として「これからの生徒指導」を考えるためのテキストにするために，本書の内容を大きくⅢ部構成にしている。

　第Ⅰ部は第1〜4章に相当し，学校の教育活動のなかに位置づく生徒指導の基本的な見方・考え方を確認しながら実際的な状況にも照らして，「これまでの生徒指導の考え方と取り組み」について整理している。そして，歴史的な背景も踏まえて学校教育や生徒指導が抱える問題点や課題にも言及している。これまでの生徒指導の発展過程と現状に関する基本事項を理解するだけでなく，近年，教職員が理解しておく必要性がますます高まっている法令遵守についても，基本事項から学修できるようになっている。

　第Ⅱ部は第5〜8章で，「子どもの抱える困難現象（問題行動）」の現状，重要な特徴・傾向，およびその対応と課題を扱っている。戦後70年余りの間，「これまでの生徒指導の考え方や取り組み」の下で，不登校やいじめなど，子どもの困難現象（問題行動）がどのように推移してきたかを確認するためである。また，生徒指導の文脈ではほとんど言及されない学業問題についても，論究している。結論的に，これまでの考え方と取り組みが成功しているとは，とても言えない状況が広がっていることが見えてくる。

　第Ⅰ，Ⅱ部を受けて，これまでの考え方や取り組みを基本から再検討し，生徒指導の理念と実際を関連づけて組み立て直していく必要性が意識されることを期待している。

　そして第Ⅲ部は第9〜12章で，「これからの生徒指導」を探求する。第Ⅲ部では，児童生徒が生活の歩みを進めるなかで抱える悩みや課題などの個々のニーズに応え，その歩みにそって個々のユニークな人生を拓くために必要な力を育てる教育活動へと改善する手がかりを探っている。そのためにまず，学校教育や生徒指導の抱える不易な問題と新しい問題を確認し，「育てる生徒指導」の土台となる学級経営の要点とカリキュラムに基づいた生徒指導について論究している。さらに，米国のスクールカウンセリングと対照させながら，日本の生徒指導が教員の役割としてどのように行われているかという実際的な見取り図を描き出すように工夫した。

　加えて本書を編集するうえで意識したことは，全体を通じて日米の生徒指導の歴史，あるいは発展過程の理解に基づいて記述することである。本書のなかでも繰り返し確認されるが，日本の生徒指導は戦後に，米国のスクールガイダンス（現在のスクールカウンセリング）の考え方と取り組みから多くを摂取している。しかし，労働雇用文化を背景とする教職員の役割分担の仕方や専門職性の発展過程において，両国の間には対照的な違いもある。それは，日本における学級／ホームルーム担任の役割の重要性として焦点化される。こうした理解が希薄なまま，欧米の心理援助職の活躍に習おうとする論考が最近，広がっている。しかも現在，「学校の働き方改革」の下に多様な専門職員や教育事務員の配置が図られるなど，教員自身の役割が再考されている。このような社会状況だからこそ，「これからの生徒指導」を考えるうえで，日本の学校教育制度に枠づけられ学校現場で育まれてきた，学級／ホームルーム担任が背負っている生徒指導上の役割を理解しておくことは欠かせない。生徒指導に関する欧米の最近の動向だけに注目していると，足元をすくわれる心配がある。

　以上のようなことを意識して本書が編集されているために，本書を利用して学修する際には，第1章から順に読み進めることをお願いしたい。なお，章・節によって「教員」と「教師」，「子ども」と「児童生徒」などの表記が不統一となっているが，それは記述内容や文脈によって読みやすい，そして伝わりやすいという各執筆者の判断に委ねたからである。

　また，本書の公刊に手間取るうちに，生徒指導の基本書である『生徒指導提要（改訂）』（文部科学省，2022年12月）が発表された。これを受けて，関係する内容や用語について見直しを行った。本書内では，2010年版を『生徒指導提要』，2022年版を『生徒指導提要（改訂）』と区別して表記してある。そして，後者の多くは，デジタルテキスト・バージョン「2023-02-23 Ver.1.0.1」（東洋館出版社）を参照している。

　本書を手に取る読者のみなさんは，これからの学校教育（生徒指導）を担う，そして，これからの子どもたちを育てようと志す方々である。そのようなみなさんにとって本書が，現代の学校で取り組まれる生徒指導を偏りなく理解することに役立ち，そして，個々のニーズに応え，児童生徒がそれぞれにユニークな人生を切り拓き，これからの社会を生き抜いていく力を育てる営みへと学校教育（生徒指導）を改善する，そのための手掛かりを少しでも提供できるならば，それ以上，望むことはない。

表　生徒指導コアカリキュラム表

全体目標	生徒指導は，一人一人の児童及び生徒の人格を尊重し，個性の伸長を図りながら，社会的資質や行動力を高めることを目指して教育活動全体を通じ行われる，学習指導と並ぶ重要な教育活動である。他の教職員や関係機関と連携しながら組織的に生徒指導を進めていくために必要な知識・技術や素養を身に付ける。									
一般目標	(1) 生徒指導の意義や原理を理解する。				(2) すべての児童及び生徒を対象とした学級・学年・学校における生徒指導の進め方を理解する。			(3) 児童及び生徒の抱える主な生徒指導上の課題の様態と，養護教諭等の教職員，外部の専門家，関係機関等との校内外の連携も含めた対応の在り方を理解する。		
到達目標　本書における章	1) 教育課程における生徒指導の位置付けを理解している。	2) 各教科・道徳教育・総合的な学習の時間・特別活動における生徒指導の意義や重要性を理解している。	3) 集団指導・個別指導の方法原理を理解している。	4) 生徒指導体制と教育相談体制それぞれの基礎的な考え方と違いを理解している。	1) 学級担任，教科担任その他の校務分掌上の立場や役割並びに学校の指導方針及び年間指導計画に基づいた組織的な取組の重要性を理解している。	2) 基礎的な生活習慣の確立や規範意識の醸成等の日々の生徒指導の在り方を理解している。	3) 児童及び生徒の自己の存在感が育まれるような場や機会の設定の在り方を例示することができる。	1) 校則・懲戒・体罰等の生徒指導に関する主な法令の内容を理解している。※高等学校教諭においては停学及び退学を含む。	2) 暴力行為・いじめ・不登校等の生徒指導上の課題の定義及び対応の視点を理解している。	インターネットや性に関する課題，児童虐待への対応等の今日的な生徒指導上の課題や，専門家や関係機関との連携の在り方を例示することができる。
第1章	○	○								
第2章	○	○		○						
第3章		○	○	○	○	○	○			
第4章			○					○	○	○
第5章								○	○	○
第6章								○	○	○
第7章								○	○	○
第8章									○	○
第9章	○									
第10章			○							
第11章		○			○	○	○			
第12章					○	○	○			○

　執筆，編集を終えるあたり，問題・課題の山積する学校教育や生徒指導，さらには教職員の働き方を改善する必要性を一層痛感しながらも，自身の力不足のために残された課題ばかりが自覚されてしまう。厚顔なお願いであると重々承知しているが，「これからの生徒指導」の発展のためにもご批正を賜ることができれば幸いである。

　最後に，幾度となく出版予定を頓挫させて大変なご面倒をおかけしたにもかかわらず，こうして刊行に辿り着くまで支えてくださった河野菜穂氏をはじめ，原稿の調整と編集作業をリードしてくださった浅井久仁人氏，およびミネルヴァ書房の関係諸氏に対して，深くお詫びするとともに，衷心より感謝申し上げたい。ありがとうございました。

2023年9月

編著者を代表して　花屋哲郎

第Ⅰ部

生徒指導の理念，歴史，
そして現在

第1章
生徒指導の基礎基本

〈この章のポイント〉
　本章では，生徒指導について正しくかつ深く理解するうえでの第一歩として，それに関する基礎的かつ基本的な重要事項を大きく2つに区分して包括的に学ぶことになる。前半部分は，日本において不安定な概念規定になりがちな生徒指導という用語について基本的な理解を促し，後半部分は，生徒指導という用語の欧米からの源流について探究しながら，生徒指導の概念の根本的な本質を理解する。

1　生徒指導とは何か

1　生徒指導という用語の現状

　「生徒指導」という用語は，一義的に概念を規定しにくいものであるが，中学校や高等学校においてしばしば耳にする単語である。また，大学に入学して教職課程を履修すると，教職に関する科目の名称の1つに，「生徒指導」という用語を含む科目が一般的にカリキュラムのなかに含まれている。それゆえに，「生徒指導という用語は，安定していない」（長谷川，2008）という言説を突然にいま聞いてしまうと，戸惑う人も少なくないであろう。

　歴史的にいうと，第2次世界大戦直後の教育改革のなかで，英語のガイダンス（guidance）という言葉が当初は生活指導という用語に訳して使われもしたが，英語の言葉をそのままカタカナ書きでガイダンスという用語も使用された。ところが文部省編『生徒指導の手びき』（1965）が発行されると，以前から多義的に使用されてきた「生活指導」という用語は避けられ，「生徒指導」という用語が使われるようになった。その後，ガイダンスに類似してカウンセリング（counseling）という用語も近年になって日常的にも使われるようになった。その際には，英語でガイダンスとカウンセリングが使用されるときは，指導色を強く出す際にはガイダンス，相談色を強く出す際にはカウンセリングというように使い分けられることも多くなったが，ほとんど同じような意味で使われることもある。しかし，時には，カウンセリングはガイダンスの一形態として包含されるものと見なされたり，それと真逆に，ガイダンスはカウンセリングの一形態として包含されると見なされたりもする。このような用語の意味の

▷1　「生徒指導」という用語は，一般的には終戦直後の教育改革のなかで主に中学校と高等学校の教育方法として導入された時に，「guidance」の訳語として当てられたと言われているが，歴史的にはもう少し以前から一部では使用されていた。

不安定さは，教育学研究においては時々見られる現象であるが，少し古い言葉で言えば，何らかの教材を使って知識や認識を教える教授（Unterricht）と，心情や意欲や態度に直接的に働きかける訓育（Erziehung）という二つの教育機能に区分していうと，訓育と呼ばれる教育機能の側においてより強く見られる現象である。

そこには，心情や意欲や態度というような，知識や認識に比べてよりつかみどころのない子どもの資質・能力を対象にする場合には，その対象を扱う人の個別の体験や信念，さらにはその対象を扱う団体・組織の歴史的・社会的立場によって，その見え方・捉え方が大きく異なるのは，当然のことであろう。その前提を十分に理解・寛容することなく，研究や実践が行われても，お互いの異なった立場のなかで，自分たちの勢力拡大にとって都合の良い用語が強調されることはあっても，用語の意味内容の整合性をより客観的・学術的に図られることは少ないために，研究や実践の成果が共有されなくなってしまいがちである。さらには，ある状況においてそれぞれの個人や団体・組織の主張が衝突し，研究者や現場教師なども巻き込むような混乱も生じたために，教育行政機関の文部科学省（文部省）も，過去において生徒指導に関する用語を整理している（文部省，1965）。

そこで，このような問題状況をこれからの未来において，できるだけ生じさせないためにも，同時にできるだけ生徒指導の中身をよりいっそう正しく充実・発展させるためにも，私たちは，生徒指導の実態を基礎的かつ基本的なところからまず正しく理解し，それを踏まえて，不安定な生徒指導の意味内容を不明確なままに看過するのではなく，生徒指導の分野で使用される用語の意味内容についてできる限り共通理解をしたうえで，日本における生徒指導のあり方に関してその歴史的・社会的背景を視野に入れながら学ばなければならないであろう。その内容についての詳細な説明は次章に譲ることとし，ここでは次に，個人や組織・団体の価値観の相違を超えて，できる限り客観的・俯瞰的な立場から，基礎的・基本的な用語の意味内容について，文部科学省（旧文部省）編の資料を手がかりにしながら包括的に考えていきたい。

2　生徒指導の定義づけ

まず，ここでは，生徒指導の概念について，共通理解をしておきたい。その際に，まず既述した「生徒指導という用語は，安定していない」という言説のところから説明を改めてはじめよう。

先にも述べたように，生徒指導には，類似した「生活指導」という用語が存在する。また，歴史的にみても，訓育という類似した用語も存在している。さらには，アメリカからガイダンスやカウンセリングという用語も輸入されてい

▷2　文部省編『生徒指導の手びき』（1965）のなかで，「周知のように，『生徒指導』に類似した用語に『生活指導』ということばがあり，この二つは，その内容として考えられているものがかなり近い場合があるが，『生活指導』という用語はかなり多義に使われているので，本書では『生徒指導』とした」と付言されているのは，その影響の表れである。

しかし，日本においては，大正期から，生活指導という用語が使われはじめていることをかんがみるならば，戦前の生活綴方や生活指導などと呼ばれていた実践の源流をたどることは，疎かにされてはならないであろう。さらに言えば，生徒指導の基を訓育とするならば，明治期における学校管理の理論の源流をたどることも重要であり，このことも決して忘れられてはならないであろう。なぜなら，そこには，他国にはない，日本独自の伝統と文化を継承する生徒指導の姿が垣間見られるからである。

る。これらの微妙に意味内容を異にした用語が，異なった立場や背景から語られるために，研究者からすれば，「生徒指導という用語は，安定していない」と見られてしまうのである。それゆえ，現在においても実際に，生徒指導の概念は簡単に規定されにくい状況にあるといえる。

　例えば，文部科学省という組織の概念規定を見てみよう。1965年発行の『生徒指導の手びき』においても，また1981年発行の『生徒指導の手引（改訂版）』においても，第1章第1節の冒頭に，「生徒指導は，学校がその教育目標を達成するための重要な機能の一つである」と端的に明記されていた。ところが，2010年に発行された『生徒指導提要』の第1章第1節を見てみると，文章の冒頭に，「生徒指導とは，一人一人の児童生徒の人格を尊重し，個性の伸長を図りながら，社会的資質や行動力を高めることを目指して行われる教育活動のことです」と明記された。そして，12年後の2022年に改訂された『生徒指導提要（改訂）』の第1章第1節では，学校教育の目的や目標達成について示された後で，生徒指導の定義として，「児童生徒が，社会の中で自分らしく生きることができる存在へと，自発的・主体的に成長や発達する過程を支える教育活動のことである。なお，生徒指導上の課題に対応するために，必要に応じて指導と援助を行う」とかなり大きく変更されている。この2022年の変更によって，生徒指導の主体は決して教師ではなく，あくまでも児童生徒であって，教師は児童生徒が自分らしく生きる存在になるように支える働きを担う者である，と明確に示されることとなった。

　このように，文部科学省が示す生徒指導の概念規定だけを取りあげても，その時代や社会状況の変化に即応していくために，学問的に「生徒指導という用語は，安定していない」と見なされることは，やむを得ないであろう。しかし，この文部科学省の概念規定の変更を眺めると，「安定していない」とも見えるが，「生徒指導は機能か領域か」という過去の論争に対しては，文部科学省は安定（一貫）して生徒指導を教育活動という機能として強く捉えてきたといえる。特に，生徒指導を機能として捉え続けてきた文部科学省の立ち位置は，1981年の『生徒指導の手引（改訂版）』から2010年の『生徒指導提要』への変更によってより明確化され，さらに2022年の『生徒指導提要（改訂）』では，よりいっそう確固としたものとなった。その点は，後述するように，2022年の『生徒指導提要（改訂）』の大きな特徴の一つとなっている生徒指導の構造に関する説明において，顕著に示されている。

3　生徒指導の目的

　これまで繰り返し述べてきたように，教育活動としての生徒指導という用語は「安定していない」ために，文部科学省の見解を眺めてみても，生徒指導の

目的を規定することは容易な作業ではない。しかし，現時点においては，1965年の『生徒指導の手びき』から1981年の『生徒指導の手引（改訂版）』を経て2010年の『生徒指導提要』までは，生徒指導の目的に関する内容記述は，「生徒指導の意義と課題」という章（タイトル）のなかで「定義」と「目的」が混合されるかたちで示されてきたが，最新の2022年の『生徒指導提要（改訂）』では，「生徒指導の基礎」という章のなかで，「生徒指導の意義」として「定義」と「目的」が明確に区別して記述された。この目的の明確化は，1つの妥当な学問的到達点として，大いに評価されてよいものであろう。

　そこで，2022年の『生徒指導提要（改訂）』を改めて見てみると，前述した定義づけの記述の後に続けて，生徒指導の目的が，次のように明記されている。

> 生徒指導は，児童生徒1人1人の個性の発見とよさや可能性の伸長と社会的資質・能力の発達を支えると同時に，自己の幸福追求と社会に受け入れられる自己実現を支えることを目的とする。

　この記述内容を『生徒指導提要（改訂）』の解説に即していうと，学校において行われる生徒指導の目的は，学校が提供するすべての教育活動のなかで児童生徒の人格が尊重されたうえで，児童生徒自らが個性の発見とよさや可能性の伸長を図りながら，多様な社会的資質・能力を獲得し，自らの資質・能力を適切に行使して自己実現を果たすべく，自己の幸福と社会の発展を児童生徒自らが追求することを支えるところに求められているのである。端的にいえば，生徒指導の目的は，個人としての適切な自己実現，つまり適切な個性化と，多様な社会の担い手となるための社会化を支えることにある。

　また，そのような生徒指導の目的を達成するために，『生徒指導提要（改訂）』のなかでは，児童生徒1人1人が自己指導能力を身につけることが重要であるとされている。そこで強調されている自己指導能力とは，「児童生徒が，深い自己理解に基づき，『何をしたいのか』，『何をするべきか』，主体的に問題や課題を発見し，自己の目標を選択・設定して，この目標の達成のため，自発的，自律的，かつ，他者の主体性を尊重しながら，自らの行動を決断し，実行する力」とされている。その自己指導能力を獲得するために，『生徒指導提要（改訂）』では，生徒指導の実践上の視点として，自己存在感の感受，共感的な人間関係の育成，自己決定の場の提供，安全・安心な風土の醸成，という4点があげられている。

4　生徒指導の構造

　生徒指導の目的を達成するためには，生徒指導を組織的・計画的に実践する

ことが重要である。その際に，2022年の『生徒指導提要（改訂）』にはじめて
提示された生徒指導の構造の捉え方「2軸3類4層構造」は，適切な生徒指導
の方法の指針を考えるうえでの重要な基本となるものである。この構造は，生
徒指導の働きかけを「2軸」「3類」「4層」に分類しているが，生徒指導を領
域ではなく機能としてより強く捉えることによってこそ，この分類が可能と
なっている。

　それでは，2022年の『生徒指導提要（改訂）』にはじめて提示された生徒指
導の構造について，もう少し詳しく説明してみよう。

　その提要によると，生徒指導は，児童生徒の課題への対応を時間軸や対象，
課題性の高低という観点から区別することで，構造化することができるとい
う。その点から，生徒指導を分類すると，図1-1のようになるという。

　まず，生徒指導の「2軸」について言うと，児童生徒の課題への対応の時間
軸に着目すれば，図の右端のように2分される。すなわち，「常態的・先行的
（プロアクティブ）生徒指導」と「即応的・継続的（リアクティブ）生徒指導」と
いう2つの機能（働きかけ）に区分される。前者の積極的な先手型の「常態的・
先行的（プロアクティブ）生徒指導」には，日常の生徒指導を基盤とする「発達
支持的生徒指導」と組織的・計画的な「課題未然防止教育」が該当する。後者
の事後対応型の「即応的・継続的（リアクティブ）生徒指導」には，課題の予
兆的段階や初期状態における指導・援助を行う「課題早期発見対応」と深刻な
課題への切れ目のない指導・援助を行う「困難課題対応的生徒指導」とが該当
する。

　また，生徒指導の「3類」について言うと，児童生徒の課題への種類から分
類すれば，図のように「3類」に区分される。すなわち，「発達支持的生徒指
導」と「課題予防的生徒指導」と「困難課題的生徒指導」という3つの機能
（働きかけ）に区分される。最初の「発達支持的生徒指導」は，すべての児童生
徒の発達を支えることになる。次の「課題予防的生徒指導」は，すべての児童
生徒を対象とした課題の未然防止教育と，課題の前兆行動が見られる一部の児

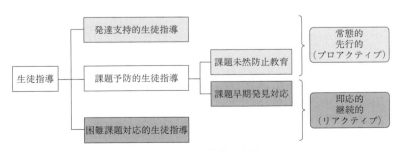

図1-1　生徒指導の分類

出所：『生徒指導提要（改訂）』文部科学省（2022）。

童生徒を対象とした課題の早期発見対応とを含むことになる。最後の「困難課題的生徒指導」は，深刻な課題を抱えている特定の児童生徒への指導・援助を行うことになる。

　さらに，生徒指導の「4層」について言うと，図1-1の「2軸」「3類」に「4層」を加えられたものが，図1-2となっているが，その「4層」とは，指導の対象となる児童生徒の範囲から着目した分類であり，すべての児童生徒を対象とした「第1層」の「発達支持的生徒指導」と，すべての児童生徒を対象とした「第2層」の「課題予防的生徒指導」のなかの「課題未然防止教育」と，一部の生徒を対象とした第3層の「課題予防的生徒指導」のなかの「課題早期発見対応」と，そして特定の児童生徒を対象にした第4層の「困難課題対応的生徒指導」という機能（働きかけ）の4層から区分される。この4層構造は，生徒指導の重層的支援という機能（働きかけ）の構造を示したものとなっている。

　「第1層」の「発達支持的生徒指導」は，特定の課題を意識することなく，すべての児童生徒を対象にして，教育課程内外のすべての教育活動において進められる生徒指導の基盤となるものである。また，「第2層」の「課題予防的生徒指導」は，「課題未然防止教育」と「課題早期発見対応」から構成されているが，「課題予防的生徒指導」のなかの「課題未然防止教育」は，すべての児童生徒を対象にして，生徒指導の諸課題の未然防止をねらいとした，意図的・組織的・系統的な教育プログラムのことである。具体的には，いじめ防止教育や自殺予防教育や情報モラル教育などである。それに対して，「課題予防的生徒指導」のなかの「課題早期発見対応」は，すべての児童生徒を対象とするのではなく，課題の予兆行動が見られたり，問題行動のリスクが高まったりするなど，気になる一部の児童生徒を対象にして，深刻な問題に発展しないよ

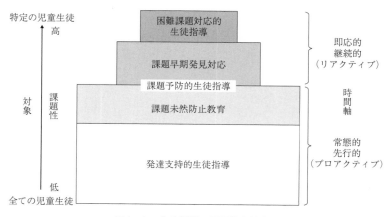

図1-2　生徒指導の重層的支援構造
出所：『生徒指導提要（改訂）』文部科学省（2022）。

うに，初期の段階で諸課題を発見し，対応することである。そして，「困難課題対応的生徒指導」は，いじめ，不登校，少年非行，児童虐待など特別な指導・援助を必要とする特定の児童生徒を対象にして，校内の教職員だけでなく，校外の教育委員会をはじめ，警察や病院や児童相談所などの関係機関との連携・協働による課題対応を行うことである。

⑤　生徒指導の方法

では，生徒指導を行うときに，どのように働きかけるのであろうか。その際に，あらゆる場面で共通して重視される方法として，「児童生徒理解」とともに，「個別指導と集団指導」という方法原理が考えられる。

前者の「児童生徒理解」について取りあげると，生徒指導は，生徒理解に始まって生徒理解で終わるといわれるように，児童生徒理解はとても大切にされる指導原理である。実際に，その理解が正しく深まらなければ，生徒指導という働きかけが児童生徒に対して不適切な結果を生み出してしまいかねない。その意味で，教師の児童生徒理解は，生徒指導の方法の基本である。

しかし，実際には教師が，児童生徒の家庭環境や能力・適性や興味・関心，そして児童生徒の感情の動きや児童生徒相互の人間関係を把握・理解することは簡単ではない。しかも，児童生徒理解においては，児童生徒の心理面だけでなく，学習面，社会面，健康面，進路面，家庭面からの総合的な理解，さらには児童生徒，保護者と教師の相互理解も重要になる。そのためには，教師は，観察力をはじめ，専門的・客観的・共感的理解できる力や児童生徒などに信頼感をもたせるようなコミュニケーション能力を身につけなければならない。

また，後者の「個別指導と集団指導」について関して，2022年の『生徒指導提要（改訂）』に即していうと，それらは，「集団に支えられて個が育ち，個の成長が集団を発展させるという相互作用により，児童生徒の力を最大限に伸ばし，児童生徒が社会で自立するために必要な力を身に付けることができるようにするという指導原理に基づいて」行われる方法である。そのためには，教師は，前述したような児童生徒理解を十分に行う必要がある。また，個別指導と集団指導に関連していうと，ガイダンスとカウンセリングの双方による支援が重要であるが，それらは，教師だけでなく，SC（スクールカウンセラー）やSSW（スクールソーシャルワーカー）などが協働して行う生徒指導において，児童生徒の変容を促し，一人ひとりの発達を支える働きの両輪として捉えるべきものである。さらに付け加えるならば，さまざまな生徒指導の方法を実際に行うには，教師だけでなく，チーム支援という組織的対応の体制が必要不可欠である。

2　生徒指導の源流をたどる

1 　生徒指導の源流

　本章では，これまで文部科学省の教育行政的な見解を中心に生徒指導という用語や意味について検討してきたが，以下ではもう少し学問的な視点から深堀りしてみよう。なぜなら，これからの予測不可能な未来社会において，生徒指導の中身について大きく揺れ動くことが予想されるだけに，生徒指導という用語の源流をたどることは，生徒指導の基礎基本に触れて理解するだけでなく，将来の生徒指導のあり方を根本的に考える際の1つのよりどころになる意味でも，参考になると考えられるからである。

　生徒指導の源流といっても，現実的にはそれは1つではなく，複数の源流が存在する。そのなかでも，日本の生徒指導の分野にあっては，第2次世界大戦直後にアメリカからガイダンスの考え方が過去の戦前の生徒指導から決別する意味で取り入れられたこと，また現在においてアメリカを中心とした欧米諸国からのさまざまな臨床心理学の理論や実践が紹介されていることをかんがみるならば，ここでは，あえてアメリカ，およびそのアメリカに大きな影響を与えたドイツなどという欧米からの源流をたどってみることにする。

　世界に目を向けてみると，歴史的には，生徒指導という用語で使われる指導という言葉は，古代ギリシアの『パイデイア（paideia）』という自由人の教育にまで立ち返らなければならないであろう。しかし，生徒指導という用語についていえば，前述したように，第二次世界大戦直後にアメリカからガイダンスの考え方が日本に広がる契機となったのであるが，そのガイダンスという用語は，近代の科学としての教育学を構築した19世紀のドイツのヘルバルト（Herbart, J. F. 1776-1941）に遡ることができる。

2 　生徒指導の源流の一つとしてのヘルバルトの教育方法学

　周知のように，ヘルバルトは，主著『一般教育学』（1806）において，実践哲学（倫理学）と表象力学（心理学）を基盤にして，従来の経験的な教育論から科学的な教育学を樹立した人物である。その彼の主著には，その2年前に彼の全体的な教育観が初めて公に示された論文「教育の中心任務としての世界の美的表現について」（1804）のなかで述べられた「教育の唯一全体の課題は道徳性という概念において捉えられる」という考え方に顕著に示されているような，「道徳的人格の陶冶」を教育の最高の目的とする考え方がそのまま継承されたうえで，それを学校教育において実現させる教育の機能（方法）として，

管理（Regierung）と教授（Unterricht）と訓練（Zucht）の三つの部門が提示され，詳細に解説された。

　ヘルバルトは，『一般教育学』のなかで，「訓育（Erziehung）[3]という言葉は，訓練（Zucht），引き出すこと（ziehen）から由来する」と述べたうえで，「一般的には本来の訓育（die eigentliche Erziehung）に教授（Unterricht）が対置されるにもかかわらず，私は本来の訓育に子どもたちの管理（Regierung）を対置させてきた」と強調するように，管理の機能だけを，教授や訓練という陶冶を意図する二つの教育の機能から切り離していた。つまり，彼にあっては，管理は，教授や訓練を行うための予備的段階と見なされ，子どものもつ荒々しさを抑え，外的な秩序を保つためのものであった。その意味では，管理には教育上の重要な役割は認められていたが，教授や訓練とは異なり，管理それ自体には陶冶性は見出されていなかった。したがって，管理は，学校教育において子どもの監視や威嚇や罰などを含むものであったが，晩年の主著『教育学講義綱要』（1835）には，「管理の基礎は子どもに作業をあてがっておくことにある」と述べるように，単なる強制よりも子どもの作業活動が管理の基礎的手段として考えられていたようである。つまり，日本語に意訳するならば，管理は「しつけ」に近い意味であると考えられる。

　また，ヘルバルトは，教授を，既有の思想圏の拡充補充を図るものであり，道徳的人格の陶冶のための基盤となるものと見なし，知識の習得を道徳的人格の陶冶や人間の人格形成にも欠くことのできないものと考えていた。その理想的な教授として，彼は訓育的教授（die erziehende Unterricht）を提唱した。その彼の確固たる信念は，『一般教育学』において述べられている有名な，「私は，教授のない訓育などというものの存在を認めないし，また逆に，少なくともこの著書においては，訓育しないいかなる教授も認めない」という文言に顕著に示されている。

　そして，ヘルバルトは，訓練については，「陶冶しようとする意図をもって，青少年の心情に直接的に働きかけること」と見なした。そのうえで，彼は，「訓練の概念はただそれだけではまったく空虚である。陶冶しようとする単なる意図は，それだけでは，それが現実に陶冶する力となるほどには，心情への直接的作用の中へ入りえないであろう」と述べ，子どもの思想圏の陶冶，つまり知識の習得としての教授の成果を基礎的前提として行われなければならない，すなわち知識の習得と切り離された単独の訓練は人格の陶冶にはつながらないと考えていたのである。

　さらに，ヘルバルトは，このように捉えた管理と教授と訓練のかかわりについては，次のような順序性の考えを示している。すなわち，管理はできるだけ早く訓練に道を譲り，訓練もまた教授がなされるより先に，適当な時期に止め

▷3　「Erziehung」という用語は日本の教育学研究においては「教育」と訳されることがほとんどである。したがって，「die erziehende Unterricht」は，一般には「教育的教授」と訳される。しかし，本章では，「教育的教授」をあえて「訓育的教授」と訳し，この文脈での「Erziehung」は，いわゆる広義の教育ではなく，知育と対立する狭義の教育としての訓育と訳すことにした。

なければならないという。彼にあっては，管理と訓練は，理想とする訓育的教授の実現によって知識の習得と統合化（一体化）されるものである。ただし，管理と訓練は，子どもに直接的に働きかける点で共通した機能を有しているものであるが，管理は訓練に道を譲るべきと考えられている。そこには，訓練は本来の訓育，すなわち人間の陶冶の機能を有するものに属するために，つねに知識の習得を目指す教授，すなわち訓育的教授との関連を重視するものであり，陶冶性を見出せない管理と混同させてはならないという考え方が垣間見られるのである。

［3］　ドイツにおけるヘルバルトの教育方法学の展開

　以上見てきたヘルバルトの教育方法学体系は，初期の「教育の中心任務としての世界の美的表現について」から『一般教育学』を経て『教育学講義綱要』に至るまでの約30年間を見ても，基本的には変わらないが，部分的には変更されている。しかし，19世紀後半になると，ヘルバルトの教育方法学体系は，ドイツにおいてツィラー（Ziller, T.）をはじめ，シュトイ（Stoy, K. V.）やライン（Rein, W.）などのいわゆるヘルバルト学派と呼ばれる研究者によって，時代状況の進展のなかで，教授法を中心にかなり修正されていくこととなった。例えば，ツィラーの文化段階説や中心統合法，ラインの5段階教授法があげられる。その教育方法学のなかでも，今の生徒指導に深く関係する訓育について言えば，シュトイとラインの修正が注目されるであろう。

　前述したように，ヘルバルトにあっては，管理と教授と訓練という3つの機能が順序性を意識して考えられていた。ところが，ヘルバルト学派のなかでも正統派とされたシュトイにあっては，それぞれの意味内容は変更されないままではあったが，実際の授業とともに実際の学校生活が強く意識されるなかで，学校教育の機能を，教授（Untericht）と指導（Führung）という2つの機能に整理することが考え出され，またそのシュトイの学校教育の改革を継承するとともに，ヘルバルトの教育方法学をより実践しやすいものに改善しようとした改革派のラインにあっても，管理と教授と訓練という3つの機能を教授と指導という2つの機能に区分することはシュトイからそのまま受け継がれた。ただし，ラインにあっては，後者の指導の概念に関しては，訓練と管理と身体養護（Körperpflege）という3つの区分が新たに示された。ここで注目すべきことは，ヘルバルト学派では，ヘルバルトの教育方法学において見られなかった指導という教育の概念が，いわば表舞台に登場した点である。

　そこでは，ヘルバルトにおける管理と訓練という2つの概念が指導という概念としてまとめられただけであって，ヘルバルトの教育方法学には存在しなかった教育の理念が内容として新たに創造されたわけではなかった。その意味

では，ただ管理と訓練の概念が包括されただけに過ぎなかったわけであるが，もともと教授という概念と並んで存在していた管理という概念が訓練という概念と合体されて指導という概念のなかに組み込まれたことは，全体的に有していた教育方法学上の管理の重みを結果的に大きく失わせることとなった。そのうえ，1912年のラインの著書においては，教授の学を教授学（Didaktik）と，そして指導の学を指導学（Hodegetik）と呼び，両者はそれぞれ独立した学問領域とされるとともに，管理という概念は教育方法学の学問のなかで残るものの，指導学という学問領域のなかで弱体化したものになってしまい，そのままアメリカのヘルバルト学派にも引き継がれたのである。

４　アメリカにおけるヘルバルト学派の教育方法学の導入と展開

　アメリカでは，1890年頃にはヘルバルト学派の教育方法学は受容され始めたが，本格的な広がりを見せ始める分岐点になったのは1895年である。その年に，ヘルバルト学派の教育方法学にとって，象徴的な出来事がアメリカにおいて起きている。

　1つの出来事は，全国ヘルバルト協会の結成である。その結成には，ドイツに留学して本場のヘルバルト学派に直接の指導を受けたド・ガーモ（De Garmo, C.）やマクマリー兄弟（McMurry, C. & F.）などのヘルバルト学派と呼ばれる研究者たちが中心となって参画していた。しかし，そこには，その理論の直接的な推進者や紹介者だけでなく，のちにアメリカの新教育運動の中心となり，ヘルバルト主義者と対立することになるデューイ（Dewey, J.）も理事として積極的に参画しているように，それなりに幅広い層の人々が集まっていたのである。

　もう1つの出来事は，その年にラインの『教育学綱要』（Pädagogik im Grundriss）の翻訳（Outlines of Pedagogics）が出版されたことである。その翻訳書のなかでは，Unterricht が instruction，Zucht が training，Regierung が government とそれぞれ訳され，Zucht と Regierung を包括した Führung は guidance と訳されている。また，同年には，アメリカのヘルバルト学派の代表者の1人であるド・ガーモの『ヘルバルトとヘルバルト学派』も発行されており，Zucht と Regierung を包括した概念は，本のなかで管理（Regierung）に重点が置かれたときは school discipline と，訓練（Zucht）または指導（Führung）に重点が置かれたときは guidance と訳されている。

　その後，全国ヘルバルト協会のメンバーが中心となってヘルバルトの教育方法学はアメリカの教育界に広く普及されるが，その過程において社会の状況や研究者の関心によって，その教育方法学の特定な部分が重要視され，あるいは軽んじられた。例えば，教育の唯一全体の課題であった道徳性の概念はあまり

好まれず，それに代わって市民性の概念が大切にされた。また，当時のアメリカにおける教材過多の問題を解決するために，ヘルバルトの訓育的教授やツィラーの文化段階説や中心統合法，そしてラインの5段階教授法のような教授の部分がともすれば注目され，結果的に管理や訓練，すなわち指導の部分は軽んじられ，前述した訳語の Führung という概念の教育用語の意味内容は，19世紀末のアメリカにおいてはそれにふさわしい訳語が見出せないこともあって，guidance あるいは school discipline と訳されたまま，それ以上はその後もほとんど考究されなかった。それと同時に，Zucht の訳語となった training も，教育学的概念として注目されなかった。その意味では，アメリカにおけるヘルバルト学派の教育方法学の展開は，指導，つまり訓育の分野ではなく教授の分野を中心とするものであり，ヘルバルト主義者や反ヘルバルト主義者のみならず，当時のデューイのような研究者を含めた教育関係者の幅広い人々を巻き込んで普及していった。そのなかには，試行錯誤学習の実験で有名な心理学者であり，かつ教育測定運動の父と呼ばれたソーンダイク（Thorndike, E. D.）も，ヘルバルトの教育方法学を学んでいた。

　このような教授（instruction），つまり今の日本の用語で言えば学習指導を中心としたヘルバルト学派の教育方法学の動きは，指導（guidance），つまり今の日本の用語で言えば生徒指導に関する研究を衰退させるだけでなく，その概念の存在をも結果的に教育界から忘れさせていってしまった。ヘルバルト学派から派生したこの指導（guidance）という言葉を再び教育界の表舞台に登場させたのは，ヘルバルトの教育方法学とはあまり関係のないガイダンス運動（Guidance Movement）であった。

5　アメリカにおけるガイダンス運動

　20世紀初頭のアメリカにおいて，産業化していく時代的社会的状況にあって，職業指導のためのガイダンス運動が出現した。トラックスラー（Traxler, A.）によると，その運動には5つの異なる源泉があるという。1つは，もっとも古い源泉として，一般社会における多数の生活不適応者の発生に対して博愛主義的な視点から関係者が対策を求めたことであり，もう一つの古い源泉としては，宗教家や宗教団体が宗教的な立場から子どもの救済を求めたことである。また，第3の源泉としては，これらの2つのものより新しいものが3つあげられている。1つは，不適応の現象のなかに，精神衛生や精神治療の必要性を見出した，1908年の精神衛生協会の成立に始まる精神衛生運動の人々からの要求である。その2つ目は，社会の変化から中等学校に過剰に押し込められていた中等学校の子どもに対しての職業指導や相談の必要性である。そして，最後の1つは，個人としての子どもを知ることが学校にとって重要であるという

考えから，教育測定運動と呼ばれる，個人の差異を図る測定法への関心が高まったことである。

　このように，アメリカにおけるガイダンス運動の多義性の主要な原因は，ガイダンス運動自体の源泉の多様性に見出すことができる。研究者によってその源泉の捉え方もさまざまであるが，複数の源泉があって，それらが社会状況のなかで混在するかたちで普及していった。トラックスラーの捉え方に則って言えば，アメリカにおいても，また戦後の日本においてアメリカから導入される際にも，最初の2つの古い源泉に見られた博愛主義的・宗教的な側面は見逃され，新しい3つの源泉のガイダンス運動，そのなかでもとりわけ最後の測定運動の源泉に由来する心理的技術的側面が強く反映されていったのである。[5]

　以上見てきたように，生徒指導の1つの源流として，ヘルバルトの教育方法学における管理と教授と訓練という3つの部門がやがてヘルバルト学派に継承して実践化されていくなかで，教授と指導という2つの機能に区分された後，特にアメリカにおいてはドイツ以上に指導という概念は注目されなくなった。再び指導という概念が注目されるようになったのは，前述したように，ヘルバルトやヘルバルト学派と無関係なところから発生ししたガイダンス運動であった。しかし，指導をはじめ，管理や教授などのヘルバルトを源とする教育用語の概念は，時代や社会の変化のなかで衰退していったものの，それらの概念について，ヘルバルト主義を乗り越える新教育運動の中心的人物であるデューイや，ガイダンス運動のなかの大きな役割を担った教育測定運動の中心的人物であるソーンダイクが彼らの学問を構築するうえで参考に，あるいは批判の対象として学んでいた。その史実から推考すれば，ヘルバルトやヘルバルト学派の理論や実践は，生徒指導をはじめ，生徒指導と学習指導を含めた欧米の教育方法全体について学ぶうえでも忘れられてはならない重要な意味を有している。

▷5　心理的技術的側面の反映については，宮坂哲文が『生活指導』で次のように評している。「戦後のガイダンスは，その心理学による科学性，能率主義による合理性において大きな特徴をもっており，日本的な生活指導は，それからきわめて多くのものを学ばなければならないだろう。しかし，根本的に重要な問題は，**アメリカ流ガイダンス運動からなにものかを学ぶべき当の主体たる日本の生活指導運動そのものが，ア**メリカ流ガイダンスの技術のはなばなしい紹介と導入によって忘れ去られ，見失われてしまつているということである。」（原文ママ，太線は著者）

Exercise

①　生徒指導の概念の不安定さについて，『生徒指導の手びき』から『生徒指導提要（改訂）』（2022）までの文部科学省の見解の変化を追いながら，考えてみよう。

②　ヘルバルトとヘルバルト学派の相違について考えたうえで，指導という用語が出現した理由や経緯について考えてみよう。

③　アメリカのガイダンス運動に見られる新しい3つの源泉それぞれについて，もう少し詳しく調べてみよう。

📖次への一冊

文部科学省『生徒指導提要（改訂）』東洋館出版社，2022年
　　生徒指導に関する学校・教職員向けの基本書として，文部科学省が作成したものである。

河合隼雄，木原孝博編『学校生活の指導』学習研究社，1979年
　　少し言葉や内容に関して古いところもあるが，これまでの生徒指導の成果や学説だけでなく，それを生み出した背景やさまざまな実践的問題についても，丁寧に整理・解説されている。

宮坂哲文『生活指導——実践のための基本問題』朝倉書店，1954年（『宮坂哲文著作集第1巻』明治図書，1968年，に所収）
　　書名から見ても，また出版年から見ても，少し古臭く見えるが，内容は一級品である。思想信条の違いを越えて，日本型の生徒指導の在り方について考える際には，あらかじめ知っておかなければならない基礎基本の知識が豊富に記されている。

引用・参考文献

新井肇編『「支える生徒指導」の始め方——「改訂・生徒指導提要」10の実践例』教育開発研究社，2023年。

飯田芳郎編『学校・生徒の指導』全教図，1966年。

飯田芳郎・沢田慶輔・鈴木清・樋口幸吉，堀久編『新生徒指導事典』第一法規，1980年。

岩城孝次・森嶋昭伸編『生徒指導の新展開』ミネルヴァ書房，2008年。

梅根悟『梅根悟教育著作選集1』明治図書，1977年。

梅根悟『現代訓育思潮』成美堂，1936年。

加澤恒雄・広岡義之編『新しい生徒指導・進路指導—理論と実践—』ミネルヴァ書房，2007年。

河合隼雄・木原孝博編『学校生活の指導』学習研究社，1979年。

Kehrbach, K., Joh. Friedr. Herbart's Sämtliche Werke.1.Band, Langensalza, 1887.

Kehrbach, K., Joh. Friedr. Herbart's Sämtliche Werke.2.Band, Langensalza, 1887.

Kehrbach, K., Joh. Friedr. Herbart's Sämtliche Werke.2.Band, Langensalza, 1902.

「月刊　生徒指導」編集部編『生徒指導提要（改訂版）——全文と解説』学事出版，2023年。

坂本昇一『生活指導の基礎と実際』文教書院，1970年。

坂本昇一『生活指導の理論と方法』文教書院，1978年。

坂本昇一『生徒指導の機能と方法』文教書院，1990年。

庄司他人男『ヘルバルト主義教授理論の展開——現代教授理論の基盤形成過程』風間書房，1985年。

高久清吉『ヘルバルトとその時代』玉川大学出版部，1984年。

高橋哲夫・森嶋昭伸・今泉紀嘉編『「ガイダンスの機能の充実」によるこれからの生徒指導，特別活動』教育出版，2004年。

デューイ，J.，市村尚久訳『経験と教育』講談社，2004年。

Traxler, A. E., *Tecniques of guidance : test, records, and counseling in a guidance program*, Harper & Brothers New York, 1945.（トラックスラー，大塚三七雄・澤田慶輔訳『ガイダンスの技術——ガイダンス計画におけるテスト・記録・指導助言』同学社，1949年）

中村豊『生徒指導提要——改訂の解説とポイント』2023年。

日本生徒指導学会編『現代生徒指導論』学事出版，2015年。

原田信之編『心をささえる生徒指導——生徒支援の理論と実践』ミネルヴァ書房，2003年。

長谷川榮『教育方法』協同出版，2008年。

ヘルバルト，J. F., 高久清吉訳『世界の美的表現』明治図書，1972年。

ヘルバルト，J. F., 高久清吉訳『一般教育学』明治図書，1960年。

ヘルバルト，J. F., 是常正美訳『教育学講義綱要』協同出版，1974年。

宮坂哲文『生活指導——実践のための基本問題』朝倉書店，1954年。

宮坂哲文『生活指導の基礎理論』誠信書房，1962年。

文部省『生徒指導の手びき』大蔵省印刷局，1965年。

文部省『生徒指導の手引（改訂版）』大蔵省印刷局，1981年。

文部科学省『生徒指導提要』教育図書，2010年。

文部科学省『生徒指導提要（改訂）』（Ver.1.0.1）東洋館出版社，2022年。

Rein, W., *Pädagogik in systematischer Darstellung*, Langensalza, 1912.

第2章
生徒指導史：その概念形成と社会的背景

〈この章のポイント〉
　生徒指導は，戦後に使用されるようになった専門用語で，学校の重要な教育機能の1つである。それは米国ガイダンス（スクールカウンセリング）の強い影響を受け，日本の伝統的な教育実践に共通の観点を見出す。その観点とは，生活するなかで抱えるさまざまな個々のニーズに応え個性的な発達を支えることである。戦後の道徳教育政策と学習指導要領改訂が進み，児童生徒の問題現象に対応する過程で，生徒指導は理念と実践の乖離を深め，生活態度の指導と誤解されるようになり，その観点は揺らいでいる。ここでは生徒指導の過去から現在を辿っていく。

1　生徒指導の前史（1872年〜1945年頃）

［1］　学校教育に根付く伝統的な訓練・管理機能

　わが国の学校教育に，個性尊重の理念を基礎とする生徒指導が，公式に用語として使用されるようになったのは第二次世界大戦後のことである。それ以前には，戦後の生徒指導につながる諸活動が見出される。例えば澤田（1954）は主なものとして，① 訓練（生活修身），② 生活綴り方生活指導，③ 課外活動，④ 個性尊重および職業指導，⑤ 郊外生活指導，⑥ 精神測定および教育測定の適用，⑦ 教育相談，⑧ 生徒主事による生徒の指導を指摘した。

　このなかでも戦後の生徒指導の形成過程に大きな影響を残す前2者の活動が重要である。① 訓練（生活修身）は，学校教育の教授機能に対置される訓練機能を意味し，戦前には国民道徳教育の実践指導を担った。そして戦後の道徳教育との関係において，生徒指導の一部として同様の役割が重ねられていく。② 生活綴り方生活指導は，大正期頃の生活綴り方教育の考え方と実践に関連づけられる。これは，その後の戦時体制が強化されるなかで一旦終息するが，戦後に日本の生徒指導の原点の1つとして掘り起こされる。

　これら前史とみなされた諸活動は，わが国の近代化・産業化を急ぐ国策下に進められた学校教育の近代化過程において展開される。当時は脱亜入欧・富国強兵の政府スローガンの下に，国家意識の形成と産業の近代化を支える国民（臣民）の育成が教育政策上の最重要課題であった。

▷1　訓練と訓育は，同義的に使用された時期もあるが，現在では訓練は技能・行動などの習熟を意図した働きかけとして，訓育は道徳的習慣の形成を意図した子どもの情意面への働きかけとして使用されることが多い。

▷2　大正期の教育実践で，子どもに地域の生活や家庭のありのままを作文に綴らせた。

▷3　臣民とは一般に，国王たる君主の支配する対象の国民を意味するが，明治憲法下においては天皇を君主とする国家への忠誠を求められる国民を意味する。

▷4　明治天皇が示した教育の基本方針。欧米主義的な教育政策・内容への偏向を批判し，伝統的な儒教主義的道徳の重視を説いた。

▷5　教科「修身」は，第二次世界大戦前・中の初等・中等・師範学校などの教育課程に設けられた道徳教育の中心。その内容は，教育勅語（1890年）を経て，全ての教科に通底する国民道徳教育の要と位置づけられていく。

そのため，1872年の学制以後，学校には「修身」（以下，修身科）という国民道徳教育のための教科が設けられ，その内容は「教学聖旨」（1879年）によって儒教主義的道徳観に基礎づけられていく。こうして近代学校教育の制度・内容が確立され普及していくとともに，ヘルバルトの教育理論が学校の教育方法・実践に取り込まれ，修身科授業を中心に国民道徳の知的指導を担う教授機能と，学校生活のなかで一定の規範的行動・態度の実践指導（生活修身）を担う訓練・管理機能という教育機能上の伝統的な関係構造（図2-2）が広く共有されていった（磯田，1971）。

② 弾圧された生徒指導の萌芽

教育内容が増加し学校規模が拡大されるとともに，学校教育の形式化・画一化に対する批判が高まるなかで，世界的に広がる経験主義・児童中心主義の教育思想の影響を背景に，国内の一部で大正期新教育運動が展開される。それらは共通して，児童生徒の主体性や個性を重視した。このなかに，生活綴方教育が位置づけられる。このほか，1930年代後半には，労働・厚生政策として職業指導（進路指導）と公衆衛生（保健指導）の活動が学校外で開始され，学校教育に影響を及ぼし始めていた。

しかし，これら教育現場で芽生えた児童生徒の主体性や個性に応じた活動は

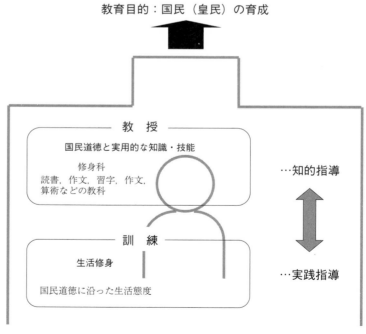

図2-1　戦前の学校における教育機能

出所：筆者作成。

戦時体制下に国民道徳を強化する過程で弾圧され，終息していく。その反対に，修身科を中心とした伝統的な教育機能の関係構造がより一層，学校で明確な形をとっていく。

　戦時に備える政治的な影響が強まる中，全体主義国家体制が推進される。学校教育では，1941年「国民学校令」の公布により，徳育の強化（修練課程）と皇民的自覚の徹底を実現するために，全教育活動において皇民としてのあり方・生き方の指導が強化された。このとき，修身科はすべての教科を統べる教科として教授機能の最高位に位置づけられ，訓練・管理機能は「皇国の道に則った基礎的錬成」として把握された。つまり訓練・管理機能は，皇民としての態度と行動パターンの獲得を目指す生活態度の実践指導を意味するようになった（磯田，1971）。

　このように戦時体制下において，皇民道徳（教授）に対する日常的な生活態度の実践指導（訓練・管理）とする教育機能構造が明確に意識されている。学校教育がここで経験したことは，国家統制のために学校の道徳教育が利用された例として記憶される必要があるだろう。

2　訓練・管理から生徒指導へ（1945年～1958年頃）

[1]　米国型の生徒指導

　敗戦を迎えた日本は，混乱と貧困の社会状況と米国の占領下にあった。多くの人々は民主主義を受け入れ，新しい民主国家の建設へと歩み始めた。教育の分野では，民主的国民の育成を掲げて日本の教育を立て直すために，当時の理想の教育と見なされた米国進歩主義教育に手掛かりを求めた教育実践が展開されていく。

　戦後，日本の学校教育は，第1次米国教育使節団の報告書に基づき，そして教育基本法と学校教育法の制定により，平和主義と民主主義を基本原理とする新しい学校制度へと整えられた。修身科は廃止され，新しい教育の主眼は，公民性の育成と個性の尊重におかれ，日本の教育課程に社会科と特別教育活動が新設された。学校の教育活動全体を通じて，生徒に民主社会の形成者としての能力・態度を育成する教育実践が広く取り組まれていく。そのなかでは，子どもの興味に基づいた体験的活動を通じて社会生活の実際に即して知識・技能を指導することが強調された（磯田，1971）。

　このように日本の教育全体が見直されていくなかで，生徒指導概念の基礎が形成される。新教育における生徒指導の構想に取り組む教育研究・行政の関係者たちは，個性指導を強調する米国ガイダンスの考え方と方法を盛んに摂取

▷6　戦時総力体制下の学校において，天皇制イデオロギーによる教化と心身の鍛錬が進められた。

▷7　子どもの個性尊重と教育の個別化を進めた教育運動で，市民（公民）性の育成をも視野にとらえていた。

し，その理解と普及に尽力する。1947年に CIE（民間情報局）の指導者カーリーの下，教員養成学校のガイダンス研究が進められ，その成果である報告書『指導』（教師養成研究会，1948）が公刊される。同書では，それまでの教育が個々の多様性やニーズを括弧に付し，生活から遊離した人間一般のあり方や問題に関する知識・技能を伝達する画一化された教育であり，個人のニーズに応じない教育であったことを批判する。そして，新しい教育は，個人差に着目して，現に生活する個人のニーズに応じる教育でなければならいと主張した。この新しい学校教育に，以下のように「指導（ガイダンス）」を位置づけていく。

> 　（指導とは），生活活動のあり方について，各自において生活を設計し営んでいく上に必要な援助や助力を必要な時に適切に与えてやる用意とそのプログラムを持つことを意味する。
> 　　　　　　　　　　　　　　　　　　　　　　　　　　　　　　　　　（前掲書，前文）

　この文章を現代的に読み直すならば，「生徒指導とは，個々の児童生徒が生活していくなかで抱える困難や悩み，将来の生活に向けて抱く思いや願いに応えて，必要な援助を適時適切に届ける指導体制を整え，プログラムに基づいた教育活動を実施することを意味する」ということができよう。

　同書公刊の翌年には，一般教員対象の研修会である教育指導者講習会（以下，IFEL）が全国各地で展開され，文部省（当時）は『児童の理解と指導』（文部省，1949a）と『中学校・高等学校の生徒指導』（文部省，1949b）を公刊した。このテキストタイトルに，生徒指導という用語が初めて公式に使用された例を確認できる。

　しかしこの時点では，米国ガイダンスをそのまま翻訳した米国型の生徒指導の域を出ることができず，その考え方と方法を日本の実情に合わせて十分に理解，普及させるには至らなかった（坂本，1980）。逆に，その研修内容が児童生徒理解のための心理テスト・調査などの方法・技術が中心であったため，生徒指導が方法・技術主義であると性急に捉えられ，批判され始める。

２　日本型の生徒指導

　こうしたなか，日本由来のガイダンスを探求する作業が活性化する。掘り起こされたのは，生活綴り方教育であった。生活綴り方教育では，子どもの生活経験が強調され，子どもの生活にある現実（リアリティ）を綴らせることによって子どもの思いや願い（ニーズ）を理解し，子どもの生活認識を高め，子どもの生き方を指導する（宮坂，1968）。生活綴り方教育は日本のガイダンスの源流であると，広く受け入れられていく。

　さらに，米国ガイダンスの考え方は当時，教育課程編成にも影響し，特に生徒指導と特別活動（現在）との関係づけが強調された。そこでは，特別活動が

個々のニーズに直接応じる教育活動であると同時に，公民性を育成する自主的自発的な教育活動（自治活動）であると理解され，生徒指導（ガイダンス）の集団指導の場としてみなされた（磯田，1971）。

　米国ガイダンスの影響は，個々の児童生徒が生活していくなかで抱える困難や将来への思い（ニーズ）に応えるという観点を生徒指導概念に基礎づけるとともに，生活綴り方教育という日本の伝統的実践のなかにその観点を掘り起こす作業を活性化した。こうして，伝統的な規範的行動・態度の実践指導（訓練・管理）から個々のニーズに応え発達を支える教育活動（生徒指導）へと，学校の人間形成を担う教育機能の転回が図られていく。

　このように戦後，日本の学校教育は，学習指導と生徒指導の二大教育機能を柱に据え，教育目的である人格の完成と国民（公民）の育成を目指す営みとして理念化された（図2-2）。生徒指導は，現に生活している児童生徒のニーズに応えて援助していく学校の教育機能として位置づけられた。そして，学習指導機能と重なりながら作用し，児童生徒個々の人間形成を進め，画一化された教育から個性を尊重する教育へと学校教育を編み直していく役割が生徒指導に期待されたのである。

　しかし当時はまだ，生徒指導は学校の教育実践を方向づける概念としては曖昧で未熟な用語であった。この頃から1960年頃まで，一時的に生徒指導という

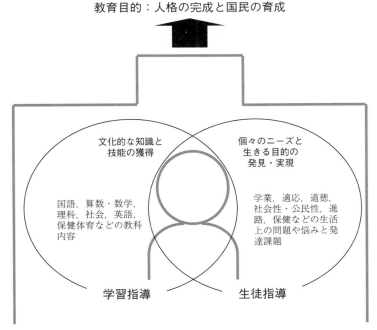

図2-2　戦後新教育の学校における教育機能（理念）
出所：筆者作成。

用語がほとんど使用されなくなる。そこには，日本の学校教育で伝統的に使用されてきた生活指導という用語が，前史の多様な活動を含み込みながらそこに生徒指導（ガイダンス）も加えられ，多くの人々によって多義的に使用された背景がある（坂本，2002-2003）。文部省も，1956年に全国3ブロックに分けて生活指導研究協議会を主催したように，しばらくの間，生活指導を使用している。また，生活綴り方生活指導（学級づくり論）の理論と実践の探求は，その後，生活指導の用語の下に日本教職員組合（日教組）[48]や全国生活指導研究協議会（全生研）[49]などの民間教育団体によって推進されていく。

▷8　公立学校の教職員の勤務条件の改善を求め，生活の安定と社会的地位の向上を目指し，さらに教育の民主化を掲げて1947（昭和22）年に組織された。

▷9　1959（昭和34）年に結成された，学校内外で取り組まれる生活指導の民間教育研究団体。生活綴り方教育を原点する「学級づくり」教育実践・研究を自らが批判して，「集団のちから」を民主的に形成する「集団づくり」と呼ばれる教育実践・研究を展開してきた。

3　道徳教育に関係づけられる生徒指導（1958〜1964年頃）

1950年代には産業経済が徐々に復興していくにつれ，都市部に人口が流入し，働き方や生活様式などを含む人々の生活・社会状況が変わっていく。そして日米講和条約締結（1951年）を契機に，人々の間で自主・自立の機運が高まるとともに，政府を中心に日本人としての国民的自覚の醸成に関心が寄せられ，新教育に対するさまざまな課題が指摘されるようになる。こうした中，敗戦による貧困や社会的混乱を背景とする青少年による非行問題と体験的活動を重視する教育実践による学力低下に対する懸念が社会問題化した。

戦後間もない生活・社会状況を背景に，戦後新教育に対する反動と当時捉えられた教育改革が開始される。それは，1958年告示の学習指導要領によって示され，道徳教育の徹底，基礎学力の充実，科学技術教育の向上などを掲げ，教育課程の国家基準化と教育内容の4領域構成（小中：各教科，道徳，特別活動，学校行事）（高：道徳を除く3領域）を進めた。

特に「道徳の時間」特設は，戦前への回帰ではないかと当時の教育関係者に強い懸念をもたらした。それは，公教育を保障するものの学習指導要領が法令に準ずる拘束力を備えることで学校教育に対する国家統制力が強化される懸念に加え，「道徳の時間」特設が戦前の「修身科」を想起させたからである。これらの改革動向を争点として，文部省（政府）と日教組・全生研の対立が激化し，その和解は1995年まで待たなければならなかった。

このとき文部省は，新教育における道徳教育の実践が不十分であり，道徳教育の徹底強化を図るために「道徳の時間」を中心に学校教育活動全体のなかで実践的に指導することが必要であることを主張した。一方，日教組や全生研などは，文部省案は復古的であり，学校教育活動全体を通じて児童生徒の生活の中から彼らの関心や必要性の高まりとともに道徳的題材をタイムリーにすくい取り実践的に指導することが本来の道徳教育であると主張し，反対した。こうした対立は，その他の争点も含みながら長引き，結果的に，学校の道徳教育実

践を広く低調なものにしていく。

　このような「道徳の時間」特設に象徴される道徳教育の政策は，「道徳の時間」の知的指導（教授）と日常的な実践指導（訓練・管理）の教育機能構造を基礎に構想されているように見える。当時の文部省の関係資料にはこの実践指導を生徒指導に結びつける記述は見当たらないが，この頃から再び文部省は生徒指導という用語を使用するようになる。そこには，積極的に意識されていないが，日常的な生活態度の指導を生徒指導に関係づけていく流れを読み取れる。

　また一方の全生研ではその後，個々のニーズを許容し合い共同で問題解決に取り組む，このような仲良し集団を形成するだけでは不十分であると生活綴り方生活指導（学級づくり論）を批判し，メンバー個々のニーズから集団的ニーズへと組織化する訓練を通じてメンバー間の強い連帯と集団規律を備えた集団を形成する集団づくり生活指導へと向かう（竹内，1990）。

4　生徒指導の理念的確立と問題対応に追われる実践（1965〜1990年頃）

1　生徒指導の理念的確立

　1960年代に入ると，急速な産業経済の発展が日本社会のさまざまな分野に大きな変化をもたらしていく。それは，地方から都市部へ，第一次産業から第二・三次産業へ，大家族から核家族へ，あるいは中卒学歴から高・大卒学歴へなど，人々のライフスタイルとキャリア形成を大きく変え，「一億総中流家庭」と呼ばれる生活水準を標準化していく。このような社会変化は，青少年の非行・不良問題に加えて，受験競争，落ちこぼれなどのさまざまな教育問題現象を伴いながら，産業技術の高度化への対応を学校教育に求める期待と要請を増大させていく。

　そのようななかで，学校に生徒指導主事（1975年に主任制度化）が1964年に配置された。この生徒指導主事の制度化は，米国のスクールカウンセラー制度を念頭に，個性尊重の観点に立って学校の生徒指導実践を専門的に推進する専門職教員の配置を意図していた。増加する青少年非行問題への対応はそのような実践上の課題の1つと考えられていた。しかしこの時，専門職性を保証する養成制度もなく，学校の教員の中から充当する「充て職」となり，文部省においても法制化を含む専門家の養成は今後の課題とされた（井坂，1964）。結果的に，生徒指導主事は「校長の監督を受け，生徒指導に関する事項をつかさどり，当該事項について連絡調整及び指導，助言に当たる」（学校教育法施行規則第70条）と規定されるだけで，その職務内容を方向づける「生徒指導」の明確

な規定はない。つまり，生徒指導主事は学校のなかで生徒を管理する側にも擁護する側にも立つことが可能となっている。

　また翌年には，それまでの研究・実践をもとに『生徒指導の手びき』（文部省，1965年）が公刊された。同書の公刊は，依然として発展途上にあった生徒指導の理念を明示し，これ以後，学校の生徒指導実践の拠り所となっていく。

　同書では，生徒指導の定義は編集に協力した専門家の間でも見解がまとまらず見送られたが，学習指導と並ぶ学校の教育機能の１つであることが明記され，生徒指導を性格づける次のような５つの意義が示された。すなわち生徒指導は，① 個別的かつ発達的な教育を基礎とする，② ひとりひとりの生徒の人格の価値を尊重し，個性の伸長を図りながら，同時に社会的な資質や行動を高めようとする，③ 生徒の現在の生活に即しながら，具体的，実際的活動として進められる，④ すべての生徒を対象とする，そして⑤ 統合的活動である。

　このように生徒指導は，個々の児童生徒すべてを対象として，その生活に即して個性と社会性を調和的に高める具体的実際的な発達志向の活動として性格づけられた。そして，その実践的活動が便宜上，学業，個人的適応，社会性・公民性，道徳性，職業・進路，保健，余暇などに分けられても，別々に形式的に取り組むものでなく，個々の発達に統合されなければならないことが説明されている。同書では続けて，この理念の下に学校で実践するための考え方と方法に関する原理的な説明が展開され，当時の喫緊の教育課題であった非行対策が言及されている。

　併せて1968年改定の小・中学校学習指導要領に，「生徒指導の全機能を補充し，深化し，統合する役割」をもつ「学級指導」という活動時間が特別活動のなかに設けられた（文部省，1960）。その指導内容（小中学校の場合）として，(1)個人的適応，(2)集団生活への適応，(3)学業生活，(4)進路選択，および(5)健康・安全の５つが示されている。これは『生徒指導の手びき』の記述と呼応しており，「学級指導」が個々の発達を積極的に促進する教育活動の時間としての明確な意図をもって設けられたことがわかる。

▷10　現場において，学級指導の内容や方法の具体的な検討が進まず，すでに計画化されている他の指導や教育活動との間で学級指導の時間を確保することの困難などが指摘された。1989年版学習指導要領において学級指導と学級会活動が統合されて学級活動となり，現在の学級活動（高：ホームルーム活動）にその指導内容が示されている。

［２］ 問題対応に追われる生徒指導実践

　1980年代にかけて，「教育の荒廃」と呼ばれるさまざまな教育問題（落ちこぼれ，激しい受験競争など）が生じていく。青少年非行は低年齢化が進み，中高生による校内暴力や家庭内暴力が全国で多発し，不登校やいじめなども社会問題化し始めた。

　深刻化する児童生徒のさまざまな教育問題を前に，生徒指導の実践上の関心は，その理念の実現や「学級指導」時間の活用よりもむしろ，それら問題対応へと向けざるを得なくなる。

　種々の問題行動への対応にあたって学校現場では，生活習慣・態度の徹底を強権的に求める旧来の訓練・管理的立場の実践が根強く，この時期，広範囲で行われた。そしてこの立場と対立するようにして，人間性の回復を求めて教育相談・心理療法分野で世界的に流行していた受容的立場の実践が，「カウンセリング・マインド」という造語を生み出し，学校の教育相談活動を牽引していく。またこれらの立場を批判し，集団を育てるなかで醸成される「集団のちから」によって問題行動の解消とともにそのメンバー自身の発達を促そうとする集団主義的立場を強調する集団づくり生活指導の学校実践が全生研を中心に進められた。

　教育現場が対応に追われるなか，1981〜1987年間に総理府（現内閣府）の下におかれた臨時教育審議会は，「戦後教育の総決算」をスローガンに，なおも深刻化する「教育の荒廃」状況の問題点を明治期以降の教育制度や施策などに求め，「画一性，硬直性，閉鎖性を打破して，個人の尊厳，個性の重視，自由・規律・自己責任の原則，すなわち『個性重視の原則』を確立すること」を学校教育に求めた。その第二次答申には「徳育の充実」が掲げられ，初等教育においては基本的な生活習慣・態度（しつけ）や社会規範を守る態度などの育成を，中等教育においては人間としての「生き方」教育を重視する提言を行った。臨時教育審議会の４次にわたる答申は，その後の教育改革の基本路線を示し，これに沿った教育施策が具体化されていく。

　しかし1990年代に入り，行きすぎた管理指導が社会的に批判されるようになり，文部省が校則の見直しを指示するなど，学校現場で訓練・管理的立場の実践が手控えられていく。

5　変わる学校教育と問い直される生徒指導（1991〜現在）

　1990年代に入ると，バブル経済の崩壊による影響が社会に広がる中，さまざまな教育問題がさらに広がっていく。こうした深まる教育・社会問題を背景に2000年代には，教員養成・採用・研修，学校・地域の連携・協働，および教員業務と学校管理機能などに関する改善・改革策の検討が同時並行して進められ，2017年版学習指導要領改定を睨みながら，それら改善・改革案は政府と文科省によって矢継ぎ早に実行されていく。

　この大規模で広範な教育政策が進行する初期において，文部省は，増加を続ける不登校児童生徒の問題などに対応するため，各種調査研究協力者会議を適宜発足させて対応策を打ち出していった。そのなかで，次のような方針転換が図られた。すなわち，学校が問題を抱え込み対応していた以前の方針から，家庭と地域社会と問題を共有し連携・協力して対応する方針へと。そして，教員

以外の専門職を学校に初めて配置することを決定した。

　1995年にスクールカウンセラー（以下 SC）の試験的配置が開始されたが，これに伴って，教員以外の専門職が初めて学校に配置されることの賛否が議論され，活用上のさまざまな心配や問題が指摘された[11]。その後，学校現場での SC 受入れが進み一定の効果があると評価され（教育相談等に関する調査研究協力者会議，2007など），2017年に SC は学校の専門職員として法令上に位置づけられた。なおも検討されなければならない活用上の課題が種々に残るが，SC 配置が進んだ20年余りの間，この出来事が生徒指導の実践・研究を活性化するだけでなく，部活動コーチ，スクール・ソーシャルワーカー（以下 SSW），スクール・ロイヤー（以下 SL）など，教員以外の専門的な職員配置の議論の先鞭をつけたことは間違いないだろう。

　この開かれた学校・生徒指導への方針転換と SC 配置は，学校の生徒指導実践を教育相談分野から促進し，教育相談体制の充実，開かれた生徒指導，ネットワークによる行動連携など，速やかな事後対応と予防的な取り組みの理解を学校現場に広げ，生徒指導体制の充実の必要性と重要性を認識させていく（少年の問題行動等に関する調査研究協力者会議，2001）。

　2000年代に入り，なおもさまざまな教育問題が広がりを見せ深刻化していく。その主な話題は，新しい問題行動と目された低年齢化を伴う少年非行・犯罪問題，児童が教員に不服従・反抗する学級崩壊問題，就労環境の悪化に伴う若年労働者問題，後を絶たないいじめ自殺問題，および PISA ショックと称された学力低下問題などである。

　この間，学校の生徒指導実践では，規律違反をする児童生徒に段階的に厳しく対応していく規範指導の強化や，勤労観・職業観の育成を図るキャリア教育の導入が進められた。さらに2006年には，当時の政府によって約60年ぶりに教育基本法が改正された。そのなかで 5 つの教育目標が条文化され，とくに愛国心と公共の精神の用語が論争のキーワードとなった。2008年改訂の学習指導要領には改正教育基本法の趣旨が明記され，理・数教科の学習内容・授業時数が増加され，言語活動の充実と学習習慣の確立が重要事項に加えられ，主体性ある日本人を育てるための道徳教育の推進などが強調点として盛り込まれた。そして，2017年改訂の学習指導要領（小・中）では道徳が教科に格上げされ，現在，実施されている。

　以上のように1990年以降，さまざまな分野にわたる教育改革が展開されるなかで，生徒指導実践においては教育相談分野の研究・実践が精力的に取り組まれ，不登校などの問題現象に対応する考え方や方法が拡充されてきた。生徒指導の新たな基本書『生徒指導提要』（文部科学省，2010）にはその成果が反映され，問題行動を扱う各論が大幅に増えている。さらに，発達を促進する生徒指

導の充実を強調して『生徒指導提要（改訂）』（文部科学省，2022）が改訂された。

　このような動向は，SC・SSW・SL などの多様な専門職員を含む「チーム学校」論と関連づけられるようになり，種々の問題現象の対応を越えて予防的，発達的な生徒指導実践への発展・拡大へと向かっている。その一方で，道徳教育の推進に伴って再び，規範意識の醸成を強調する伝統的な訓練・管理的立場への関心が通奏低音となって広がりを見せている。戦後に児童生徒のニーズに応える教育機能として基礎づけられた生徒指導は，現在，その実際的意義を問われている。

6　生徒指導概念の現在──理念と実際

　現在，生徒指導は，個性尊重を第一原理とする専門用語として基礎づけられている。その背景には戦前の学校教育に対する強い反省があり，教授と訓練・管理の旧機能構造から学習指導と生徒指導を二大教育機能とする新たな機能構造（図2-2）へと，理念的な転回が図られた。

　その後，「道徳の時間」特設を契機に，再び，児童生徒の価値観の形成を直接のねらいとする道徳教育に対して，生徒指導が個々の具体的な日常生活の問題について指導・援助するものと関係づけられていく。このとき，「道徳の時間」と生徒指導の間には，次のような相互補完関係にあると説明されてきた。すなわち，道徳的な価値観が獲得されれば，日常の生活態度が正されていき，逆に，生活態度の指導が徹底すれば，道徳教育のねらいを側面から助けると。このような説明は，『生徒指導の手びき』（1965，80ページ）ですでに確認され，道徳的実践力を指導することは生徒指導の役割の1つとみなされている。

　また，このような「道徳の時間」と生徒指導の関係づけは，「道徳の時間」が教育課程の領域（教育活動）の1つであることにより，熟慮されることなく，各教科などの他の領域（教育活動）にも敷衍されているように見える。例えば，教科の授業における学習態度や学習規律の指導は生徒指導の役割の1つと捉える考え方である。

　そして，「道徳の時間」が特別な教科（道徳科）に格上げされた現在，道徳教育との間に見られる生徒指導の相互補完的な関係づけは，教育課程全体との関係において一層，意識されるかもしれない。つまり，「道徳の時間」を中心に教育課程全体を通じて行われるとされる道徳教育は，当然，日常生活における児童生徒の道徳的実践を求めることになり，実際には，望ましい生活態度を指導する生徒指導の役割を偏重しかねない。さらに他の領域（教育活動）へと敷衍されることになると，生徒指導が望ましい生活態度の指導として一層見えてしまう（図2-3）。

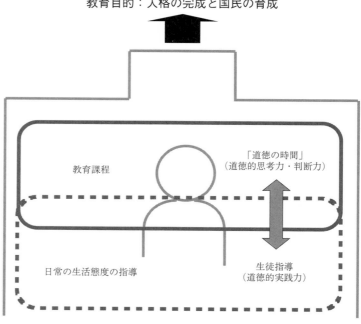

図2-3　現代の学校における教育機能（実際）
出所：筆者作成。

　しかしこうした認識は，教育課程に位置づく「道徳の時間」との関係が意識
される際に生じるものであって，生徒指導の中心的な役割ではない。道徳性
は，児童生徒個々の発達を支える生徒指導の1つのテーマであり，生徒指導の
すべてではない。生徒指導は道徳性の発達を支えるが，道徳教育でないことは
はっきりと理解される必要がある。

　さらに，生徒指導が生活態度の指導，とくに戦前の訓練，あるいは生活修身
のようにみなされることは重大な誤解である。生徒指導が，個性の伸長を第一
原理とする理念と意義にそって，実際的意味とそれに支えられた実践を学校で
展開するためには，まず，この誤解を解かなければならない。この課題が重要
な理由には2つある。

　1つには，学習指導要領改定の度に生徒指導の補助的な意義ばかりが強調さ
れ，個々のニーズに応え発達を支える種々の教育活動を統合する求心力を生徒
指導が失うからである。求心力を失った生徒指導は，個性尊重の下に種々の教
育活動を方向づけることはできない。それは，学校現場に個々バラバラな教育
活動の展開を助長するばかりでなく，各教育活動の意義と関連性を損なってい
く。そのために，生徒指導は，個性を伸ばす実践を学校の教育活動のなかに広
げていく役割を果たせず，実際には生活態度の指導として誤解され，実践され
やすくなっていく。こうして，個性尊重を第一原理とする生徒指導の理念は，

単なるお題目となって形骸化していく。

　2つには，日常の生活態度の指導を学校教育に適切に位置づける必要性に気づくことができないからである。日常の生活態度の指導は，人間形成の文脈で語られやすい。しかしこの指導が学校で取り組まれるとき，その実際的意義は，学校の秩序と安全な学習環境を作り維持すること，つまり生徒の行動を管理することにある。ここで問題となる，生活態度の指導（しつけ）と生徒管理の間を区別することは，明治以来，修養主義的な人間形成観（竹内，2015）が浸透している日本では難しい。生活態度の指導を人間形成の文脈だけで捉えていては，生徒の行動管理の実際的意義を見落としてしまう。ドイツの教育学者ヘルバルトが200年以上も前に指摘したように，学校の管理機能は，現実の学校には必要な機能である。個性尊重を第一原理とする生徒指導とは別に，学校教育に適切に位置づけられる必要がある。

▷12　修養主義とは，教養や学歴がなくても，自己鍛錬や道徳的な研鑽によって人間性を高めることを重視する道徳主義的な価値観を意味する。

Exercise

① 基本的な生活態度の指導が管理指導になりやすい理由をグループで話し合おう。そして，学校で誰がこの指導を担うと良いか，意見を交換しよう。
② 1947-2017年改定の学習指導要領における「総則」「道徳（科）」「特別活動」に，「生徒指導」がどのように記述されているか，一覧を作ってみよう。その一覧をグループで眺めて，気づいたことを共有しよう。
③ 1989年改訂の学習指導要領で，「学級指導」が「児童活動」（小）／「生徒活動」（中）と統合された理由を調べてみよう。

次への一冊

西岡加名恵編著『特別活動と生活指導』協同出版，2017年。
　　全生研を中心に取り組まれてきた「生活指導」について，その歴史的変遷を含め，生徒指導とは違った視点から子どもたちのニーズに応えようと営まれてきた研究・実践の現在を理解できる。
海後宗臣監修，肥田野直・板垣忠彦（編）『教育課程総論（戦後日本の教育改革6）』東京大学出版，1971年。
　　戦後日本の教育改革において，教育課程に関わる政策的経過と実践的展開を豊富な資料に基づいて分析，整理している。今日的な日本の学校教育の基礎を理解し，重要な論点を省察することができる。
宮坂哲文『宮坂哲文著作集（第Ⅰ～Ⅲ巻）』明治図書，1968年。
　　特別活動のみならず，生徒指導（生活指導），道徳教育など，学校教育で取り組む人間形成の理論と実践について広く，論究した古典。

引用・参考文献

ヘルバルト，J. F.，高久清吉訳『一般教育学』明治図書，1960年。

井坂行男「生徒指導担当者の資質」(『教育心理―（財）田中教育研究所』968-976頁)，
　　1964年。

井坂行男「生徒指導の歴史」鈴木清・澤田慶輔・宇留田敬一編『生徒指導の原理と課題
　　（講座生徒指導1巻)』金子書房，1966年，157-180ページ。

磯田一雄「生活指導と教育課程」海後宗臣監修，肥田野直・板垣忠彦編『教育課程総論
　　（戦後日本の教育改革6)』東京大学出版会，1971年。

教師養成研究会『指導――新しい教師のための指導課程』師範学校教科書株式会社，
　　1948年。

宮坂哲文『宮坂哲文著作集（Ⅱ)』明治図書，1968年。

文部省『児童の理解と指導』師範学校教科書，1949a年。

文部省『中学校・高等学校の生徒指導』日本教育振興会，1949b年。

文部省『中学校特別教育活動指導書』大空社，1960年。

文部省『生徒指導の手びき』大蔵省印刷局，1965年。

文部省『生徒指導の手引（改訂版)』大蔵省印刷局，1981年。

文部科学省『生徒指導提要』教育図書，2010年。

文部科学省『生徒指導提要（改訂)』(Ver.1.0.1) 東洋館出版社，2022年。

坂本昇一「わが国における生徒指導の歴史」飯田芳郎・澤田慶輔・鈴木清・樋口幸吉・
　　堀久編『新生徒指導事典』第一法規，1980年，15-20ページ。

坂本昇一「生徒指導と『同行』して――日本生徒指導の体系化をめざす」(『月刊生徒指
　　導』2002年7月号-2003年3月号（連載)) 第一法規，2002-2003年。

澤田慶輔「生徒指導」下中弥三郎編『教育学事典（第1巻)』平凡社，1954年，70ペー
　　ジ。

少年の問題行動等に関する調査研究協力者会議「心と行動のネットワーク」(報告)，
　　2001年。

竹内洋『立志・苦学・出世−受験生の社会史』講談社，2015年

竹内常一「生活指導」(細谷俊夫・奥田真丈・河野重男・今野喜清（編)『新教育学大事
　　典（第8巻)』第一法規，1990年，391-394ページ。

第3章
学校の教育計画・組織における生徒指導の実際

〈この章のポイント〉

　生徒指導は学校の教育機能の1つである。児童生徒個々の自己指導能力を育むこの機能は，学校生活のあらゆる場や機会に教員一人一人によって進められるものと，これまで考えられてきた。生徒指導の実践上の基本的な視点，教育課程との関係，および組織的，計画的な進め方（生徒指導体制づくり）の要点を確認した後，生徒指導機能が，実際の中学校で分担組織化される様子を明らかにする。そのなかで，実際の生徒指導イメージが管理指導となる理由の一端を指摘し，我が国の教員の背負う役割にも触れていく。

1　学校の教育計画・組織と生徒指導

　生徒指導は，児童生徒のニーズに応える教育機能として戦後に出発した。それは，個性を伸長し社会性を育てて個々の自己実現を目指す，すべての教職員の児童生徒に対する日々の働きかけを意味し，学校が提供するすべての教育活動のなかで進められる。この働きかけは，心理面（自信・自己肯定感等），学習面（興味・関心，学習意欲等），社会面（人間関係・集団適応等），進路面（進路意識・将来展望等），および健康面（生活習慣・メンタルヘルス等）の発達的側面に働きかけ[1]，個々の発達を包括的に促していく。これは理念である。

　理念としての生徒指導は，実際の学校においてどのように取り組まれるのだろうか。小中高校いずれの学校の生徒指導もその実践を方向づける基本文献は，現在，2022年度12月に改定された『生徒指導提要（改訂版）』（文部科学省，2022）となる。この文献[2]を利用してまず，学校で取り組む生徒指導の基本的な考え方を確認しておこう。

1　学校における生徒指導の基本的な考え方

　学校で進める生徒指導の基本的な視点は，教育課程の内外を問わず，すべての教育活動のなかで，以下のような「生徒指導の実践上の視点」（13頁）に立つことである。

　（1）自己存在感を感受できるような配慮

　（2）共感的な人間関係の育成

▷1　伝統的に，従来，児童生徒の発達的ニーズは，学業，個人的適応，社会性・公民性，道徳性，進路，保健，安全，余暇などの部面に便宜的に分けて捉えられてきた。併せて，便宜的に分けて働きかけても，その働きかけが一人一人の人格のうちに統合的に作用するものでなければならないことが喚起されてきた。そして『生徒指導提要（改訂版）』（文部科学省，2022年）で，従来の捉え方から心理面，学習面，社会面，進路面，および健康面の発達的側面に変更されたが，その理由と意図は明確でない。

▷2　学校の生徒指導を説明する基本書には，いくつかある。個性尊重を原理とする生徒指導機能を戦後の新教育に位置づけ育てる最初の努力は，『指導』（教師養成研究会，1948），『児童の理解と指導』（文部省，1949a），及び『中学校・高等学校の生徒指導』（文部省，1949b）によって伝え

られる。その後，生徒指導の啓蒙と普及が進むなかで編纂された『生徒指導の手びき』（文部省，1965）とその改訂版（文部省，1981年）が続く。近年には，その理念は引き継がれるも，複雑化・多様化する教育問題に対応するために大幅に内容が拡充された『提要』（文部科学省，2010）がまとめられた。さらに，それは教育改革の動向に伴って整えられる学習指導要領や諸法令に沿って見直され，『生徒指導提要（改訂版）』（文部科学省，2022年）が作成された。

（3）自己決定の場の提供

（4）安全・安心な風土の醸成

　これら視点が意味することは，すべての教育活動において個々が主体として尊重されることである。そして，すべての教育活動がそのような場として経験されるように全教職員が配慮し働きかけることが実践上の基本姿勢として強調される。

　全教職員によるこのような姿勢を基盤に展開される生徒指導の実践，あるいはその働きかけは，その指導目標（課題性／即応性）と対象から2軸3類4層に分類することができる（表3-1）。

表3-1　生徒指導の分類

軸（時間軸）	類（対象）		即応性	対象範囲
先手形	発達支持的		低い	すべて
	課題予防型	課題未然防止教育	↕	↕
対応型		課題早期発見対応		
	困難課題対応型		高い	特定

出所：『生徒指導提要（改訂版）』（文部科学省，2022）を基に筆者作成。

　従来，生徒指導を分類する考え方には，「積極的な生徒指導」と「消極的な生徒指導」が慣習的に用いられてきた。前者は積極的にすべての児童生徒の発達を促し，後者は問題行動に対応するなどの働きかけを意味した。そして，二分法的に捉えられ，消極的な生徒指導にとどまらず，積極的な生徒指導を充実させることが，これまで課題として指摘されてきた。

　ここに新たに，2軸3類4層の考え方が打ち出された。これは，二分法に陥り対立的に捉えられがちであった生徒指導を，個々すべての児童生徒に対する発達や状態に応じた連続する働きかけとして生徒指導を捉え直すことを求めているように見える。

　学校でこのような生徒指導を組織として展開するうえで，学習指導要領や『生徒指導提要（改訂）』（文部科学省，2022）などでは，次のことが強調される。すなわち，①日頃から児童生徒理解を深めるとともにそこで築かれる教員－児童生徒間の信頼関係を基盤にして，②全教職員の共通理解と相互扶助的な人間関係（同僚性）に支えられた機動的なチームによる指導体制を築き，そして③児童生徒相互の望ましい人間関係をつくり，そのなかで集団指導と個別指導を調和的に展開すること，である。

２　教育課程と生徒指導の関係

　学校で行われる教育活動は多種多様である。無論，生徒指導のみを行っているわけではない。小学校の教育課程は，各教科，特別な教科道徳（以下，道徳科），外国語活動，総合的な学習の時間，および特別活動によって，中学校では，各教科，道徳科，総合的な学習の時間，および特別活動によって，高等学校では，各学科に共通する各教科，主として専門学科において開設される各教科，総合的な探究の時間，および特別活動によってそれぞれ編成される。これらは，教育課程内の教育活動である。そして，このほか教育課程外の教育活動として，休み時間や放課後に行われる個別指導や，学業不振の児童生徒に対する補充指導，随時の教育相談などがある。

　学校の教育活動の実際は，教育課程内の教育活動から年間の時程に組み込まれ，その周辺に教育課程外の教育活動を配置して運営されることになる。生徒指導は教育課程内外の教育活動において機能すると捉えられているが，必然的に教育課程内外の教育活動それぞれの特性・特徴に応じて，期待される生徒指導の働きは異なってくる。

　こうした生徒指導と教育課程の関係について『生徒指導提要（改訂）』（文部科学省，2022）は，発達支持的生徒指導の視点から学習指導と生徒指導を相互に関連付けることによって学校の教育目標が達成されるとして，教育課程内の各種活動との関係を，以下のように説明する。要約的に示そう。

　【各教科】教科の指導における児童生徒理解に基づく個に応じた指導の充実は，生徒指導の面からも重要である。そして，自己存在感を感受し，共感的な人間関係を育て，自己決定の場を提供し，そして安心・安全な「居場所づくり」に配慮した授業をつくり，教科の指導と生徒指導の一体化を図る。

　【道徳科】いずれもより良い発達を目指すものであり，教育活動全体を通じて行う。また，両者は相互補完関係にあり，道徳の授業を要とする学校全体の道徳教育で培われた道徳性を，生きる力として日常の生活場面に具現化できるように支援することが生徒指導の働きである。

　【総合的な学習（探究）】主体的に問題を発見し，自己の目標を選択，設定して，その目標のために取り組む学習活動は，生徒指導が目指す「自己指導能力」の育成に資するものである。この学習活動の目標は，生徒指導の目的とも重なっている。

　【特別活動】集団活動を通して児童生徒の「個性の発見」「よさや可能性の伸長」「社会的資質・能力の発達」など生徒指導の目的を実現する中心的な役割を担う学習活動である。

　このように生徒指導の働きは全体的に，教育課程内の各教育活動において，個々の児童生徒理解に基づいて個々の発達を支えるように取り組むことによって，不適応や低い意欲の児童生徒が各活動に取り組めるように補助するなど，各活動を個々に応じて補正・補完し，各活動の目標達成に貢献する，と捉えられている。そしてとくに，道徳科と特別活動において生徒指導の考え方が直接的に作用し，その目的・目標は重なり深く関連することが確認される。教育課程内における生徒指導の働きは，児童生徒理解と教員－児童生徒間の信頼関係を基盤に各活動を個々の児童生徒に応じて補正・補完する，つまり，各活動を個別最適にする作用として期待されている。

③　生徒指導体制づくりの考え方

　生徒指導は，すべての児童生徒を対象として行われる働きかけである。そのため，全教職員がその役割を担い，全校をあげて組織的・計画的に取り組む体制を確立することが必要となる。生徒指導を学校で推進するためには，「チーム学校」スローガンの下，学年・校務分掌を横断する生徒指導体制の確立が求められる。そして，このような生徒指導体制づくりについて，以下の3つの基本的な考え方が重要である（『生徒指導提要（改訂）』（文部科学省，2022，75-77ページ）。

　　（1）生徒指導の方針・基準の明確化・具体化
　　（2）すべての教職員による共通理解・共通実践
　　（3）実効性ある組織・運営のあり方

　生徒指導の方針・基準を明確化・具体化することは，全教職員がどのように協働して，個々の児童生徒の個性を伸ばし社会性を育てるかを具体的に方向づけていく。それは，生徒指導のねらいや意義を反映し，各学校の教育目標や育成したい児童生徒像を目指して全教職員が働きかける際の重視すべき点を明示する。方針・基準が曖昧なままでは，教育課程内外のあらゆる場や機会で，全教職員がそれぞれの特徴・特性を生かして協働して育てることは難しい。
　次に，生徒指導の基準・方針にそった共通理解・共通実践は，一朝一夕に実現されるものではない。学校では，多様な教職員が多様な児童生徒に多様な場面で働きかける。このような多様性のなかで共通理解・共通実践を支えるものは，教職員間の相互の信頼と敬意を備えたコミュニケーションである。そして，「厳しい」指導か「優しい」援助かなどの論争をすることでなく，個性を伸ばし社会性を育てる目的の下にそれぞれの実践とその考えを交換するなど，教職員間の同僚性が醸成されなければならない。校長や生徒指導主事には，このようなコミュニケーションをスクールカウンセラー（以下，SC）やスクール

ソーシャルワーカー（以下，SSW）などの専門職を巻き込みながら教職員間で促進し，生徒指導体制を整え，日々の取り組みを方向づけることが期待される。

　加えて組織・運営の原理として，その方針・基準を共有し役割を分担して全教職員が取り組み，この組織的取り組みの効果を確認して改善につなげること（PDCA サイクル）が述べられている。しかし，このこと自体は，目的を備えるどのような組織においても重要な原理である。ここで生徒指導体制として強調されるべき点は，すべての児童生徒の発達を促す取り組みと困難を抱える児童生徒に対する即時的な対応を同時に満たす体制でなければならないという点である。つまり，すべての児童生徒に働きかけることで手一杯なために困難を抱える児童生徒に個別の速やかな援助を提供できないということがあってはならないし，その逆もあってはならないということである。生徒指導体制は，すべての児童生徒の成長促進と困難を抱える児童生徒への即時対応のどちらも並行して展開できる教職員の役割分担と計画を備えた体制でなければならない。

2　生徒指導計画・組織の実際

　学校全体で生徒指導を推進する中心組織は，生徒指導部だろうか？

　実際の学校では，生徒指導をはじめ教育課程内外の多様な教育活動を学校全体として推進する仕事を教職員が役割分担している。すべての教職員が教育活動全体を通じて生徒指導を進めることが理念として強調されても，そのほか多様な教育活動との関連のなかで生徒指導の適切な計画と組織・役割分担を備えなければ，あらゆる場や機会にさまざまな発達領域にわたって児童生徒個々を包括的に育てるという理念は建前に過ぎなくなる。

　ここでは，学校の教育活動全体のなかで生徒指導がどのような位置づけの下に計画され，組織として展開されるのか，その実際を確認する。

［１］　学校の教育計画全体のなかの生徒指導

　学校の教育活動全体は，校長が中心になって作成する学校の教育全体構想や経営計画に基づいて具体化されていく（図3-1）。一般に，この経営計画にそって各種教育活動の全体計画・年間指導計画が作成される。そして現在，これら計画作成の際には「社会に開かれた教育課程」の理念の下，各学校がカリキュラム・マネジメントの考え方に立って進めることが，新学習指導要領において規定されている。◁3◁4

　学校で展開される各種教育活動の全体計画・年間指導計画は，法令等に根拠のある計画だけで24本を数える（図3-2）。これら以外にも，生徒指導などの

▷3　現行学習指導要領の基本的な理念を伝える「社会に開かれた教育課程」とは，①学校教育を通じたより良い社会創りを学校と社会が共有する，②より社会創りに必要な資質・能力を学校教育で育てる，そして③地域と連携・協働していくという学校教育の運営方針を意味する。

▷4　カリキュラム・マネジメントとは，学校の全教職員が参加して自校の教育課程を編成，実施，診断，評価・改善する営みを意味する。これを通じて各教育活動の質的改善を図り，「主体的・対話的で深い学び」の実現を目指す。

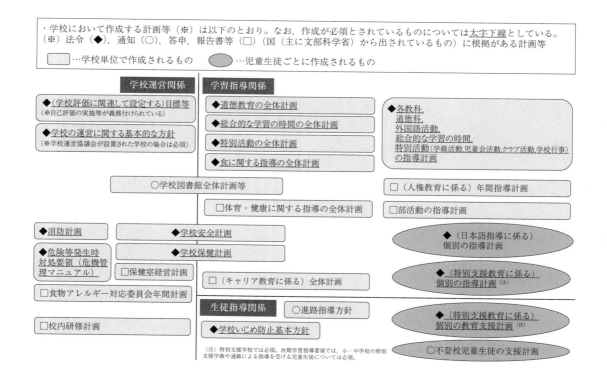

```
┌─────────────────────────────────────────────────────────────┐
│                    学校全体構想・経営計画                          │
│  ・社会的な要請と教育課題　・児童生徒の実態　・学校経営方針　・目指す学校像と教員像  │
│    ・目指す児童生徒像　・学校教育目標と重点目標　・達成するための取組と評価　など   │
└─────────────────────────────────────────────────────────────┘
```

⬇

```
┌─────────────────────────────────────────────────────────────┐
│             カリキュラム（教育課程内外の教育活動の計画）                  │
│                                                               │
│              各種教育活動の全体計画・年間指導計画                      │
│                                                               │
│    1 年：学年・学級経営計画                                        │
│    2 年：学年・学級経営計画          学級／学年／学校単位の             │
│    3 年：学年・学級経営計画          具体的な教育活動の実施             │
└─────────────────────────────────────────────────────────────┘
```

図3−1　中学校の教育計画と具体的な教育活動の関係
出所：筆者作成。

・学校において作成する計画等（※）は以下のとおり。なお，作成が必須とされているものについては太字下線としている。
（※）法令（◆），通知（○），答申，報告書等（□）（国（主に文部科学省）から出されているもの）に根拠がある計画等

　□ …学校単位で作成されるもの　　　　▨ …児童生徒ごとに作成されるもの

学校運営関係　　　**学習指導関係**

◆(学校評価に関連して設定する)目標等
（※自己評価の実施等が義務付けられている）

◆学校の運営に関する基本的な方針
（※学校運営協議会が設置された学校の場合は必須）

◆道徳教育の全体計画
◆総合的な学習の時間の全体計画
◆特別活動の全体計画
◆食に関する指導の全体計画

◆各教科，道徳科，外国語活動，総合的な学習の時間，特別活動(学級活動,児童会活動,クラブ活動,学校行事)の指導計画

○学校図書館全体計画等
□体育・健康に関する指導の全体計画

□(人権教育に係る)年間指導計画
□部活動の指導計画

◆消防計画　　◆学校安全計画
◆危険等発生時対処要領(危機管理マニュアル)　　◆学校保健計画
□保健室経営計画
□食物アレルギー対応委員会年間計画
□校内研修計画

□(キャリア教育に係る)全体計画

生徒指導関係　○進路指導方針
◆学校いじめ防止基本方針

（注）特別支援学校では必須。次期学習指導要領では，小・中学校の特別支援学級や通級による指導を受ける児童生徒については必須。

◆(日本語指導に係る)個別の指導計画
◆(特別支援教育に係る)個別の指導計画(注)
◆(特別支援教育に係る)個別の教育支援計画(注)
○不登校児童生徒の支援計画

図3−2　学校において作成する計画等の一覧［概略図］
出所：学校における働き方改革特別部会（文部科学省，2017）「第6回議事録（配布資料2−2）」。

全体計画・年間指導計画が学校で作成される。図を見てすぐにわかるように，「学習指導関係」が多く，「学校運営関係」と合わせた計画がほとんどを占めている。

　こうした多様な教育計画に含まれる教育活動は，実際には学年単位で展開されることが多いことから，各学年・学級の経営計画に具体化され実施されていく。そのため，学校全体でまとまりある教育活動が実施されているというよりもむしろ，実態として各学年による3つの教育組織と計画が同時進行で実施されている状況に近い。ここには，同一年齢の児童生徒を同一学年に構成し1ヵ年で進級・卒業するという学年制と，教職員が担当学年を持ち上がる慣習も関連する。

　このような実情から，日本の教職員には伝統的に学年所属の教職員で同学年の学級／ホームルーム担任（以下，学級担任）と児童生徒を支えようとする認識が強く，学年団と呼ばれる学年教職員のまとまりが学校経営上の，あるいは学校の教育活動全体を具体的に展開するうえでの重要な単位組織として意識されやすい。職員室の班活動のような学年ごとの机の配置は，日常的に学年内の教職員同士の情報交換が比較的密で，学年ごとに教育活動が相対的に独立して，同時並行して展開されている実態を示している。加えて日常に生じる不意な出来事（教員の出張や児童生徒のトラブルなど）には，学年内の教職員で対応することが慣習になっている。

　学校の全体構想・経営計画から，その方針・目標・重点などが各種教育活動の全体計画・年間指導計画へ，そして学年・学級経営計画へと反映されて作成され，具体的な教育活動が実施されていく。日々の具体的な教育活動は実態として，チームのようなまとまりを備えた学年ごとの教職員によって支えられ，学年・学級単位の教育活動として展開されている。このように学校の教育計画全体のなかで生徒指導を捉えるとき，それがとくに意識され教育活動全体を方向づけているようには見えない。むしろ，生徒指導の全体計画・年間指導計画は，数ある教育活動の全体計画と並列して置かれて作成されていることがうかがえる。このことは学校の組織構造からも確認される。

2　学校の組織全体のなかの生徒指導

　学校では，極めて多様な教育活動が主に教職員の協働によって実施されている。実際，学校運営に必要な職務は校務と呼ばれ，そのすべてを教職員で分担した校務分掌図が作成される（図3-3）。校務のなかには，各種会計などの経理事務仕事や施設管理・営繕などの管理事務仕事のように，直接，児童生徒の指導・援助と関係のない職務も含まれ，事務員や用務員と一緒に教員が担当してきた。

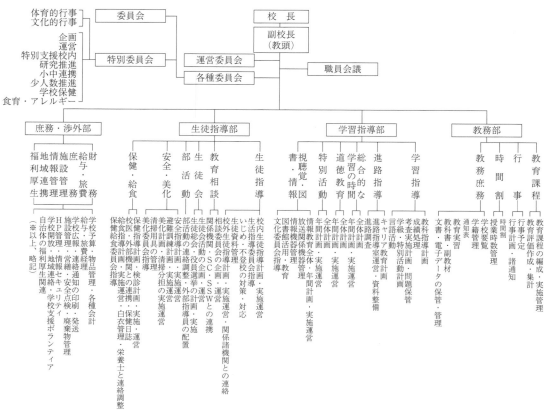

図3-3　中学校の校務分掌図（一般例）

出所：筆者作成。

　このような役割分担を示す校務分掌を理解していくうえで重要な視点は，指示命令系統と職務内容の分割の仕方である。

　指示命令系統については，各グループをつなぐ線が指示を出す者とそれを受ける者を表している。校長を頂点として各校務組織をどこに描くかによって，組織（校務内容）間の優先順位と権限の範囲が表現される。一般に，末端に描かれるほど，優先順位は低く，権限の及ぶ範囲は狭くなる。

　また，職務内容をどのように分割するかは，担当者が優先して責任を負うべき校務内容を限定する。逆に言えば，自分の担当以外の校務内容に対する関心と責任の認識が希薄になりやすい。すべての教育活動に等しく責任を負うことが基本的認識として強調されようと，誰もが自分の担当する校務内容に第一の関心を払い責任を負うようになる。さらに，業務内容の重複や関連を検討することなく，無機的に細分化された校務内容は，いわゆる縦割り行政の悪弊を招き，追加業務は屋上屋を重ねるようにして新たな校務として並べられ，教職員が追加補充されることなく，そこに担当者を充てて終わりかねない。学校では，業務は増えても，人的資源は増えない。こうした組織作りでは，教職員間

で問題意識を共有することは困難となる。日々の業務で多忙な上に次年度への
移行期間が短ければ，なおさら校務内容の重複や関連を検討する余裕はない[◁5]。
どのように校務として分割し組織を構造化するかが，教職員の役割認識と協働
の仕方を規定する。

　以上のような見方を念頭に，校務分掌図全体の理解を進めてみよう。

　図3-3の校務分掌図を見ると，学校全体のさまざまな職務が「教務部」な
どの校務組織にまとめられている様子がわかる。校務分掌図から理解されるこ
とは，「教務部」「学習指導部」「生徒指導部」「庶務・渉外部」が並置され，校
務組織間の優先順位はなく，重要度はどれも等しいことである。それは末端の
校務1つ1つについても同様である。つまり，各校務組織や末端の校務担当に
よって取り組まれる教育活動の重要度は等しく，並列して扱われることに
なる[◁6]。

　このことはさらに，「生徒指導部」の下に配置された校務組織間においても
同様のことを指摘できる。すなわち，「生徒指導」「教育相談」「生徒会」「部活
動」「安全・美化」「保健・給食」は，「生徒指導部」のなかにおいてはどれも
重要度は等しく，並列して扱われる。そして「生徒指導」の校務内容は，「教
育相談」などとは異なるものとして認識される。

　また，生徒指導の考え方が直接機能するはずの道徳科と特別活動は，生徒指
導部の担当校務ではなく，「学習指導部」の校務に含まれている。進路指導も
同様である。反対に，「生徒会」は特別活動に含まれる活動であるが，「生徒指
導部」の下に位置づけられている。

　次に教職員の校務担当数に注目する。校務分掌図より「教務部」「学習指導
部」「生徒指導部」で末端に示された校務数が50項目あることがわかる。これ
に「庶務・渉外部」の校務と，さらに各種委員会などの校務が加わる。そし
て，そのほかにというよりもむしろ，本業の授業と学級担任，部活動顧問の業
務が毎日のようにある。本業の業務はそれぞれに，教材研究や採点，給食・清
掃場面などの指導，あるいは部活動運営における細々とした指導・援助活動を
含んでいるが，校務分掌図に描かれることはない。このような本業に加えて，
校務分掌図に示される50以上の校務を教職員が分担する。

　こうした学校の組織と企業・官庁の組織との大きな違いは，それぞれの図面
に担当者名を書き込めば一目瞭然である（中野・古屋・岸本, 1998）。企業や官
庁の組織図には，原則として個人名は1度しか登場しないのに対して，校務分
掌図では1人の名前が繰り返し登場する。企業や官庁では「命令系統一本化の
原則」が貫かれているのに対して，学校では1人の教職員が場面に応じてリー
ダーとフォロワーの役割を演じ分けている。つまり学校では，例えば職員会議
などで全体に向けて指示を出していた道徳教育担当の教職員（リーダー）が，

▷5　欧米の学校と比べ
て，日本の学校では年度の
切り替わりの期間が極端に
短く，当該年度の反省をし
て次年度の準備を整える余
裕などない。しかも年度末
まで，人事異動の公表がな
されず，教職員の異動も慌
ただしく行われる。学校が
変わりにくい要因の1つで
ある。

▷6　日本の教職員組織
（校務分掌）は，従来，鍋
蓋型組織と呼ばれ，一般の
企業などの管理機構を備え
たピラミッド型組織とは異
なり，管理職（校長など）
以外の教職員は組織上，平
等な地位にあることを意味
する。

話題が進路指導や特別活動に変わるとそれぞれの担当の教職員の指示を受けて教育活動を進める側（フォロワー）に回る，というような立場の転換がしばしば生じる。

　そしてこれらの校務は学校の規模や教職員数にはほとんど関係なく，等しく学校運営に必要な職務であるため，小規模の学校の教職員ほど，校務担当数が増えることになる。文科省の「学校における働き方改革特別部会」(2017) で示された中学校の例では，各学年3クラス，校長・教頭・教諭（19名）・養護教諭・事務職員・用務員の教職員数24名の学校規模で，教諭の校務担当数は9〜20の範囲にあった。

　生徒指導の中心組織である「生徒指導部」は，学校全体の教育活動において「教務部」「学習指導部」「庶務・渉外部」に並置され，比較的大きな組織的まとまりを形成している。「生徒指導部」の下には「生徒指導」「教育相談」「生徒会」などの校務組織が並列して収まり，それぞれに担当者が充てられる。校務はどれも等しく学校全体の運営に必要な職務として並列されることから，担当校務と授業などの本業を並行して遂行する。

　確かに，校務分掌組織上に「生徒指導部」が置かれている。しかし，進路指導，道徳教育，特別活動のなど担当部署は「学習指導部」に置かれ，「生徒指導部」とは別に計画され進められる。このことから，「生徒指導部」を学校全体で児童生徒の発達を包括的に促進する生徒指導体制の中心組織とみなすことは難しく，生徒指導部の作成する全体計画・年間指導計画の指導内容は，進路指導，道徳教育，特別活動などが除かれて，その包括性を著しく失う可能性がある。加えて，教職員の誰もが自分の担当校務と本業で精一杯となれば，他の教育活動と関連づける意識は薄れかねない。

３　生徒指導の全体計画・年間指導計画の実際

　学校の生徒指導全体を運営するために，生徒指導主事をリーダーとする生徒指導部はその全体計画と年間指導計画を作成する。他の各種教育活動と同様に，学校の経営計画にある経営方針，学校教育目標，今年度の重点目標などを受けて，生徒指導の全体計画・年間指導計画が作成される。その実際を追いかけてみよう。

　生徒指導の全体計画は，学校全体で共通する基本方針と具体的な取り組みを示す。基本方針では，自己指導能力，個性，社会性，主体性などの資質・能力の育成が生徒指導の目標として記され，児童生徒理解，自己存在感，共感的な人間関係づくり，教師−児童生徒間の信頼関係づくりなどを強調する指導・援助の方針が確認される。概ね，生徒指導の理念を反映した内容であることが多い。また，具体的な取り組みでは，それら指導・援助の進め方がいくつか具体

的な留意点によって示される。例えば，全教職員の共通理解の下に一貫した指導を行う，授業中に個別的配慮を行う，認め合う学級づくりを進める，気軽に相談できる雰囲気づくりに努める，受容的態度で関わり意欲を引き出す，学習・生活規律を確立する，児童会・生徒会活動を活性化して自ら望ましい学校生活に取り組めるようにする，学級・学校だよりや学校HPを通じて家庭・地域と連携を強めるなどである。学校ごとの基本方針や取り組み上の留意点は，違いよりも類似することの方が多い。そして，この方針と留意点が各教科，道徳科，総合的な学習の時間，および特別活動に関係づけられ，それら活動の実施上の留意点として強調される。

　このように全体計画の内容は，本章前半で確認した実践上の視点や教育課程との関係，および生徒指導体制づくりの考え方などの理念を反映したものとなっている。そして，このような全体計画が具体的な教育活動としてスケジュール化されて年間指導計画（図3-4）が作成される。

　年間指導計画の内容を確認するとすぐに，月ごとにテーマ・目標が設けられていることがわかる。しかもその内容は，ほぼ基本的な生活習慣・態度に限定されている。また，学期始めの月は生活習慣の，学期末の月は学習・生活の反省の指導が用意されている。細かい点で言えば，年度が明けてから全体計画・年間指導計画が作成されること，防災・避難訓練や風邪予防・薬物乱用，清掃など保健や安全，美化の指導内容を含んでいること，地域行事（夏祭りなど）の校外巡視を行っていること，警察などの外部機関と定期的に情報交換していること，などがある。

　加えて推察されることは，全学年共通の指導内容になっていることである。年間指導計画であるが故に当然でもあるが，1年生も3年生も発達段階上の差異を見出せない。そのため，この中学校を卒業するまでに生徒は，都合3回ずつ，毎年同じ月に同じ指導を受けることが想像される。

　このように生徒指導の全体計画と年間指導計画の間には，内容的に大きな隔たりがあり，発達を促す働きかけの包括性が失われている。学校における「生徒指導部」の実際の役割は，年間を通じて生活習慣・態度の指導を推進することに縮減されていることがわかる。生徒指導部の全体計画にある基本方針は教育課程内の各活動の留意点として強調されるものの，それは形式的なものに過ぎず，各活動は生徒指導部とは別の部署によって計画される。以上のことは，小・高校においても驚くほどに似通っている。

3　機能不全に陥る生徒指導機能の実際

　学校における生徒指導機能は，教育活動全体の組織に落とし込まれ，計画さ

学期・目標	月	テーマ・目標	生徒指導部の活動
1学期：個の充実	4	**生活習慣の確立** ・学校生活のきまりの遵守 ・挨拶の励行 ・登下校／交通安全指導	・全体計画・年間指導計画の作成 ・生徒指導マニュアルの共通理解 ・配慮を要する生徒の指導体制 ・外部機関と連絡・確認
	5	**礼儀正しい態度形成** ・服装・身だしなみ・言葉遣い ・挨拶・基本的生活習慣の徹底 ・家庭の生活習慣（学習習慣など）の確立	・全体計画・年間指導計画の策定 ・配慮を要する生徒一覧作成 ・部活動アンケートの実施
	6	**集団生活の自覚と役割** ・学級・学校生活上の役割分担 ・挨拶・基本的生活習慣の定着 ・いじめ防止運動 ・衣替え指導	・生活アンケートの実施 ・携帯電話所持調査 ・教育相談週間 ・校外生活の情報収集
	7	**学習・生活の振り返り** ・学習・生活の見直し ・校舎内外の清掃・整頓 ・非行防止教室 ・夏休みの過ごし方指導	・地区懇談会（保護者との意見交換・協力依頼） ・1学期の反省と課題 ・夏休み中の生徒指導対策
夏季休業	8	**規則正しい安全な生活** ・規則正しい生活の奨励 ・危険な場所　・遊びの周知	・夏祭り等の校外補導 ・生徒指導研修会（学内） ・不登校生徒の事例検討 ・家庭との連絡 ・校外巡視 ・警察等外部機関との連絡・連携
2学期：学級の充実	9	**生活習慣の見直し** ・挨拶運動　・時間を守る指導 ・防災訓練 ・運動会への意欲的参加 ・登下校／交通安全指導	・不登校対策の強化 ・夏季休業中の生徒指導の課題 ・生徒指導対策の再確認
	10	**集団の団結と貢献** ・挨拶・基本的生活習慣の徹底 ・衣替え指導 ・文化祭への意欲的参加	・冬季服装の確認 ・小中学校との連絡・連携 ・不登校傾向の生徒の早期発見・対応
	11	**けじめのある生活** ・学校・家庭の生活リズムを整える ・避難訓練　・風邪予防指導 ・ボランティア活動（落ち葉はき等）	・教育／進路相談週間 ・生活アンケート ・PTA合同交通安全　・校外巡視
	12	**学習・生活の振り返り** ・学習・生活の見直し ・薬物乱用防止教室 ・校舎内外の清掃・整頓 ・冬休みの過ごし方指導	・2学期の反省と課題 ・校外巡視 ・冬休み中の生徒指導対策 ・警察等外部機関との連絡・連携
3学期：学年・学校の充実	1	**生活習慣の見直し** ・挨拶・基本的生活習慣の徹底 ・新年の目標を立てる ・金銭の使い方指導	・校外巡視 ・不登校対策の強化／事例検討 ・生徒指導対策の再確認 ・受験期間中の生徒指導
	2	**節度ある生活** ・マナーを守る ・規則正しい生活の奨励	・生活アンケート ・受験期間中の生徒指導
	3	**学年末の学習・生活の振り返り** ・学年末の学習・生活のまとめ指導 ・校舎内外の大掃除 ・身の回りの整理・整頓	・年度末の生徒指導対策 ・校外巡視 ・学区内小学校との会合 ・警察等外部機関との連絡・連携

図3-4　生徒指導の年間計画（中学校の例）

出所：筆者作成。

れるなかで，機能不全に陥っているように見える。生徒指導の中心的な役割
は，児童生徒のニーズに応えてあらゆる場や機会にさまざまな発達領域にわ
たって児童生徒個々を包括的に育てることである。この役割は，学校運営に必
要な職務を役割分担する過程で引き算されていく（図3-5）。道徳性の発達を
支える役割が「道徳教育」校務組織に，生徒指導の中核的活動の役割が「特別
活動」校務組織に，そして進路発達を支える役割が「進路指導」に分割され，
本来の生徒指導の包括的に発達を支える役割から差し引かれる。結果的にその
実態として，学校の生徒指導を推進する生徒指導部が残りの役割を引き受けて
いる。このような理解は，私たちの体験的な生徒指導の理解に重なる。

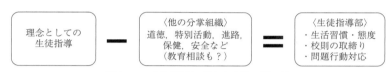

図3-5　生徒指導：理念と実際の引き算

出所：筆者作成。

　生徒指導機能が教育課程内外の校務組織に分割，担当され，そのことによっ
て機能自体が解体され，そのまとまりと方向性を失い個々バラバラに各校務組
織によって取り組まれる傾向が生じる。この傾向を抑制して，生徒指導が教育
課程内外で，あるいは全教職員によってあらゆる場や機会に児童生徒個々を包
括的に育てる働きかけとなるためには，児童生徒理解と教員－児童生徒間の信
頼関係を基盤に全教職員の共通理解に基づく指導体制づくりを課題として繰り
返し強調するだけでは不十分である。なぜなら，生徒指導の備える補正・補完
作用を強調するだけで，各種教育活動・計画間の優先順位と包含関係を整理で
きず，各種教育活動の並置される状況を変えることはできないからである。結
果的に，生徒指導機能はまとまりと方向性を失ったままとなる。

　現在，学校の教育計画・組織の下で生徒指導は，その理念を反映する全体計
画を建前とし，生活習慣・態度の指導を主任務とする年間指導計画を本音とし
て，実際には行われている。それは，次のような認識が希薄だからである。児
童生徒理解が大切な理由は，彼らのニーズに応えるためである。教員－児童生
徒間の信頼関係が大切な理由は，教職員の働きかけの教育効果を最大にするた
めである。そして，共通理解と指導体制が大切な理由は，全教職員が協働して
児童生徒個々を包括的に育てる方向性を誰もが見失わないためである。

　生徒指導が，教育課程内の教育活動を補正・補完するにとどまらず児童生徒
に対するその活動の意義を高め，生徒指導関連の校務組織を束ねてさまざまな
発達領域にわたって包括的に育てる機能を実現することは，今後の重要な課題
である。

Exercise

① ある学校の教育全体構想・経営計画と生徒指導の全体計画・年間指導計画を調べ，両者がどのように関係づけられているか考察し，小グループで共有しよう。

② 実際の校務分掌図を調べ，教諭１人が担当する校務数を数えてみよう。そして主な校務について教員が引き受けるべき校務とそうでない校務に分け，それぞれ理由を書き出してみよう。

③ ２〜４人のグループを作り，自分たちが校長であったなら学校の職務全体をどのように分割して校務分掌組織を編成するか，話し合いながらアウトラインを作成しよう。そして，分割した理由と視点を他のグループと共有しよう。

📖次への一冊

浜田博文編著『学校経営』ミネルヴァ書房，2019年。
　　学校経営に関する基本的な理解とともに，その下に教育課程や学校組織などを配置して学校の教育的営み全体をバランスよく理解することを助けてくれる。「チーム学校論」における生徒指導（教育相談）についての興味深い論考を読むことができる。

日本生徒指導学会『生徒指導学研究（第16号）』学事出版，2017年。
　　中教審『チーム学校（答申）』を受け，生徒指導専門雑誌に「特集：チーム学校と生徒指導」が組まれた。５本の論文が収録され，生徒指導の組織化（協働体制）に関する考察が展開されている。

引用・参考文献

中央教育審議会『新しい時代の教育に向けた持続可能な学校指導・運営体制の構築のための学校における働き方改革に関する総合的な方策について（答申）（2019.1.25）』https://www.mext.go.jp/b_menu/shingi/chukyo/chukyo3/079/sonota/1412985.htm（2020年7月20日閲覧）

学習指導要領データベース作成委員会（国立教育政策研究所）「学習指導要領データベース（2019.11.22. 最新訂正）」https://www.nier.go.jp/guideline/（2020年7月20日閲覧）

浜田博文編著『学校経営』ミネルヴァ書房，2019年。

神奈川県立総合教育センター『小・中学校の教員のためのより良い学校づくりガイドブック』同センター，2007年。

文部科学省『生徒指導提要』教育図書，2010年。

文部科学省『生徒指導提要（改訂）』（Ver.1.0.1）東洋館出版社，2022年。

文部科学省「学校における働き方改革特別部会（第6回）配布資料」
https://warp.ndl.go.jp/info:ndljp/pid/11293659/www.mext.go.jp/b_menu/shingi/
chukyo/chukyo3/079/siryo/1397673.htm（2020年7月20日閲覧）。
文部省『生活体験や人間関係を豊かなものにする生徒指導——中学校・高等学校編』大
蔵省印刷局，1988年。
中野良顯・古屋健治・岸本弘（編著）『学校カウンセリングと人間形成（教育演習双書
14)』学文社，1998年。
日本生徒指導学会編著『現代生徒指導論』学事出版，2015年。
田村知子・村川雅弘・吉冨芳正・西岡加名恵『カリキュラムマネジメント・ハンドブッ
ク』ぎょうせい，2016年。

第4章
生徒指導と法令遵守

〈この章のポイント〉

　生徒指導上，教師が遵守すべき法令の出発点は，日本国憲法である。その下に，国会が制定する法規範である「法律」や各自治体の制定する「条例」，各行政機関が制定する「命令」等がある。大学の教員養成教育においては，教育法規の最高規範が教育基本法と学校教育法であるかのように扱われがちであるが，憲法第98条１項は憲法の最高法規性を定めているのであり，「人格の完成」に向けられた日々の教育現場の営みは，生徒指導上でももちろん，日本国憲法の価値と原理に基づいて行われなければならない。

1　日本国憲法と生徒指導

［1］　日本国憲法は，生徒の自由と権利を守る基本法である

　日本国憲法とは何か，形式的に考えた場合には，「国の最高法規」ということになる。各学校現場の社会科や公民科の授業のなかで，単にこのような側面から児童生徒に説明している教師も多いことだろう。

　しかし，日本国憲法は，同じ「憲法」の名をもつ「十七条憲法」とは全く異なる。この点，フランス人権宣言第16条は，「権利の保障が確保されず，権力の分立が定められていないすべての社会は，憲法を持たない」としており，現在の日本国憲法は，この人権宣言とのかかわりで理解されるべき近代成文憲法である。すなわち，現在の日本国憲法は，前近代的な国家権力の恣意的な行使を防ぎ，権利の保障と権力の分立，「法の支配」を前提とした「国民の自由と権利を守る基本法」なのである。

　よって，日本国憲法を，形式的に，単なる「最高法規」と理解してはならないし，教師の生徒指導の場面での「法令遵守」の出発点も，日本国憲法の遵守，すなわち，まず，生徒の人権保障にあることを常に念頭に置かなければならない。そして，法令を遵守しなかった場合の教師の責任について，最終的には，司法の場において，日本国憲法を基準としたさまざまな法令の解釈によって決められるのである。[41]

　このように，日本国憲法は，教育現場の基底を流れる大動脈であり，生徒指

▷1　生徒指導が適切か，悩む場面では，憲法の価値にさかのぼって，判断すべきである。

導上，人権に関する憲法価値の理解は，教師に不可欠のものである。

　昨今の「ブラック校則」の問題の顕在化は，このような憲法価値への理解が現場ではまだ不十分であることを示している。

2　生徒指導上重要な二つの条文

（1）児童生徒には，幸福を追求する権利がある（第13条）

　生徒指導に当たる教師にとって重要な条文は，まず第13条の「幸福追求権」の規定である。そこではすべての国民が「個人として尊重」され，その幸福追求権は「最大の尊重を必要とする」と定められている。したがって，教育現場でももちろん，生徒の幸福追求に対し，最大の尊重が必要である。

　他方同条は，「公共の福祉に反しない限り」ともする。ここで，「公共の福祉」は，単なる多数者の利益を意味するものではないとするのが通説である。この場面の「公共」とは，決して「多数者」や「社会」という一般的な意味ではない。つまり「公共の福祉に反しない限り」とは，人権は，多数の人々が生活する社会のなかでは，他の人権との関係で制約を受ける場面があることが予定されているという意味である。

　頭髪や服装に関する生徒指導の場面においても，何が原則で何が例外なのかはき違えてはならない（頭髪や服装についても「自由」なのが原則であり，「内在的制約」に服する制約の場面は例外的な場面である）。

　2022年度から，高等学校に「公共」という科目が新設されたが，こと憲法解釈に関しては，「公共」という文言を表面的に理解し，集団のなかで，多数者によって，安易に少数者の人権を制約することは許されないのである（多数決で決定したとしても，一方的に結論を少数者に押し付けてはならない）。

（2）児童生徒には，平等を求める権利がある（第14条）

　次に，第14条1項である。ここには歴史的に見て強い差別があった事例が列挙されており（人種，信条，性別，社会的身分又は門地），ここに掲げる事由での差別は，絶対的に許されないと解されている。

　もちろん，列挙事由以外でも「不合理な区別」は，差別として許されず，最近の教育現場ではLGBT（レズ，ゲイ，バイセクシャル，トランスジェンダー）への差別の解消が問題となっている。なお，伝統的にプラスの価値と考えられていた「男らしさ」「女らしさ」という概念の取り扱いについても，現在の現場ではトラブルが生じ得るので，注意する必要がある。

3　教師は，児童生徒の学習権を尊重しよう（憲法第26条1項）

　すべての国民が，その能力に応じて等しく教育を受けることができるよう国家が制度を構築すべきであるという憲法第26条の「教育権」の内容は，こども

▷2　人権保障の制約は，人権の衝突が予想される社会のなかで，人権がその内側に当然にもつ制約として，「内在的制約」と解されている。

▷3　「差別」とは，合理性のない区別のことをいう。教師にとっては，形式的平等と実質的平等の二つの観点から，生徒指導における当該判断が合理的な区別と言えるか注意することが，その日常の教育活動のなかで重要である。

の学習権を保障したものと解されている[4]。

　この子どもの学習権について，1976年に最高裁大法廷が出したいわゆる「旭川学力テスト事件」判決（最大判昭和51年5月21日）は，児童生徒の学習権を示した高名な判決で，現在，この子どもの学習権の具体的実現が課題なのである。

　この判決で，最高裁は，憲法第26条の背後には，「国民各自が，一個の人間として，また，一市民として，成長，発達し，自己の人格を完成，実現するために必要な学習をする固有の権利を有すること，特に，みずから学習することのできない子どもは，その学習要求を充足するための教育を自己に施すことを大人一般に対して要求する権利を有するとの観念が存在していると考えられる。換言すれば，子どもの教育は，教育を施す者の支配的権能ではなく，何よりもまず，子どもの学習をする権利に対応し，その充足をはかりうる立場にある者の責務に属するものとしてとらえられているのである。」と述べた。

　戦後，身分社会が崩壊し，その後の高度経済成長により国民生活が豊かとなり，現在では，大多数の中学生が高等学校に進学する[5]。したがって，国家がすべての国民に対して，等しく教育の機会を保障するという面での教育を受ける権利は実現していると言ってよいだろう[6]。

　そこで，今，問題となっているのは，どのようにすれば，児童生徒一人ひとりの人格の完成を目指すための学習権に対応し，それをより良い形で教育現場で実現できるかという課題なのである。

　この点，現在でも，高等学校や私立学校の児童生徒への懲戒に当たって，安易に自宅謹慎や退学勧奨をするなど，学習権を奪う場面がみられる。多くの学校では，昭和の時代から積み上げられてきた生徒指導の内規に従い，実質的平等の原理より形式的平等の原理を優先させ，機械的な処分が下されているのである。学習権保障の見地からは，このような，前例踏襲型の硬直的な判断がいまだなされていることは，大きな問題と言わざるを得ない[7]。

　もちろん，他の生徒の人権侵害の場面に厳しい判断となることはやむを得ないが，その場合であっても，子どもの学習権を最大限に充足させるためにはどうしたらよいかの配慮が必要である。

　この点，司法の現場では，停学処分までの懲戒処分と退学処分とは全く別の次元の話ととらえる傾向が強い。なぜなら，退学処分は，生徒の学習権を根こそぎ奪う性格をもち，そのほかの懲戒処分とは，憲法的価値のなかで，全く質の違うものだからである[8]。

4　公立学校教師には，憲法尊重擁護義務がある

　日本国憲法の「名宛人」，すなわち，誰が憲法を尊重・擁護しなければなら

▷4　法の世界では，「学習権」という概念が広く使われているが，教育現場での浸透度が低いように感じる。例えば，小中学校の性行不良の出席停止の場面は，当該生徒児童の学習権が，その内在的制約に服していると考えるべきであり，憲法上の権利の制約の場面である。手続きの適正が強く求められる。

▷5　令和4年度の高等学校等進学率は，98.8％である（文部科学省学校基本調査）。

▷6　なお，高等教育無償化が問題となっているが，全面的な実現には，巨額の財源が必要であり，容易ではない。

▷7　物事を考えるにあたって，形式面だけでなく，実質面を考えて判断することが重要である。教師も，それぞれの教育活動において，何が大切な価値かを常に実質的に吟味しなければならない。

▷8　生徒の代理人弁護士であれば，学校における学習権をすべて奪う退学勧告や退学処分は憲法違反であると主張するであろう。その他の懲戒については，裁量の範囲として相当かどうかの問題となろう。

ないかは，憲法第99条が定める。それは「天皇又は摂政及び国務大臣，国会議員，裁判官その他の公務員」であり，公立学校の教師は直接の名宛人である。

　学校現場では，あたかも，日本国憲法が，直接に国民が守らなければならない規範であるかのような教育がなされている場面が見受けられるが，それは，明らかな間違いである。

　日本国憲法上，明文で憲法を尊重擁護すべきと規定されている者は，為政者や公務員であり，その権力乱用を防ぎ，国民の自由と権利を守るのが日本国憲法なのである。公立学校の教師は，生徒指導の場面においても憲法を尊重擁護することが義務付けられていることを忘れてはならない。

　一方，下位規範たる法律や命令等は，日本国憲法の規範に基づくものであるから，これが適用される私人間の契約，すなわち在学契約という契約関係に律せられている私立学校でも，憲法原理を重要な価値とするべきなのはもちろんである。一般の国民，すなわち私人間においては，日本国憲法が直接適用されず，私法を通じて私人間にも効力をもつものと考えるのが司法の世界の通説であるが，私立学校には公的な援助もあり，公的な性質をもつ社会権力としての性質をもつから，そのなかで活動する私立学校の教師にも憲法規範の尊重が強く求められる。

2　生徒指導と教師の法的責任

［1］　学校の裁量と安全配慮義務違反，不法行為責任（民事）

　司法の世界では，教育委員会・学校の専門的裁量は広く認められる傾向がある。この点，日本の学校教育の現場では，教師になるための教職課程を経て必要な単位を取得し，実務研修たる教育実習を経て初めて教員免許が取得でき，そのうえで，各自治体，各学校における教員採用試験を経て教育に対する技術と専門性をもった教師が採用されている。

　そして，学校教育法や地方教育行政法において学校や教育委員会に与えられた広範な権限があることも鑑みれば，教育の現場の主体である教師，学校，教育委員会には，その教育現場での具体的な判断については，広範な裁量が存在すると考えられる。

　しかし，その専門性ゆえに，学校事故の場面で，教師や学校，教育委員会が生徒に対する安全配慮義務を尽くしたかの司法判断や，教師による違法な権利利益の侵害行為があったかの司法判断の場面では，厳しい判断が下される場合がある。教育現場の，生徒の安全に対する知見は，現在の最高裁の判例では，一般人の水準ではなく，専門家の水準にあることが前提となっている。

　一般に学校や教師が民事上の法的責任を問われる場合には，① 債務不履行責任と② 不法行為責任が問題となる。①については，公立学校の場合には，個別の契約関係はなく，公法上の関係しか存在しないと考えられていることから，主に信義則（民法第1条2項）を根拠とする安全配慮義務違反による責任となり，私立学校の場合には，在学契約に基づく安全配慮義務違反による責任となる。②については，故意過失による違法な権利利益の侵害行為によって，損害が発生した場合に発生する責任である。

　いずれにせよ，学校事故の場面で教師が責任を負うべき場合について，教師が知っておくべき重要な判例は，最判平成18年3月13日の，いわゆる「落雷事件」判決である。

　この事件は，生徒側からの私立高等学校側に対する損害賠償請求事例であり，私立高校のサッカー部に所属していた生徒が，大会に参加していた際に落雷を受け重傷を負ったという事故に関し，その親権者が，債務不履行責任，不法行為責任として，損害賠償を求めたものである。この事案では，サッカーの試合の開始直前ころには，上空に黒く固まった暗雲が立ち込め，雷鳴が聞こえ，雲の間で放電が起きるのが目撃されていたが，最高裁は，次のように判示した。

> 教育活動の一環として行われる学校の課外のクラブ活動においては，生徒は担当教諭の指導監督に従って行動するのであるから，担当教諭は，できる限り生徒の安全にかかわる事故の危険性を具体的に予見し，その予見に基づいて当該事故の発生を未然に防止する措置を執り，クラブ活動中の生徒を保護すべき注意義務を負うものというべきである。」「たとえ平均的なスポーツ指導者において，落雷事故発生の危険性の認識が薄く，雨がやみ，空が明るくなり，雷鳴が遠のくにつれ，落雷事故発生の危険性は減弱するとの認識が一般的なものであったとしても左右されるものではない。」「なぜなら，上記のような認識は，…当時の科学的知見に反するものであって，その指導監督に従って行動する生徒を保護すべきクラブ活動の担当教諭の注意義務を免れさせる事情とはなり得ない。▷9」

▷9　すなわち，この判例では，学校事故を防ぐために，教師に対し，一般人のレベルではなく，科学的知見を要求したのである。

　この判例に対しては，実態として，必ずしも専門家がなるわけではない部活動の顧問に過大な知見を要求し，過大な責任を負わせるものではないかとの批判がある。現在，学校における部活動の在り方については，さまざまな批判がなされており，担当者がいないからと言って数合わせとして部活動の顧問を押し付けられた場合にまで，この判例のような考え方によって，教師が大きなリスクを負わなければならないような事態が起こると，教師には，あまりに酷である。

　特に，直接に責任を負いかねない私立学校の教師は，このような判例があることをしっかり理解しなければならないし，その管理職，経営者側は，教師の

過負担が生じないように十分に配慮しなければならない。

　なお，最近，組体操の危険性が問題となっているが，高さ数メートルの高さから落ちてくる生徒を支えることなど，簡単にできるはずなどないことは科学的にも一般人にも予見できるであろう。教師は，生徒の安全を第一に考えなければならない。

［2］　公立学校教師への損害賠償請求

　公立学校の教師が，生徒指導において義務の不履行や，故意または過失によって，生徒に何らかの損害を与えた場合の責任は，法的にはどう追及されるのか。

　入口の問題として気を付けなければならないのは，公立学校の教師の責任と私立学校の教師の責任は，全く異なる法的枠組みに服することである。前者は公務員に関する法律に服し，後者はそうではないからである。

　公立学校の教師の場合には国家賠償法という法律がある。[10]この法律の第 1 条第 1 項は，「国又は公共団体の公権力の行使に当る公務員が，その職務を行うについて，故意又は過失によって違法に他人に損害を加えたときは，国又は公共団体が，これを賠償する責に任ずる」とし，第 2 項は，「前項の場合において公務員に故意又は重大な過失があつたときは，国又は公共団体は，その公務員に対して求償権を有する」と定める。

　公務員たる教師が，職務である教育活動を行ううえで，生徒などに損害を与えた場合には，原則として，教師個人ではなく国または公共団体が責任（損害賠償責任）を負うことになっており，教師個人は，国または公共団体からの求償があった場合にのみ，個人的な賠償責任を負うようになっているのである。[11]

　昨今，公立学校でも直ちに教師個人が直接に責任を負うのではないかとの誤った理解で，教師が損害賠償保険に加入するという事態が発生しているが，弁護士相談費用や訴訟手続きにかかる費用が発生するのはともかく，そもそも公立学校の教師の通常の過失に基づく事件では，損害の個人的負担は考えにくい。

［3］　私立学校教師への損害賠償請求

　他方，私立学校の教師の立場はまったく異なる。契約上の義務の不履行に基づく請求や，民法上の不法行為責任に基づく賠償請求は，学校の経営母体である学校法人のみならず，一人ひとりの担任にも，その上司である各主任や教頭，校長にも及ぶ場合がある。

　この点，多くの私立学校教師はまったく無自覚であるが，いざ事故が起きた場合の法的責任の取り方は，公立学校の教師とは大きく異なる。私立学校の教師は，自身で損害賠償責任そのものを負わなければならないし，自身で手続きのための弁護士費用等を負担しなければならないのである。[12]

▷10　国家賠償法は，損害賠償が金銭賠償であることを踏まえ，確実に損害賠償が実現されるよう被害者を保護するための法律であり，公務員を保護することを目的とする法律ではないが，実質的に，公立学校の教師はこの法律によって守られている。

▷11　現在，交通事故の損害賠償保険においては，弁護士特約として，手続きに必要な弁護士との法律相談費用やその報酬をカバーする保険が普及しつつある。このように損害賠償そのものの問題と手続き費用の問題とは別である。

▷12　例えば体罰をして，生徒にけがをさせた場合，その損害の賠償に当たって，私立学校と公立学校の教師では全く立場が異なるのである。なお，現在の国立学校については，法制度的には，私立学校と同様の扱いとするのが通説であるが，実務では国家賠償法が適用された例もある。

54

4 教師の刑事的責任，行政上の責任

教師の行為が，刑事上の罰則規定の構成要件に該当する場合は，すべての教員がその刑事的責任を負いうることになる。[13]

生徒指導上の体罰は，暴行罪，傷害罪などに該当しうるし，学校事故などの場合に業務上過失致死傷罪に問われる場合もある。生徒に対する教師のわいせつ行為も，不同意わいせつ罪や各都道府県のいわゆる迷惑防止条例違反に問われることもあろう。

このように刑罰法規に触れた場合，公立学校の教師は，行政上の責任として地方公務員法に基づく制裁としての懲戒処分を受けたり，訓告，始末書，厳重注意などの事実上の措置を受け，責任を問われることもある。[14] 私立学校の場合には，より早期に，退職勧奨が行われる場合もあるだろう。

いまだ教師による体罰やわいせつ事件・盗撮などの報道がなされるが，教師は，生徒指導上刑罰法規に抵触することが絶対にないよう自覚して行動しなければならない。

なお，生徒指導上の問題ではないが，教師の日常生活との関係で関わりやすい犯罪類型としては，配偶者や恋人への暴力に関する DV 事案，ストーカー事案がある。最近，法は家庭に入り，このような事件に対しての警察の介入は素早くなってきている。なお，避けがたい犯罪類型としては，過失運転致死傷や道路交通法違反等自動車の運転関係の犯罪があるが，自動車運転関係の犯罪への処罰は年々重くなってきており社会の目も厳しい。軽い気持ちでの飲酒運転は失うものがあまりにも大きく，どのような事情があっても絶対にしてはならない。

3 生徒指導と体罰

1 「体罰」とは何か

体罰とは何かについて，その具体的な場面は，教員採用試験でも頻出の分野であり，文部科学省は，2013年の「体罰の禁止及び児童生徒理解に基づく指導の徹底について（通知）」で，体罰の禁止や懲戒（退学，停学，訓告等）と体罰の区別を示すとともに，別紙として具体的な体罰事例，非該当事例を示している。さらに，文科省は，2021年末に，「体罰の実態把握について（令和2年度）」を発表しており，この実態把握のなかでは，「素手で殴る・叩く」，「蹴る・踏みつける」，「投げる・突き飛ばす・転倒させる」，「棒などで殴る・叩く」，「物をぶつける・投げつける」などの具体例を区分として示している。[15]

▷13　刑事的責任の場面では，公務員への信頼確保を目的とした収賄罪などに該当しうる分，国公立学校の教師の方が処罰範囲が広いであろう。

▷14　地方公務員法第29条には，懲戒処分として，免職，停職，減給，戒告が定められている。職務不適格などの場合には分限処分として免職，降任，休職，降給の各処分が下されることがある。

▷15　学校教育法第11条は校長と教師の懲戒権を認めるとともに，その但書で「体罰を加えることはできない。」と明示している。

このような明らかな体罰が許されないのは言うまでもないが，どこからが「体罰」なのだろうか。

司法の世界には，刑法上の暴行行為の定義として「不法な有形力の行使」という言葉がある。昨今の教育現場では，教師が生徒の体に触ること，すなわち「有形力の行使」自体を違法な暴行ととらえる向きあるが，有形力の行使が，単に児童生徒に苦痛を与えることを目的とするものではなく，教育目的に向けられたもので，教育上，必要で相当な態様であれば不法ではないから，法的には許容されることとなろう。

この点，最高裁の平成21年4月28日の判決が重要である。

他の児童を蹴り，それを制止した教師を，さらに後ろから蹴った等した小学生の児童に対し，当該教師がそれを追いかけ捕まえ，胸元を右手でつかんで壁に押し当て，大声で「もう，すんなよ」と叱った事件について，最高裁は，本件行為は児童の指導のために行われた行為で，身体的苦痛を与えるために行われたものではなく，教育的指導の範囲を逸脱するものではないとして，「やや穏当を欠くところがなかったとはいえない」としながらも，教師の行為を許容している。

体罰について，どこまでの有形力の行使が許されるか，一概に断じることはできないが，目的と手段の関係で，その行為に社会的相当性があれば，その行為は違法ではないと考えられる。上記事例にみるように，他の児童生徒の安全や教育活動を阻害するような行為があった場合，それを制止する行為は許されるとする最高裁の判断は，教師にとって重要な指針となる。◁17

なお，先述した文部科学省の通知（2013年）は，体罰にあたるかについて，児童生徒の年齢，健康，心身の発達状況，行為が行われた場所的，時間的環境，懲戒の態様等を総合的に考え，個々の事案ごとに検討すると示しているが，この判決の影響が強く見て取れる。

［2］　すべての「体罰」は許されない

有形力の行使が体罰に当たる場合，それが教育現場で許されることはない。許されない違法な懲戒権の行使であるからこそ，体罰なのである。生徒指導に当たる教師は，「許される体罰」などないということを肝に銘じなければならない。

教師は，教師養成系の学部か教職課程において一般的な教育論を学ぶ機会を必ずもつが，その教育方法の根底には自己の体験を置くことが多い。そのなかで，教師によっては，自身が体罰に当たる行為によって何らかの成果を得た成功体験に基づき，体罰を正当化してしまう傾向があるし保護者のなかにもそのような考え方がある。しかし，それが許されたは過去の話である。現在，子どもたちの成長は，体罰によらないその他の方法によって達成されなければならない。

▷16　教育現場で犯罪行為が許されるわけはないから「不法な有形力の行使」に当たるような行為は，おおよそ体罰であり，許されない。

▷17　司法の場における有形力の行使の許容性の判断は，さまざまな条件を総合的に考慮し決せられる。すなわち，その行為の必要性，緊急性，具体的な事情を考慮した相当性に基づき，その許容性が判断される。

56

　なお，最近では，体罰が与える精神的な影響についても医学的な研究が進み，体罰が子どもたちの脳に与える医学的な悪影響についても，確かなものとされてきている。このような最新の研究の進展に，教師も興味をもつべきである。

③　学級王国と顧問帝国

　かつて「学級王国」という言葉が否定的に論ぜられた時代があったが，その後，クラス運営についてはその透明化が図られ，また，各学校で，児童生徒の成長は，学校の全教師が「チーム学校」として目指すものであるとの認識は強くなっている。

　しかし，そのような変化のなかで取り残されているのが，とくに中学校，高等学校の部活動である。日本では，高校野球に代表されるように，フォーマルな教育を単位とするスクールスポーツが盛んで，各種運動系の部活動が広く設置され，また，いわゆる文科系の部活動も多く設置されている。そして，これら部活動に教師が顧問として配置されるのであるが，その特徴は専門性が重視されることと，人的に広く薄く配置されることである。

　かかる事情から，いざ，部活動のなかで法令が遵守されていない場合に，抑止力がきかないということが，繰り返し各地で起こっている。また，管理職にあっても，各種大会で優秀な成績を残す有力な部活動顧問への口出しを避ける傾向がある。しかし，生徒児童の安全と権利利益の保護のため，部活動に治外法権があるかのような「帝国」を創らせてはならないし，教師は創ってはならない。[18]

　とくに密室化しやすい部活動での体罰については，生徒の変化を確認できるもう一つのチャンネルである学級担任の意識向上（顧問との過度の住み分けを避ける）や，同じ運動施設（例えば体育館やグラウンド）を使用している教師相互のチェック体制を作らなければならないし，管理職においては，結果が出ていればその教師の活動には干渉しないといった意識をなくしていかなければならない。

　中学・高等学校の生徒指導部においても，有力な教師が中心となることが多いが，そこでも，子どもの人権をないがしろにするような「帝国」を築かせてはならないのである。

4　教師の守秘義務，個人情報保護と説明責任，告発責任

①　守秘義務，個人情報管理の法的根拠

（1）　地方公務員法の重要規定
　公立学校の教師が服すべき地方公務員法は，「第三章　職員に適用される基

▷18　文部科学省発表の「体罰の実態把握について」（令和2年度）では，中学校段階，高等学校段階とも部活動での体罰が，授業中の体罰に次いで2番目になっている。

準」「第六節　服務」のなかで，服務の根本基準として「すべて職員は，全体の奉仕者として公共の利益のために勤務し，且つ，職務の遂行に当つては，全力を挙げてこれに専念しなければならない」（第30条）と定め，そのほか，信用失墜行為禁止，職務専念義務，政治的行為の制限等を定めている。生徒指導という観点を離れても，このような条文は，教師がしっかりと理解する必要があり，実務上も実際に具体的場面で適用され，懲戒の根拠となっている。[19]

この地方公務員法の規定のうち第34条は，「秘密を守る義務」として公務員の守秘義務を，「職員は，職務上知り得た秘密を漏らしてはならない。その職を退いた後も，また，同様とする」と定めている。したがって，生徒指導にかかり職務上知り得た秘密についても，もちろん軽々しく他に伝えてはならないし，仮に USB 等の記録媒体にこれらの秘密や個人情報が入っている場合には，その管理を厳密に行わなければならない。PC の管理においてはそのウィルス感染に注意し，必ずウィルス対策ソフトを導入するなど，必要な注意を怠ってはならない。この点，年齢的に偏った現在の教師の年齢構成から，すべての教師が個人でこのような体制を構築することは困難と考えられるから，学校をあげて取り組むべき課題である。

（2）　個人情報の保護について

個人情報に関しては，2023年の「個人情報の保護に関する法律（個人情報保護法）」改正以前は，公立学校，国立学校，私立学校それぞれに別個の法規範が適用されていたが，この法改正により，現在はすべての学校に適用される法律が同法のもと一元化されている。個人情報保護の目的は，情報の自己コントロールという憲法原理にあるから，単に情報を外部にみだりに出さないという観点だけではなく，個人の権利であるという意識をもって扱わなければならない。[20] 同法の中には「要配慮個人情報」として「本人の人種，信条，社会的身分，病歴，犯罪の経歴，犯罪により害を被った事実その他本人に対する不当な差別，偏見その他の不利益が生じないようにその取扱いに特に配慮を要するもの」と定められている。教師はこれらの秘匿性の高い情報をも扱っていることを自覚する必要がある。個人情報保護法制への一層の理解が，教師に望まれる時代となっている。

２　情報公開，説明責任の範囲

個人情報保護法は，その第76条以下で，情報開示やその訂正及び利用停止について定めている。また，各自治体の情報公開条例によって自治体内部における情報公開の「実施機関」が定められており，教育の現場の情報を公開する「実施機関」は各教育委員会である。ここで，公文書についての情報公開は学校の権能ではないことに注意を要する。公立学校はこのことを前提に学校の保

有する情報を適切な形で公開し，保護者等による学校教育への的確な理解と批判のもと，国民主権の原理にのっとった公正で民主的な学校運営に努めなければならない。

　同法では，その第78条第1項各号で情報の開示義務を定めると同時に，除外しうる情報を規定している。ここに列挙されている情報に関しては，たとえ要求があったとしても開示義務はなく，その開示にば慎重な配慮を要する。教師は，生徒指導の保護者対応の場面で，過度に情報開示を求められる場合には，根拠をもって毅然と対応しなければならないから，この同条については必ず目を通しておく必要がある。[21]

　生徒指導の問題についても，昨今とくにいじめ問題についての対応の場面などで，学校が，保護者や社会に説明責任を果たさなければならない場面は数多くみられる。実際に，多くの場合にマスコミ対応等に当たる管理職のみならず，一般の教師も，保護者等に対し，どこまでの情報を開示してよいのか，常に法を意識した，具体的な研鑽を積まなければならない。また，情報の自己コントロールという見地から，例えば児童生徒同士のトラブルが起きた時に反省文を作成させる場合にも，それを相手方に開示する予定なら事前にその旨を児童生徒に伝え，そのうえで，保護者にも確認したうえで，提示しなければならないだろう。

　なお，学校現場への不当な要求について法的な相談をし，適切なアドバイスを得るためにも，法の専門家である弁護士が，より積極的に，より具体的に学校現場に関わるスクールロイヤー制度（法務相談体制）の必要性が高まっており，制度のより一層の普及が望ましい。[22]

③　児童虐待と，教師の早期発見義務・通告義務

　現在，児童虐待による子どもの死亡事例の報告が後を絶たず，児童相談所における児童虐待の相談件数も増加の一途をたどっている。

　この点，2000年5月に成立した「児童虐待の防止等に関する法律」，いわゆる児童虐待防止法があり，その第3条は「何人も，児童に対し，虐待をしてはならない」と，虐待禁止を定める。この法律は，児童虐待の禁止，予防，早期発見によって児童の権利利益の擁護に資することを目的とするもの（第1条）であるが，ここで教師が気を付けなければならないのは，この法律における「児童」の定義である。教師は，教育法規として学校教育法を必ず学ぶので，「児童」と言えばすなわち小学生のことだと思いがちである。しかし，「児童」の定義は，各法律によって異なる。本法での「児童」は「十八歳に満たない者」であり（第2条），そうすると17歳までが児童ということになる。

　したがって，おおよそ高校3年生の一部までのすべての子どもたちが，この

▷21　個人情報の保護に関する法律の第78条第1項で，組織の内部や相互間における審議・検討・協議に関する情報で開示することにより率直な意見の交換や意思決定の中立性が不当に損なわれるおそれがあるもの等は，開示から除外されている。

▷22　日本弁護士連合会や各弁護士会には学校教育にかかわる活動を行う法教育委員会，子どもの権利委員会などがあり，より積極的な活用が望まれる。

法律で保護されるべき「児童」にあたり，児童虐待の話は，中学校や高等学校の教師にとっても無縁の話ではない。中学校，高等学校の教師も，生徒に異常があった場合に，一つの可能性として児童虐待の可能性を考える必要がある。特に表面化しにくい性的虐待は，中学生，高校生にも十分に起こりうる。

　法は，その第2条で身体的虐待，性的虐待，ネグレクト，心理的虐待を児童の保護者が行った場合を「児童虐待」と定義し，第3条でそれを禁じる。保護者とは，「児童を現に監護するもの」をいい，両親や親権者に限らず，例えば事実上の婚姻関係にある者も含まれる。また，数が最も多い「心理的虐待」のなかには，いわゆるDV（夫婦喧嘩を含む）を子どもの面前で行うことが，「心身に有害な影響を与える言動」として含まれていることに注意したい。

　この法律は，「児童虐待を受けたと思われる児童を発見した者は，速やかに，これを児童相談所等に通告しなければならない」（第6条）という一般的な義務を定め，その上に，学校及び教職員に対しては「早期発見努力義務」（第5条1項）を課している。◁23 すべての人に，児童が虐待を「受けたと思われる」という早い段階での通告義務があり，教師は，その上，より加重された義務が課されているのである。なお，教師の守秘義務との関係では，このような義務が，「通告をする義務の遵守を妨げるものと解釈してはならない」（第6条）とされているから，教師は，守秘義務を理由に通告を躊躇してはならないし，保護者らからのクレームがあった場合にも，毅然と対応すべきである。

　2019年には千葉県野田市で，小学校4年生の女子児童が虐待死するといういたましい事件が起こった。この事件では児童相談所や市の教育委員会の対応に問題があったことが指摘されているところであるが，各教師や教育委員会関係者が顧みなければならないのは，情報開示の在り方である。虐待の場面では，子どもの安全を最優先し，子に関する情報を保護者にすら開示してはいけない。どうしたら，二度とこのような事件を起こさないようにできるのか，制度を整え，真剣な研鑽を積まなければならない。この事件を受けて，それまでのいじめ対応を中心とするスクールロイヤー制度についても，虐待対応を含めた「法務相談体制の整備」へと広がりを見せている。

▷23　学校や教職員に課せられているのは早期発見・通告義務であるから，学校が独自に強い調査を行う必要はない。学校としては，きちんと記録を作成しその専門機関と協力する準備をすれば足り，保護者といたずらに対立する必要はない。児童虐待の問題に関して，学校は，児童相談所等との連携や協力を密にし，より積極的に子どもの権利利益の擁護を図らなければならない。

5　少年事件と学校

［1］　非行少年の刑事法上の分水嶺は14歳

　教育現場であまり意識されていないことだが，中学2年生の生徒は，その誕生日において法的な存在として人生の分水嶺を迎える。これは刑事法上の問題である。刑法第41条は「十四歳に満たない者の行為は，罰しない」とするか

ら，刑罰法規に触れた14歳以上の生徒は，成人同様，逮捕・勾留され，警察や検察など捜査機関の取調べを受けこととなる（犯罪少年[24]）。

2　少年法は決して甘くない

少年の刑事事件は，成人の刑事事件とは異なり，捜査段階を経てすべてが家庭裁判所に送致されることとなる（全件送致主義）。そして，当初の手続きでは検察官に起訴不起訴の判断権がないことから，実務のうえでは，事件の取調べがいかにも不十分であったり，勾留期間が不規則に短縮されるなどの成人との違いが生じている。そして，成人の場合，捜査中に被害者との示談が成立したときは不起訴となることが多いが，少年の場合には，なお身体拘束手続きが続くことがある。少年法の手続きは少年の健全な育成を目指す手続きであり，少年の保護とその更生を第一に考えるため（保護主義），その調査・鑑別を必要とする場合があるからである。そこで，少年は，捜査が終了した後でも，時には少年鑑別所に収容されてさらに4週間程度の身体拘束を受けてしまうことがある。少年法に基づく処分が，一概に甘いなどとは到底言えない。[25]

家庭裁判所は，保護観察や少年院送致などの保護処分，重大な事件での検察官送致（逆送），不処分を決定する。2022年4月の少年法改正では，この逆送の範囲が広がった。

なお，この改正により同法から「成人」という言葉はなくなったが，本章では便宜上「満二十歳以上の者」を「成人」と記すこととする。

3　非行少年に対しても，学習権を尊重しなければならない

「推定無罪」という言葉がある。たとえ何らかの事件を起こしたとして逮捕されたとしても，裁判によって犯罪事実が認定され有罪となるまで，その人物は，無罪なのである。とくに少年の集団による行為の疑いの場合，問題となる少年がその行為にどこまで関わり，それが犯罪に当たるかどうかの判断は困難であり，逮捕されたとしても，真実，その少年がその犯罪行為に関わったとは限らない。したがって，捜査が進まないうちに，学校側が，生徒指導として軽々に先走った判断をしてはならない。

ところが，学校現場では，逮捕段階で過剰に反応し，推定無罪の原則を踏まえない傾向がみられる。とくに私立学校の多くでは，逮捕段階で退学勧告を行うことが多いのではないだろうか。また，公私立学校を問わず，生徒の個別の細かな事情を全く斟酌せず，形式的な前例のみを重視し，画一的な処分に終始する光景もいまだにみられる。

生徒が逮捕されたとしても，学校は，あくまでもその生徒の「人格の完成」を目指すべきであり，その学習権の保障の観点も含め，可能なかぎりのかかわ

▷24　14歳未満で刑罰法規に触れた者を非行少年のうち触法少年といい，逮捕・勾留されることはなく，児童福祉の観点から処遇される。また，将来的に罪を犯す等のおそれのある少年は虞犯少年という。

▷25　成人事件の場合，検察官に起訴不起訴を判断する独占的な権限があることから検察官が不十分な捜査をすることはあまりみられない。なお，勾留期間は，成人の場合，10日間若しくは20日間の10日刻みが実務上多い（逮捕から勾留までは，72時間という時間制限がある）。

りをもつべきである。

④　生徒指導で少年をよりよくする学校を

教育基本法第1条によれば，学校での教育は，子どもたちの「人格の完成」を目指し行われるものであり，その前提には，子どもたちには，教育により，よりよい資質を身につけ成長していく力があること，言い換えれば変化していくことが可能な存在であることがある。これを「可塑性」という。[26]

司法の世界では，さまざまな出来事を主観面と客観面に分けて分析，検討する場合が多いが，少年事件にかかる少年も同様である。少年の内面という主観面と，生徒を取り巻く環境の整備という客観面が両輪となって，少年は更生していく。そして，少年の場合，通常少年たちが生きているのは家庭生活と学校生活という環境であり，そうすると，少年が犯罪を行った場合の環境整備には家庭生活と学校生活の二つの側面からの支えが重要なのである。そして，多くの少年にとって学校生活の存在は非常に大きく，したがって，少年の更生に学校の適切な生徒指導による協力は欠かせない。

学校から離れるのが早いものほど刑務所に入らなければならないような犯罪を行いやすいことが，法務省の「矯正統計統計表」の刑務所の新受刑者数から窺われ，この原因としては，いくつかの仮説が考えられる。[27] 彼らが，早い段階で社会に出た場合，経済社会のなかで搾取されるポジションにつくことが多いことによるのではないか，そして搾取は搾取の連鎖を招いているのではないか，社会にはさまざまな困難が待ち受けており，彼らはそのなかで自己保存・自己防御のために犯罪に向かう側面があるのではないか，などである。若年女子の性的搾取の問題も，もちろんこのような問題に含まれるであろう。

学校は，多くの大人の善意に囲まれている。すべての教師は，真剣に子どもたちがその人格を完成させるため，よりよく成長することを望んでいる。このような学校教育の現場は，子どもたちにとって巨大な安全装置であり，子どもの健全な成長のために，教師が思う以上に本当に重要な存在なのである。

教師が子どもたちのことを真剣に考えるなら，生徒指導としての少年事件への対応においても，児童生徒が健全な学校生活を継続することを第一とし，その学習権を継続的に実現できるよう最大限の配慮を払うべきである。

そこで，少年事件が発覚したとしても，単に成り行きを傍観し，捜査機関や家庭裁判所の判断に任せるのではなく，児童生徒の学習権を守る環境整備のため，学校側のより積極的な関与が望まれるところである。

現状では，司法の側は，学校側に情報を通知する場合，児童生徒に不利益がないかを配慮し，学校側との接触を避ける傾向があるし，他方，学校側は，司法の判断が済むまでは学校は司法に接触せず，学校側は判断しないという思考

▷26 「可塑性」という言葉は，まだ知識が不十分で，生活経験も浅く，社会的な視野を持たない少年たちは，ひとたび事件を起こしても，反省と適切な支えがあればその形を変えてよりよくなっていくという意味の言葉である。

▷27 2022年の年報でみると「新受刑者」のうち中卒者までの者は約32.5％を占め，高校中退者を含めると約56.4％と高率となる。他方大卒者はわずか7.5％余りである。進学率が低い高齢者も含めての統計ではあるが，現在の高校進学率，大学進学率を考えるといかにも中卒者及び高校中退者までの新受刑者数は多すぎるのではないか。

停止の傾向がみられる。

　しかし，重要なのは，事件が発覚したより早い段階で，捜査機関や司法，学校が協力し，児童生徒をよりよくすることを目指すことである。児童生徒の指導に当たる教師は，このような少年事件にかかる場面で，思考停止に陥ることなく積極的な役割を果たすことが期待される。

　なお，このような学校秩序の維持が問題となるべき場面で，一人の教員が，秩序維持的な役割と児童生徒に寄添う役割を兼ねる日本の教育現場の困難性を指摘する論者もおり，教員の働き方改革と合わせて，その検討が望まれる。

Exercise

① 　中学校の男子バレーボール部内で，部員 BCD が，同級生の A に対し，厳しいアタックをするなどし，A がレシーブできない姿を見て笑っていた。A は泣いてしまい，その保護者から顧問の教員に対してクレームが来た。顧問は BCD を呼び，3 人同席で事実を確認し，反省文を書かせ，意地悪をしないように注意し，A と握手をさせた。顧問は，その後，A の保護者に対し反省文を見せ，部内のことなので，教頭や校長，A の担任にも報告はしなかった。この顧問の対応について，問題点を考えよ。

② 　小学校の教諭が，生徒指導上必要だからと，児童を両腕で抱き留め無理に制止させ，強く叱責する指導を行った。この事案の場合，どのような点が問題となるか，着眼すべきポイントをあげよ。

③ 　Y 高校は進学校であるが，生徒 X が知人のバイクの後部座席に乗って遊んでいたことがわかったため，生徒指導部の内規に従って X を停学処分とした。最後に Y 高校で同様の処分があったのは，25年前のことであった。従来この基準で処分してきたのであるから，この処分は何ら問題がないと言えるか。

📖次への一冊

神内聡『学校内弁護士　学校現場のための教育紛争対策ガイドブック　第2版』日本加除出版，2019年。
　　おそらく日本で唯一であろう，高等学校の教員兼弁護士が，「法の目」と「教育の目」の両方をもとに記した一冊。社会に開かれた学校を作り，教育紛争をバランスよく眺めることが，現場に望まれる。
近畿弁護士会連合会　民事介入暴力及び弁護士業務妨害対策委員会編『事例解説　教育対象暴力——教育現場でのクレーム対応』ぎょうせい，2015年。

　　　　教育紛争を，教育対象暴力という法的見地から整理した一冊。教育紛争を法律家がどう眺めているかがよくわかる。

篠原清昭編著『学校のための法学　第2版——自立的・協働的な学校を目指して』ミネルヴァ書房，2008年。

　　　　主に教育学系の編著者が学校現場に必要な法知識をまとめた一冊。条文の引用も適切で，部分的に眺めても興味深い。

友田明美『子どもの脳を傷つける親たち』NHK出版，2017年。

　　　　体罰や虐待が，子どもの脳にどのような影響を与えるのか，最新の研究を簡易にまとめた一冊。新しい常識を得られる。

引用・参考文献

芦部信喜・高橋和之補訂『憲法　第六版』岩波書店，2015年。

千葉大学教育学部附属教員養成開発センター編『新・教育の最新事情　第3版』福村出版，2019年。

長谷部恭男『憲法　第5版』新世社，2011年。

樋口陽一・吉田善明編『改定版　解説世界憲法集』三省堂，1993年。

伊藤良高・大津尚志・橋本一雄・荒井英治郎編『新版　教育と法のフロンティア』晃洋書房，2020年。

神内聡『スクールロイヤー　学校現場の事例で学ぶ教育紛争実務』日本加除出版，2018年。

神内聡『学校内弁護士　学校現場のための教育紛争対策ガイドブック　第2版』日本加除出版株式会社，2019年。

近畿弁護士会連合会　民事介入暴力及び弁護士業務妨害対策委員会編『事例解説　教育対象暴力——教育現場でのクレーム対応』ぎょうせい，2015年。

文部科学省『生徒指導提要（改訂）』（Ver.1.0.1）東洋館出版社，2022年。

野中俊彦・中村睦男・高橋和之・高見勝利『憲法Ⅰ　第4版』有斐閣，2006年。

坂田仰・黒川雅子『補訂版　事例で学ぶ"学校の法律問題"』教育開発研究所，2014年。

坂田仰・黒川雅子・河内祥子・山田知代『新訂第3版　図解・表解　教育法規』教育開発研究所，2017年。

坂田仰・山口亨編著『教育紛争判例詳解　問われるスクールコンプライアンス』学事出版，2011年。

下村哲夫『学校事件　そのアカウンタビリティ』ぎょうせい，2001年。

ストップいじめ！ナビ　スクールロイヤーチーム『スクールロイヤーにできること』日本評論社，2019年。

友田明美『子どもの脳を傷つける親たち』NHK出版，2017年。

第 II 部

子どもの抱える困難の理解と支援

第5章
不登校の理解と支援

〈この章のポイント〉

　不登校はどの児童生徒にも起こりうる。不登校を問題行動と捉えず，共感的に理解し，すべての児童生徒が自己実現を図り，社会の構成員として自立するための支援が教師に求められる。支援の際は「チーム学校」として学校全体の組織的対応はもちろん，家庭との連携を中心とした，学校外の専門機関等との「横」の連携，小学校，中学校，高等学校等の「縦」の連携が重要になる。

1　不登校の経緯・現状・実態

1　不登校の経緯

　不登校は，1941（昭和16）年にアメリカの精神医学分野で，ジョンソンら（Johnson et al., 1941）が非行や怠学と異なり大きな不安をともない長期に渡って学校を休み続ける情緒的障害を「学校恐怖症」としたのが始まりとされる（保坂，2002）。日本でも小学生のなかに「お腹が痛い」などの恐怖症状により登校したいのにできないという児童が現れ，60年代頃から学校恐怖症と呼ばれるようになった。ジョンソンらはこの原因に母子関係の障害があることを指摘したが，その後は，本人，家族，友人，学校，社会の要因など複合的な要因が関与していることが明らかになっていった（花谷・高橋，2004）。これを受け，病理がそれほど特殊ではない場合や，精神疾患だけでは捉えられない状況も明らかになり，日本では学校恐怖症に代わり「登校拒否」という名称が使われるようになった。そのなかで，1967（昭和42）年から文部省（現文部科学省）は学校基本調査のなかの長期欠席児童生徒の欠席理由のなかに独立した分類項目として「学校ぎらい」を用いるようになった。その後，1983（昭和58）年の『生徒指導研究資料第12集』において，この学校ぎらいの数が登校拒否とされ，以来これが一般的に登校拒否として定着するようになった（保坂，2002）。

　しかし，登校拒否が増加するにつれ，自分の意思で登校を拒否する児童生徒だけでなく，「行きたいけれど行けない」と葛藤する児童生徒や，「ただなんとなく行けない」という児童生徒などさまざまなタイプの存在が明らかになってきた。そのため児童生徒が登校を拒否しているという「登校拒否」から，より

表5-1　「不登校が継続している理由」の具体例

区分	
学校生活上の影響	いやがらせをする生徒の存在や，教師との人間関係等，明らかにそれと理解できる学校生活上の影響から登校しない（できない）。
あそび・非行	遊ぶためや非行グループに入ったりして登校しない。
無気力	無気力でなんとなく登校しない。登校しないことへの罪悪感が少なく，迎えにいったり強く催促すると登校するが長続きしない。
不安など情緒的混乱	登校の意志はあるが身体の不調を訴え登校できない，漠然とした不安を訴え登校しない等，不安を中心とした情緒的な混乱によって登校しない（できない）。
意図的な拒否	学校に行く意義を認めず，自分の好きな方向を選んで登校しない。
複合	不登校状態が継続している理由が複合していていずれが主であるかを決めがたい。
その他	上記のいずれにも該当しない。

出所：文部科学省（2008）を基に筆者作成。

広く学校に行けないあるいはいかない状態を指す「不登校」に認識も変化していった。このように不登校という用語はその実態や背景・要因などは一様ではなく，典型的な類型がはっきりしないという幅の広い概念とされる（文部科学省，2022）。文部省（現文部科学省）は，1992年の『登校拒否（不登校）問題について』でこのような認識の転換を報告し，「登校拒否はどの児童生徒にも起こりうるものである」と指摘して，1998年からは，学校基本調査における「学校ぎらい」も「不登校」に変更された。このように不登校は，学校恐怖症や登校拒否が示す特定の現象だけでなく，さまざまな状況によるものを含んでおり，不登校が継続している理由についても表5-1に示すような多様な分類が用いられている。

②　不登校の現状

　前項でみた不登校概念の変遷などを踏まえ，文部科学省は不登校を「何らかの心理的，情緒的，身体的あるいは社会的要因・背景により，登校しない，あるいはしたくともできない状況にあるため年間30日以上欠席した者のうち，病気や経済的な理由による者を除いたもの」と定義し，学校基本調査でもこの定義が用いられている。また，文部科学省は，1991（平成3）年度から30日以上欠席し欠席理由が不登校に該当する児童生徒の調査を行っている。この調査では小・中学校の不登校児童生徒数は1991（平成3）年度から2001（平成13）年度までは一貫して増加傾向が見られ，その後は若干の減少傾向と増加傾向がみられている。近年も調査開始時の1991（平成3）年度に比べると依然として2倍に近い高水準で推移しており，2001（平成13）年度以降，中学校では1学級に1人程度の割合で見られる現象となっている（図5-1）。

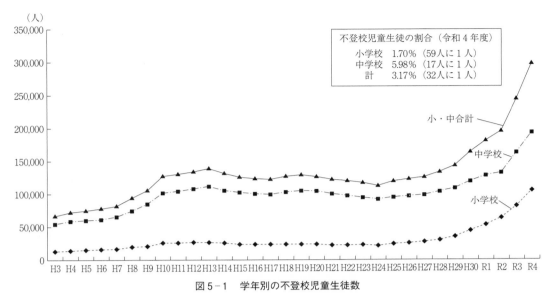

（人）

| 不登校児童生徒の割合（令和4年度） |
| 小学校　1.70％（59人に1人） |
| 中学校　5.98％（17人に1人） |
| 計　　　3.17％（32人に1人） |

小・中合計
中学校
小学校

H3 H4 H5 H6 H7 H8 H9 H10 H11 H12 H13 H14 H15 H16 H17 H18 H19 H20 H21 H22 H23 H24 H25 H26 H27 H28 H29 H30 R1 R2 R3 R4

図5-1　学年別の不登校児童生徒数

出所：文部科学省（2023）。

　また，このような実際の不登校の数値に加え「不登校相当」の児童生徒がいることも指摘されている。つまり年間30日以上に満たない欠席者のなかには，教育支援センター◁1へ通う児童生徒，別室登校を行う児童生徒，学校長の判断で出席扱いとなる児童生徒など，不登校の統計には反映されないものの不登校の状態に近い児童生徒も相当数いることが推測される。このような状況を踏まえると，不登校の現状は生徒指導において喫緊の教育課題であると考えられる。加えて，不登校の背景や要因等も一層，複雑化・多様化を示している。例えば，新たな状況として，発達障害の児童生徒の場合は周囲との人間関係や学習のつまずきなどが不登校の要因になりやすい。また保護者による子どもの虐待が児童生徒の不登校や不登校傾向の背景にある事件もあり，新たな観点から不登校の実態や対応を考えることが求められている（国立教育政策研究所，2004）。このような状況の中，文部科学省は，2023（令和5）年3月に「誰一人取り残されない学びの保障に向けた不登校対策（COCOLOプラン）」を取りまとめている。

③　不登校の実態

　不登校の実態把握については，文部科学省などが行っている統計的な資料が参考となる。例えば，2020（令和2年）度の『児童生徒の問題行動等生徒指導上の諸問題に関する調査』◁2では，不登校児童生徒数は8年連続で増加し，過去最多となっている。そのなかで，小学校の不登校の要因の主たるものは，「無気力・不安」が46.3％，「親子の関わり方」14.6％が，「生活リズムの乱れ，

▷1　教育支援センター
　不登校児童生徒等の指導を行うために教育委員会及び首長部局が，学校以外の場所や学校の余裕教室等において，学校生活への復帰を支援するため，児童生徒の在籍校と連携をとりつつ，個別カウンセリング，集団での指導，教科指導等を組織的，計画的に行う組織として設置したもの。

▷2　児童生徒の問題行動等生徒指導上の諸問題に関する調査
　文部科学省は，児童生徒の問題行動等について事態をより正確に把握し，これらの問題に対する指導の一層の充実を図るため，毎年度，暴力行為，いじめ，不登校，自殺等の状況等について行っている調査。

あそび，非行」が14.0％，「いじめを除く友人関係をめぐる問題」が6.7％の順に高かった。一方，中学校の不登校の要因の主たるものは，「無気力・不安」が47.1％，「いじめを除く友人関係をめぐる問題」が12.5％，「生活リズムの乱れ，あそび，非行」が11.0％，「学業の不振」が6.5％の順に高く，小学校と中学校で主たる要因の順位が異なる様子も見受けられる。

　このような結果から不登校状態の改善には，不登校の要因について多面的な観点から適切にアセスメント⁴³することが必要であると考えられる。その他にも，「平成18年度不登校実態調査」によれば，不登校経験者が当時どのような支援を受けたかったかというニーズについて「心の悩みについての相談」や「自分の気持ちをはっきり表現したり，人とうまくつきあったりするための方法についての指導」を受けたかったとの回答が最も多く，心理的な支援等を求めている児童生徒が多いことも調査結果から窺い知ることができる（文部科学省，2016）。これらのデータの解釈には慎重な姿勢を要するが，学校での支援を考える際などに有効な資料となるため，適切な活用が望まれる。

▷3　アセスメント
　「見立て」とも言われ，解決すべき問題や課題のある事例（事象）の家族や地域，関係者などの情報から，なぜそのような状態に至ったのか，児童生徒の示す行動の背景や要因について情報を収集して系統的に分析し，明らかにしようとするもの。

2　不登校支援の基本的な考え方

［1］　不登校に対する基本的な考え方

　2017（平成29）年度に「義務教育の段階における普通教育に相当する教育の機会の確保等に関する法律」が施行され，「教育機会の確保等に関する施策を総合的に推進するための基本的な指針」が策定されるなど，不登校児童生徒への支援は生徒指導上の喫緊の課題となっている。不登校の状況が継続することは本人の進路や社会的自立のために望ましくなく，本人自身や保護者もその状況に悩む場合が多いため早期の問題解消が望まれる。このような点は，個々の不登校への対応を行ううえでも基本的な考えとして常に留意する必要がある。

　そのなかで，不登校の児童生徒への支援の目標は，児童生徒が将来的に精神的にも経済的にも自立し，豊かな人生を送れるよう，その社会的自立に向けて支援することである（文部科学省，2019）。そのため，とにかく学校に登校させることを目標とする対症療法的な指導では根本的な解決にはならない。児童生徒が自らの進路を主体的に捉えて，社会的に自立することを目指すことが必要とされる。このような不登校に対する基本的な考え方については，文部科学省も2003（平成15）年の『今後の不登校への対応の在り方について』のなかで以下の5点を示している。

　第一に，将来の社会的自立に向けた支援の視点である。これは不登校の解決の目標が，児童生徒の将来的な社会的自立に向けての支援であることを意味し

ている。つまり，不登校を「心の問題」としてのみ捉えるのではなく「進路の問題」として捉え，本人の進路形成に資するような指導・相談や学習支援・情報提供等の対応をする必要があることを意味する。

　第二に，連携ネットワークによる支援である。この点については，次節でも詳述するが，近年の生徒指導上の課題はその要因・背景が多様化・複雑化している。そのため，学校，家庭，地域が連携し，学外の専門機関を含め適切な支援を提供することが重要となる。

　第三に，将来の社会的自立のための学校教育の意義・役割である。義務教育段階の学校は，確かな学力や基本的な生活習慣，規範意識など，社会の構成員として必要な資質や能力を育成する責務がある。そのため，学校教育に携わる者は，すべての児童生徒が学校に楽しく通えるよう学校教育の一層の充実のための取り組みを展開する必要がある。

　第四に，働きかけることや関わりをもつことの重要性である。この点ついても次節でも詳述するが，必要な支援を行わず不登校の解消を待つだけでは状況の改善にならない。ここでは，不登校が起こらないようにする働きかけ，不登校傾向の早期発見・早期対応の働きかけなど，積極的な働きかけも必要になる。

　そして第五は，保護者の役割と家庭への支援である。不登校への支援は保護者も含めたチーム援助が基本になる。そのため，不登校の児童生徒の対応に保護者が適切な役割を果たせるよう，学校と家庭の連携を図ることが必要になる。

　このような不登校に関する基本的認識の共有は対応を組織的に行ううえで不可欠なため，このような認識のもと取り組みの充実・改善を行う必要がある。

［2］　不登校についての理解

　前節で確認したように，不登校の様態は時代の流れとともに変化し続けている。そのため，生徒指導を行ううえで，教師が不登校に対応するためには，各種統計調査などによる不登校の現状についての客観的知識が必要になる。例えば，2020（令和2年）年度の『児童生徒の問題行動等生徒指導上の諸問題に関する調査』では，不登校は性別での大きな差がないのに対し，学年別に見みると大きな差がみられるという特徴がある。ここでは不登校の人数は学年をあがるごとに多くなり，中学1年生で倍増している。このように小学校6年生から中学校1年生にかけての不登校が急増する現象は「中1ギャップ」とも言われ不登校の特徴として着目されている（図5-2）。

　国立教育政策研究所はこの「中1ギャップ」の実態を明らかにするため2003（平成13）年に『中1不登校調査』を実施している。ここでは小学校4～6年生時の欠席日数と保健室等登校の日数を加算し，遅刻早退の日数を半日分の欠席

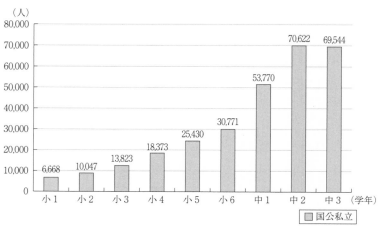

図5-2　学年別の不登校児童生徒数

出所：文部科学省（2023）。

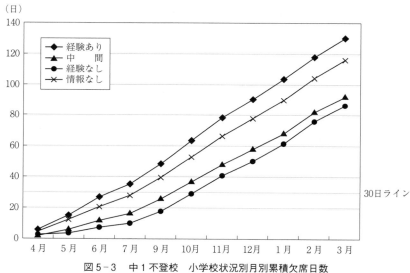

図5-3　中1不登校　小学校状況別月別累積欠席日数

出所：国立教育政策研究所（2003）。

として加算した「不登校相当」を想定した。その結果，2003（平成13）年度の中学校1年生の不登校生徒のうち半数以上の51.3％は小学校の4年生から6年生で不登校相当の「経験あり」群で，「経験なし」群は21.5％であった。つまり，小学校から中学校の増加は従来考えられていたものよりも小さい可能性が明らかになっている。また，「経験あり」群と「経験なし」群は，中学校1年生時の休み方に差がある点も明らかになっている。中1の7月時点で欠席日数が30日を超える生徒が「経験なし」群の場合では10％に満たないのに対し，「経験あり」群では既に50％を占めており，「経験あり」群に対する1学期当初からの初期対応の重要性が示唆されている（図5-3）。

この他にも，上記のように2020（令和2年）年度の文部科学省の調査では「不登校の要因」も報告されている。小中学校の合計ででは「本人に係る要因」の「無気力・不安」が46.9％で最も高く，「生活リズムの乱れ，あそび，非行」が12.0％，ついで「学校に係る状況」の「いじめを除く友人関係をめぐる問題」が10.6％，「家庭に係る状況」の「親子の関わり方」が8.9％という順に高くなっている。また，2020（令和2年）年度の調査では，新型コロナウイルス感染症による影響を踏まえ，長期欠席の理由に「新型コロナウイルスの感染回避」も追加されている。不登校は複雑な現象であり，各ケースにより実態は異なるが，このような統計調査は一般的傾向の把握に役立つため，生徒指導において欠かせない資料の一つとなる。

③　不登校支援についての理解

不登校の児童生徒に適切な支援を行うためには，何よりも不登校の要因や継続理由についての的確な把握（アセスメント）が必要になる（文部科学省，2016）。上記のように児童生徒が不登校となる要因やきっかけはさまざまである。また，不登校の状態が継続すれば，時間の経過とともに不登校の要因も変化していく。加えて，学習の遅れや生活リズムの乱れなどの要因も加わることで不登校解消の困難度が増し，学校に復帰しづらくなる。そのため，不登校支援では「不登校のきっかけ」や「不登校の継続理由」などの不登校となる要因を的確に把握し，早期にその要因を解消することが重要となる。これらの実態把握が的確になされなければ，それに基づく支援も不適切なものとなり，不登校児童生徒への効果的な支援とならない可能性もある。そのため上記の統計調査などを参考にしつつ，不登校の要因を的確に把握したうえで，その要因に合った適切な支援計画を検討することが重要となる。

実際の支援の際は，個々の児童生徒の要因に応じた効果的な支援を行う必要がある。また，不登校の継続理由や様態は不登校の段階によっても異なり，その対応も児童生徒一人ひとりによって異なる。そのため，ケース会議や学期，学年の節目などを通じ，支援の進捗状況に応じて支援計画を見直し，その要因を解消するための支援を行う必要がある。その際は固定観念に基づく対応やタイプ別による硬直的な対応策は避け，児童生徒やその保護者等とよく話し合い，支援策について教職員やスクールカウンセラー（SC），スクールソーシャルワーカー[4]（SSW）等の不登校児童生徒に関わる者の間で共通理解を図る必要がある（文部科学省，2016）。近年は，学級担任等の学校関係者が中心となり，「児童生徒理解・教育支援シート」を活用した組織的・計画的支援などの活用なども進められている。必要に応じて，これらの情報を教育支援センター，医療機関，児童相談所，小・中・高等学校，転校先等といった連携先に引継ぐこ

▷4　スクールソーシャルワーカー
いじめ，不登校，暴力行為，児童虐待など生徒指導上の課題に対応するため，教育分野に関する知識に加えて，社会福祉等の専門的な知識や経験を用いて児童生徒が置かれたさまざまな環境へ働きかけ，関係機関等とのネットワークの活用など問題を抱える児童生徒への支援を行う。

とで，より効果的な支援が期待できる（文部科学省，2016）。

3　学校に求められる具体的な対応及び関係機関との連携

1　指導体制の確立

　ここまで見てきたように不登校にはさまざまな要因・背景が存在するため，学校内はもちろん地域のネットワーク等を積極的に活用して組織的に対応することが大切になる。児童生徒が生徒指導上の課題を抱えた際，その個人の心理ケアに焦点を当て個人の変容を目的とする視点を「病理モデル」というのに対し，児童生徒個人と環境との関係に焦点を当てるエコロジカルな視点を「エコロジカルモデル」という。児童生徒の支援にあたってはどちらも重要な視点となるが，近年の学校ではエコロジカルモデルによる支援が広がりを見せている。エコロジカルモデルは「生物・心理・社会モデル」などと同様に，個人と環境の関係に着目し，さまざまな社会資源を活用しながら児童生徒の不適応状態の解消を目指すモデルである。

　例えば，学校内の対応では，教師個人で「抱え込む」のではなく，校長のリーダーシップの下，学校全体で組織として対応できる充実した体制を築くことが必要になる。また，心理や福祉の専門家，教育支援センター，医療機関，児童相談所など，学校外の専門機関等との「横」の連携を進めるとともに，子どもの成長過程を見つつ継続的に一貫した支援を行う視点から，小学校，中学校，高等学校，高等専門学校及び高等専修学校等の「縦」の連携も重要になる（文部科学省，2016）。このような不登校への指導体制の確立としては主に以下の2点があげられる（国立教育政策研究所，2004）。第一は，学校全体の指導体制の確立である。ここでは管理職である校長のリーダーシップの下，教職員が連携を密にして校内の指導体制を構築する必要がある。また，この指導体制を基盤に不登校への効果的な対応を進める中心的な指導組織も必要になる。この組織は学校によって異なるが，生徒指導部，教育相談部のなかで行われる場合や不登校対策委員会等が組織される場合もある。第二は，教職員の役割分担である。ここでは学校全体の指導体制を踏まえ，学校内における教職員の役割を明確化することが必要になる。不登校対応の中心は学級担任になることが多いが，効果的な対応のためにはコーディネーターの役割を果たす教師を明確に位置付けることが必要となる。例えば，養護教諭や教育相談担当の教師がコーディネーターとなる場合は，教室以外の保健室や相談室の整備などの環境調整も行う。また，SCは，不登校の児童生徒への対応，保護者との相談，教師からの相談への対応・助言，教師等に対する研修，専門機関の紹介等を行う。そ

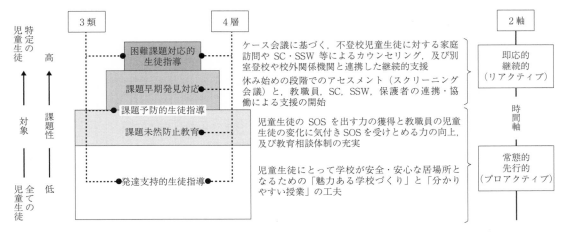

図5-4　不登校対応の重層的支援構造
出所：文部科学省（2022）を基に著者が作成。

の他にも，必要に応じて外部の専門機関等にリファー（委託）するといった「チーム援助」が重要になる。

▷5　リファー
　紹介や委託ともいい，学校などその機関では十分な対応ができない場合，他の適切な専門家に児童生徒を紹介すること。

2　不登校に対する2軸・3類・4層の生徒指導

　不登校対策として不登校を減らすためには，欠席日数が30日を超えて不登校状態になった児童生徒への対応だけでは不十分である。不登校にならないようにする発達支持的なかかわり，不登校傾向がある場合それを予防する課題予防的なかかわりも重要となる。つまり，不登校の対応には，発達支持的生徒指導，課題予防的生徒指導，困難課題対応的生徒指導を行う必要がある（図5-4）。『生徒指導提要（改訂）』では，2軸（① 常態的・先行的，② 即応的・継続的），3類（① 発達支持的生徒指導，② 課題予防的生徒指導，③ 困難課題対応的生徒指導），4層に分けて生徒指導を進める考え方が整理されている。

　他の生徒指導上の諸問題に対する働きかけと同様に，不登校の対応についても大きく分けてこの3類の生徒指導による働きかけが重要になる。発達支持的生徒指導では，不登校のみを意識することなく，すべての児童生徒を対象に，学校の教育目標の実現に向けて，教育課程内外のすべての教育活動において進められる生徒指導の基盤となる魅力ある学級作りや授業作りの取り組みを行う。

　課題予防的生徒指導は，課題未然防止教育と課題早期発見対応から構成され，課題未然防止教育は，すべての児童生徒を対象に，不登校の未然防止をねらいとした，意図的・組織的・系統的な教育プログラムを実施する。課題早期発見対応では，不登校の予兆行動が見られたり，不登校のリスクが高まったりするなど，気になる一部の児童生徒を対象に，深刻な問題に発展しないように，初期の段階で諸課題を発見し，対応する。

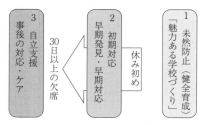

図5-5　「不登校」に取り組む際の3つのステップとその流れ
出所：国立教育政策研究所（2012年）。

困難課題対応的生徒指導では，実際に不登校になった児童生徒を対象に指導を行う。ここでは校内の教職員（教員，SC，SSW等）だけでなく，必要に応じて外部の専門機関等との連携を行い，対応を行う。不登校児童生徒が登校してきた際は保健室，相談室など別室登校を活用しつつ，徐々に学校生活に適応できるような指導上の工夫が重要になる。

不登校への対応で重要なことは，常に上記の3類の生徒指導を心がけることである（図5-5）。不登校への対策というと不登校になった状態に対する困難課題対応的生徒指導のみをイメージしがちであるが，このようリアクティブな取組みだけでなく，プロアクティブな未然防止，初期対応，自立支援の順に取り組む姿勢が必要になる。

③　組織的・計画的支援

ここまで見てきたように，不登校支援では，個々の児童生徒に応じた適切な支援策を計画することや，社会的自立へ向けて進路の選択肢を広げる支援を行うことが重要になる。文部科学省（2016）は，このような組織的・計画的支援について，①関係機関との連携，②不登校の理由に応じた働きかけ，③家庭への支援の重要性を指摘している。第一は，関係機関との連携である。関係機関との「横」の連携では，不登校児童生徒への支援を担う中心的な組織として新たなネットワークを構築する必要性がある。また，不登校児童生徒を積極的に受け入れる学校や関係機関等をいかした連携の必要性も指摘されている。その際，学校や教育行政機関が，多様な学習の機会や体験の場を提供するフリースクールなどの民間施設やNPO等と積極的に連携し，相互に協力・補完し合うことも有効となる。また，ここでも上記のように幼稚園（保育所）・小学校・中学校・高等学校・高等専門学校及び高等専修学校等の縦の連携を重視して，日頃から連携を図る姿勢が必要になる。

第二に，不登校の理由に応じた働きかけの必要性である。例えば，「無気力型」には達成感や充実感を繰り返し味わうことで自己肯定感を高めることが登校につながる可能性がある。また，「遊び・非行型」には，教師との信頼関係を形成したのち，まずは決まり事を守らせるき然とした教育的な指導を行うことや，規則的な生活リズムを身につけさせること，学ぶことに興味をもたせることが登校につながる可能性がある。「人間関係型」には，まずはきっかけとなった人間関係のトラブルを解消することが登校につながる可能性がある。

第三に，家庭への支援である。不登校の要因・背景によっては，福祉や医療機関等と連携し，家庭の状況を正確に把握したうえで適切な支援や働きかけを行う必要があるため，家庭と学校，関係機関の連携を図ることが不可欠であ

る。その際，保護者と課題意識を共有して一緒に取り組むという信頼関係をつくることや，訪問型支援による保護者への支援等，保護者が気軽に相談できる体制を整えることが重要になる。また，家庭訪問や電話連絡を繰り返しても児童生徒の安否が確認できない等の場合は，市町村又は児童相談所への通告を行うほか，警察等に情報提供を行うなど，適切な対処が必要なことも指摘されている。

4　不登校支援の今後

1　不登校児童生徒に対する多様な教育機会の確保

　不登校児童生徒への支援の際は，不登校児童生徒の一人ひとりの状況に応じて，教育支援センター，不登校特例校，フリースクールなどの民間施設，ICTを活用した学習支援など，多様な教育機会を確保する必要がある（文部科学省，2016）。不登校児童生徒の実態に配慮した特色ある教育課程として，文部科学大臣の指定により不登校児童生徒を対象として，特別の教育課程による義務教育等を実施できる不登校特例校の制度がある。また，学校外施設において，指導・助言を受けた場合の指導要録上の出席扱いについては，義務教育制度を前提としつつ，一定の要件を満たす場合に校長が指導要録上出席扱いとできる制度がある。主な取組みとして文部科学省（2016）は以下の3つをあげている。

　第一は，教育支援センターにおける出席扱いである。一部の教育委員会において，教育支援センターの設置目的や事業内容とともに出席扱いについて基準を設けている場合があり，教育支援センターに通所する場合に一律に出席扱いとしている学校があるが，多くの場合は，各不登校児童生徒の状況ごとに出席扱いの可否について判断している。第二は，民間団体・民間施設における出席扱いである。出席扱いとなったきっかけについては，学校側，保護者側又は施設側の働きかけとさまざまである。学校，施設，保護者が話し合い，活動内容を確認して出席扱いとする個別的な連携が一般的であるが，施設における指導状況を確認した教育委員会が，校長会に情報提供し，校長会として，その施設において不登校児童生徒が助言・指導を受けた場合を出席扱いとする旨を申し合わせるなど地域内で統一した対応をしている例もある。第三は，ICT等の活用による指導要録上の出席扱いである。「ICT等を活用した学習活動を行った場合の指導要録上の出欠の取扱い」については，不登校児童生徒数に比して，出席扱いとなっている人数が少ない。ICT等を活用した学習活動を行った場合の出席扱いについて，基準を設けている教育委員会については把握がないが，出席扱いとなったきっかけはさまざまであり，学習意欲の高い児童生徒

▷6　不登校特例校
　不登校児童生徒の実態に配慮した特別の教育課程を編成して教育を実施する必要があると認められる場合，特定の学校において教育課程の基準によらずに特別の教育課程を編成することができるとする特区措置によって文部科学大臣から指定された学校。

▷7　指導要録
　児童生徒の学籍や指導の過程及び結果の要約を記録し，その後の指導及び外部に対する証明等に役立たせるための原簿となるもの。学校教育法施行規則第24条第1項により各学校の校長はこれを作成しなければならない旨が定められている。

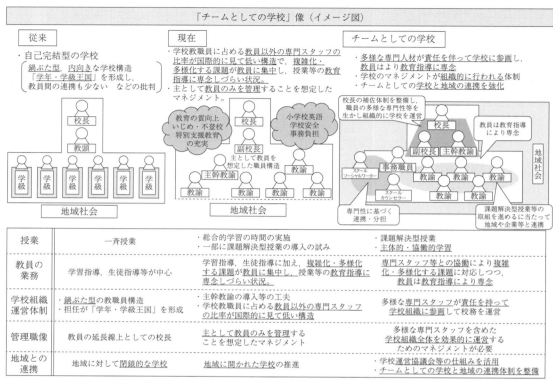

図5-6　「チームとしての学校」像（イメージ図）

出所：文部科学省（2015）。

▷8 ICT教育：学校教育の場に情報通信技術（ICT）を活用すること。具体的には，電子黒板やノートパソコン，タブレット型端末などを用いた教育を指すことが多い。広義のICT教育には，デジタルカメラやプロジェクターなどを用いた教育を含めることもある。

が対象となることが多く，保護者から民間のICT教育[8]を利用している旨の申出があり，学校が教育委員会に相談し出席扱いとした例などがある。

2 チームとしての学校づくりと業務改善

　近年は「開かれた学校」のテーマのもと，「コミュニティスクール」「学校支援地域本部」などが制度化され，「学校」を取り巻く環境が大きく変わりつつある。また，「学校現場における業務改善のためのガイドライン」の策定や「チーム学校」の推進など学校業務の改善や学校の教職員構造の転換が図られている（図5-6）。これは「学校」のみでは対応が容易でない援助ニーズが多く発生していることがその一因であるとされている。つまり，従来の「教師個人の力量のみに頼る学校教育」という「学校」の「社会的カテゴリ（社会現象を整序する枠組み）」の転換が必要になっていると考えられる。

　単純な国際比較をすることはできないが，2013年の「国際教員指導環境調査」（TALIS）によれば，日本の教師の一週間当たりの仕事にかける時間は参加国のなかで最長である。また，教職員総数に占める教師の割合は，イギリスで51％，アメリカで56％，日本で82％となっており，日本の教師は一般的事務

業務など授業以外の業務に多くの時間を費やし，授業等の教育活動に集中しづらい状況がある。そのなかで，2013年の「教職員のメンタルヘルス対策検討会議」によれば，精神疾患による教師の病気休職者数の在職者に占める割合は約0.6％となり，最近10年間で約2倍に増加している。このような従来の社会的カテゴリの課題を踏まえ，近年，既述のような「開かれた学校」が制度化されてきている。ここでは従来の「教師個人の力量のみに頼る学校教育」という「学校」の「社会的カテゴリ」の転換が行われている。つまり，従来どおり「学校」から児童生徒への直接的な働きかけを中心としつつ，「家庭」「地域」といった多様な援助資源を活用した働きかけが想定されている。従来の「教師個人の力量のみに頼る学校教育」によって「学校」を捉えていた観点から，「チーム学校」といった観点へと社会的カテゴリの転換が目指されているのである。

　2015年の教育再生実行会議の第七次提言おいて，教師が子どもと向き合う時間を確保し，教育活動に専念できるようにする観点から，「学校経営を支える事務職員の充実を図り，教師と事務職員の役割分担を見直すことや，スクールカウンセラーやスクールソーシャルワーカー，部活動指導員，学校司書，ICT支援員等の配置を行うことにより，『チーム学校』を実現する」ことが示された。従来，不登校などの子どもの援助ニーズへの対応は「学校」の責任から論じられることが多く，子どもの問題の原因も教師の指導力不足など，学校教育との関連のみで論じられることが多かった。しかし，教師個人の力量や学校のみに責任を求めるのではなく，子どもの発達のための利用可能な資源を積極的に使用する姿勢が社会全体に求められている。

③　一人ひとりの教師の資質能力の向上

　最後に，本項では，一人ひとりの教師が不登校現象と向き合う際に必要な心構えを確認する。今後の不登校支援として，教師が適切に支援を行うためには，上記のように「チーム学校」による組織的な対応が必要とされている。しかし，その大前提として重要なのは，個々の教師自身が学び続け，自身の資質能力の向上に努めることである。この点については文部科学省（2017）も，「これからの学校教育を担う教員の資質能力の向上について」で，教師一人ひとりがスキルアップを図り，多様な専門性をもつ人材等と連携してチームの中心的役割を担い活躍できるよう「教員の養成・採用・研修の一体的改革」を進めるとしている。このような指摘からも，教師は「多くの子どもの人生に関わる職業である」という高い意識をもって，養成・採用・研修の各段階において自身の資質能力を省察し，その向上に努めていく必要がある。

　そのなかで，生徒指導における重要な資質能力の一つが，一人ひとりの児童

生徒と信頼関係を築く能力である。学校におけるあらゆる教育活動を行う際に必要とされるのが教師と児童生徒の信頼関係である。そのため，教師と児童生徒の信頼関係がどの程度築かれるかによって個々の児童生徒の教育効果が決まるといっても過言ではない。前節で確認したように，不登校対応で重要なことは3段階の生徒指導を心がけることである。なかでも，今後は不登校の未然防止である発達支持的生徒指導の機能が重視されている。ここでは4月の学級開きの段階から児童生徒が不登校傾向を示す前に，児童生徒やその保護者と日常での信頼関係を構築することが重視される。つまり不登校になる前の段階での相互作用があってこそ，児童生徒が不登校になったとき，児童生徒や保護者にとって教師が援助要請を行う援助資源の一人となりうる。

　また，個々の児童生徒との信頼関係だけでなく，学級全体に信頼関係の雰囲気を醸成する「学級づくり」の能力も必要とされる。学級集団に向けた教師の日常的な指導態度や指導行動は，学級規範などの学級雰囲気に影響を及ぼす。ここでは，授業など学級への集団介入時の印象など，日常での印象が重要になる。つまり，言語的コミュニケーションはもちろん，表情，しぐさなど非言語のコミュニケーションによって折に触れて，学級集団における信頼関係の雰囲気を醸成することができる資質能力が求められる。このようなかかわりを行う際は，子どもとの関係を構築しその悩みを理解し受容する技法である「かかわり技法」や，子どもに具体的な働きかけを行う技法である「積極技法」のスキルを身につけることも有効である（文部科学省，2023）。

　一方，予防的生徒指導では，ひとりの児童生徒をさまざまな視点から捉え，その児童生徒の特徴と抱えている問題を適切にアセスメントする能力が求められる。東京都教育委員会（2019）は，すべての教員が不登校の要因や背景を正しく理解したうえで児童生徒の状況に応じた適切な支援を行うことで，児童生徒が豊かな学校生活を送り，社会的に自立できることを目指し「児童・生徒を支援するためのガイドブック」を作成している。ここでは Excel で作成された登校支援シートを活用することで，不登校の児童生徒の支援に必要な情報を集約し，それに基づく支援計画を学校内や関係機関で共通理解し，そのシートを校種間で適切に引き継ぐことによって継続的に多角的な視野に立った指導体制が構築できるよう工夫がなされている。登校支援シートは，心理学の領域で使われている，生物学，心理学，社会学的観点から多面的・多層的に捉え，対処しようとする「生物・心理・社会モデル」を参考に，児童生徒の状況を教育関係者にわかりやすい「身体・健康面」「心理面」「社会・環境面」という3つの大きな観点から捉え，児童生徒の不登校の要因や本人のもつ良さを把握し，支援につなげる考え方を示しているため，このようなシートの活用も有効である。

　以上，本章では不登校支援を概観した。どのような不登校支援が行われるかによって児童生徒のその後の適応が変わる可能性もあるため，不登校に関する基礎的な知識や不登校支援の資質能力を身につけた適切な対応が望まれる。

Exercise

① 　不登校の未然防止である発達支持的生徒指導として，学校や教師が行えることとしてはどのようなことが考えられるか。思いつく限りの意見をあげ，その内容をまとめてみよう。

② 　不登校の初期対応である課題予防的生徒指導として，学校や教師が行えることとしてはどのようなことが考えられるか。思いつく限りの意見をあげ，その内容をまとめてみよう。

③ 　不登校の自立支援である困難課題対応的生徒指導として，学校や教師が行えることとしてはどのようなことが考えられるか。思いつく限りの意見をあげ，その内容をまとめてみよう。

📖次への一冊

伊藤美奈子編著『不登校の理解と支援のためのハンドブック——多様な学びの場を保障するために』ミネルヴァ書房，2022年。
　　不登校の校種別の現状，背景にある現代的問題，支援の現場からの報告を加えたハンドブック。具体的にどのような取り組みが効果的なのかについて検討し，保護者の心理やその支援についても解説されている。
文部科学省『不登校児童生徒への支援に関する最終報告——一人一人の多様な課題に対応した切れ目のない組織的な支援の推進』2016年。
　　不登校児童生徒への支援に関する現状と課題を検証し，改善方策を検討した報告書。各地で展開されている実践例のうち成果を上げている手法も積極的に取り入れられている。
齊藤万比古『増補　不登校の児童・思春期精神医学』金剛出版，2016年。
　　児童・思春期精神医学の観点から，特有の精神発達上の課題を児童生徒にもたらす不登校という現象について，包括的かつ多層的な視点の重要性を指摘した著書。

引用・参考文献

花谷深雪・高橋智『戦後日本における「登校拒否・不登校」問題のディスコース：登校拒否・不登校の要因および対応策をめぐる言説史』『東京学芸大学紀要』第1部門，教育科学，55，2004年。

保坂亨「不登校をめぐる歴史・現状・課題」『教育心理学年報』41，2002年。

Johnson, A.M, Falstein, E.L, Szurek, S.A. & Svendsen, M. 1941. School Phobia. *American Journal of Orthopsychiatry*, 11, 702–708.

久富善之『日本の教員文化——その社会学的研究』多賀出版，1994年。

国立教育政策研究所『中1不登校生徒調査（中間報告）——不登校の未然防止に取り組むために』2003年。

国立教育政策研究所『不登校への対応と学校の取組について小学校・中学校編』ぎょうせい，2004年。

国立教育政策研究所『不登校・長期欠席を減らそうとしている教育委員会に役立つ施策に関するQ & A』2012年。

水本徳明「子どもと教師の豊かなつながりを求めて——学級経営と教室空間」『学びの新たな地平を求めて—21世紀の教育と子どもたち』東京書籍，2012年。

文部科学省『今後の不登校への対応の在り方について（報告）』2003年。

文部科学省『児童生徒の問題行動等生徒指導上の諸問題に関する調査—用語の解説』2008年。

文部科学省『不登校に関する実態調査——平成18年度不登校生徒に関する追跡調査報告書』2014年。

文部科学省『新しい時代の教育や地方創生の実現に向けた学校と地域の連携・協働の在り方と今後の推進方策について（答申）』2015年。

文部科学省『不登校児童生徒への支援に関する最終報告——一人一人の多様な課題に対応した切れ目のない組織的な支援の推進』2016年。

文部科学省『これからの学校教育を担う教員の資質能力の向上について（答申のポイント）』2017年。

文部科学省『不登校児童生徒への支援の在り方について（通知）』2019年。

文部科学省『令和4年度　児童生徒の問題行動等生徒指導上の諸問題に関する調査』2023年。

文部科学省『生徒指導提要（改訂）』（Ver.1.0.1）東洋館出版社，2022年。

第6章
非行・暴力行為の理解と支援

〈この章のポイント〉

　本章では，児童生徒の問題行動の一つである，非行・暴力行為について取り扱う。児童生徒による非行・暴力行為は，いじめ等とならび長年にわたる教育問題の一つである。非行・暴力行為にはどのような行動形態が含まれるのか，その行動にはどのような心理的背景があるのかを教員は理解する必要がある。また，非行・暴力行為が発生したときに，教員はどのような対応をすべきか，行動指針が必要となる。現在，非行・暴力行為を未然に防ぐことを目的とした，予防に向けた取り組みが求められている。

1　非行・暴力行為の定義と現状

1　非行の定義

　非行（delinquency）とは，少年による反社会的行動（antisocial behavior）のことを指すが，用語の概念規定に関しては，社会的規定と法的規定がある。

　社会的規定とは，社会規範に照らし合わせたとき，その規範に反する行為が非行であるとする概念である。これに対して，法的規定とは，未成年者の法律に違反する行為を非行とする概念であり，社会的規定よりも狭い定義となる。日本において非行を法的規定から捉えた場合，その根拠となるのは，「少年法」である。「少年法」第3条では，次の3つが少年非行として該当する。

（1）14歳（刑事責任年齢）以上20歳未満の少年による犯罪行為（犯罪少年）。

（2）14歳未満の少年による触法行為（刑罰法令に触れるが，刑事責任年齢に達しないため刑事責任を問われない行為）（触法少年）。

（3）20歳未満の少年のぐ犯。以下の4つのいずれかの事由があって，その性格又は環境に照らして，将来，罪を犯し，又は刑罰法令に触れる行為をするおそれがあると認められる行状（ぐ犯少年）。

　① 保護者の正当な監督に服しない性癖のあること

　② 正当な理由がなく家庭に寄り付かないこと

　③ 犯罪性のある人若しくは不道徳な人と交際し又はいかがわしい場所に出入りすること

　④ 自己又は他人の徳性を害する行為をする性癖のあること

▷1　少年の凶悪犯罪が発生すると度々改正の議論が起こる。近年では2014年に懲役の上限が引き上げられた。また，2022年から成人年齢が引き下げられたが，18・19歳は「特定少年」として引き続き少年法が適用されることとなった。

▷2　ぐ犯少年は年々減少しており，1951年には2万人を超えていたが，2021年では178人である。

表6-1　非行の態様

① 暴力型非行	対人暴力（violence）と対物暴力（vandalism）の2つ。対人暴力は，身体的な暴力であり，殺人，傷害等が含まれる。対物暴力は器物損壊等を含む。
② 財産型非行	自分以外の者の財産を略取する行為。万引き，窃盗，横領等を含む。
③ 薬物型非行	法律で禁じられている麻薬等や未成年者の使用が禁じられている物質の使用する行動。特別法犯で記述されている薬事犯ならびに飲酒，喫煙等を含む。
④ 交通型非行	「道路交通法」において，特に非反則行為（刑事事件として処理される行為）。無免許運転，共同危険行為等を含む。
⑤ 性逸脱型非行	不純異性交遊，売春行為やそれに類する行為等を含む。

出所：森下（2004）をもとに筆者作成。

　これらの犯罪少年，触法少年，ぐ犯少年は家庭裁判所の審判に付せられる。これら以外に，非行に関連する用語として「不良行為」がある。「少年警察活動規則」では，不良行為少年とは「非行少年には該当しないが，飲酒，喫煙，深夜はいかいその他自己又は他人の徳性を害する行為をしている少年」を指す。これらの行為に対しては，注意と補導がなされることとなっている。本章で取り扱う非行は，その類似性・関連性から，不良行為を含めるものとする。また，非行はその態様により，表6-1に示す5つに分類される（森下，2004）。

2　少年非行の動向

▷3　法務省が毎年公刊している，日本国内で起こった犯罪に関係する統計資料。再犯に関する資料も充実している。

　図6-1は，「令和4年年版犯罪白書」[3]で示された，少年による刑法犯・一般刑法犯検挙人員・人口比の推移である。少年人口比を見てみると，第二次世界大戦後，少年非行には4つのピークがある。

　第一のピークは，1951年を中心とする時期で，戦後混乱期に当たる。この頃の非行は，「生活型非行」と呼ばれ，戦災遺児が多く街にあふれ，生活困難が背景にあり，食べるための非行という側面が強かったと言われている。

　第二のピークは，1964年を中心とする時期で，高度経済成長期に当たる。この頃の非行は，「反抗型非行」と呼ばれ，社会に対する敵意が特徴である。都市部に人口が集中し，就職等に失敗した逸脱者が非行を示すという側面が強かったと言われている。

　第三の非行のピークは，1983年を中心とする時期で，高度経済成長の終焉期に当たる。この頃の非行は，「遊び型非行」と呼ばれ，罪悪感の欠如や，ファッション的な側面が色濃く見られたと言われている。

　第四のピークは，1998～2003年頃を中心とする時期で，不景気と少子高齢化が進んだ時期に当たる。この頃の非行は「現代型非行」，「いきなり型非行」と呼ばれ，これまでの非行とは異なった傾向を示すとも言われている。いわゆる

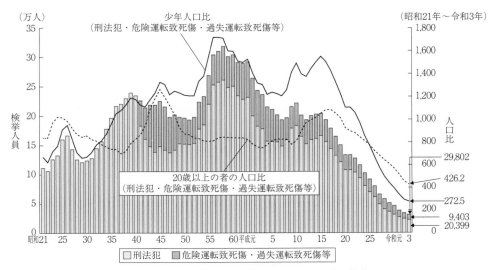

図6-1　少年による刑法犯検挙人員・人口比の推移

出所：「令和4年版犯罪白書」。

「キレる若者」などの言い方に代表されるように，「普通の子がいきなり重大犯罪を起こす」という非行事件が，クローズアップされたことから，このネーミングにつながった。しかし一方では，粗暴犯における初犯者の割合が増えていないことから，このネーミングは適切ではないとする論もある（岡邊・小林，2005）。なお，2003年以降は，一貫して検挙人員・人口比ともに減少していることがわかる。

　また，表6-2は，2008年と2021年の少年による刑法犯検挙人員を比較したものである。このデータから近年の非行の傾向について，以下の点が読み取れる。

　　（1）女子による非行は件数・割合ともに減少している。
　　（2）窃盗・横領（ほとんどが遺失物等横領）等の財産型非行の件数は大幅に減少しているが，割合的にはあまり変化していない。
　　（3）殺人・暴行・傷害等の凶悪な暴力型非行は件数・割合ともに減少幅は小さい。

　なお，別のデータとして「犯罪白書」によると暴走族の少年構成員は1990年は2万7858人であったのに対して，2021年は2540人と大幅に減少し，交通型非行は減少していることがうかがえる。少年非行全体では減少傾向にあることを示したが，暴力型非行の減少幅は少ないことがわかる。

［3］　暴力行為の動向

　本項では，学校教育現場での暴力型非行の動向について見ていく。

▷4　警察では「共同危険型」と「違法競走型」の2つに分類している。最盛期の1982年には約4万2500人の構成員がいた。平成26年からは元暴走族等から構成される成人の「旧車會」等のデータも収集されている。

▷5　『生徒指導提要（改訂）』では，「個別の課題に対する生徒指導」において暴力行為と少年非行をそれぞれ章立てて解説している。

表6-2　少年による一般刑法犯検挙人員の比較

罪名	平成20年				令和3年			
	総数	男子	女子	女子比	総数	男子	女子	女子比
総　数	109,088（100.0）	84,867	24,221	22.2	20,930（100.0）	17,296	3,634	17.4
殺人	56（0.1）	46	10	17.9	43（0.2）	32	11	25.6
強盗	752（0.7）	699	53	7	238（1.1）	221	17	7.1
放火	141（0.1）	132	9	6.4	58（0.3）	46	12	20.7
強制性交等	140（0.1）	138	2	1.4	170（0.8）	168	2	1.2
暴行	1,975（1.8）	1,718	257	13	1,362（6.5）	1,209	153	11.2
傷害	5,902（5.4）	5,004	898	15.2	1,933（9.2）	1,751	182	9.4
恐喝	1,900（1.7）	1,714	186	9.8	326（1.6）	282	44	13.5
窃盗	64,141（58.8）	47,281	16,860	26.3	10,896（51.9）	8,292	2,577	23.7
詐欺	1,104（1.0）	741	363	32.9	1,028（4.9）	859	169	16.4
横領	23,399（21.4）	19,012	4,387	18.7	1,290（6.2）	1,161	129	10
強制わいせつ	402（0.4）	390	12	3	444（2.1）	437	7	1.6
住居侵入	3,345（3.1）	2,878	467	14	979（4.7）	907	72	7.4
器物損壊	2,702（2.5）	2,416	286	10.6	881（4.2）	768	113	12.8
その他	3,129（2.9）	2,698	431	13.8	1,309（6.3）	1,163	146	11.2

出所：「平成21年版・令和4年版版年犯罪白書」を元に筆者作成。

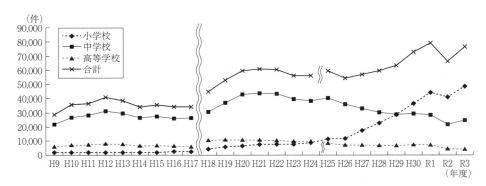

図6-2　学校内外における暴力行為の発生件数の推移
出所：令和3年度児童生徒の問題行動・不登校等生徒指導上の諸課題に関する調査結果について

▷6　文部科学省が毎年公開している統計資料。主に暴力行為，いじめ，不登校，自殺等に関する統計が示されている。平成27年度までは，「児童生徒の問題行動等生徒指導上の諸問題に関する調査」であったが，平成28年度より調査の名称が変更された。

　文部科学省は，毎年「児童生徒の問題行動・不登校等生徒指導上の諸課題に関する調査結果について[◁6]」のなかで，学校が把握した児童生徒の暴力行為をデータで示している。ここでは，暴力行為を（1）対教師暴力，（2）生徒間暴力，（3）対人暴力（（1），（2）を除く），（4）器物損壊に分類している。2021年度に報告された，学校内外における暴力行為の発生件数の動向は，図6-2に示す通りである。

　このデータからは，学校内外での暴力行為の総数は，2014年度から増加傾向にある。これは，小学校での暴力行為の報告の急激な増加が影響していると捉えられる。学校種ごとに見ると，中学校・高等学校では減少傾向にあり，小学校では増加傾向にある。また2021年度の加害生徒数は図6-3に示す通りであ

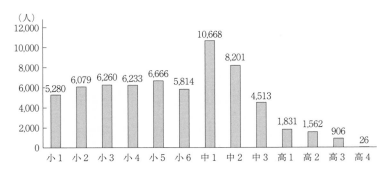

図6-3　学年別加害児童生徒数のグラフ

出所：令和3年度児童生徒の問題行動・不登校等生徒指導上の諸課題に関する調査結果について

表6-3　暴力行為の発生件数の比較

	学校種	平成21年度	令和3年度
対教師暴力	小学校	1,057	6,657
	中学校	6,482	2,497
	高等学校	765	272
	合計	8,304	9,426
生徒間暴力	小学校	4,303	36,365
	中学校	23,676	17,195
	高等学校	6,300	2,464
	合計	34,279	56,024
対人暴力	小学校	167	402
	中学校	1,170	392
	高等学校	391	149
	合計	1,728	943
器物損壊	小学校	1,588	4,714
	中学校	12,387	4,366
	高等学校	2,629	968
	合計	16,604	10,048

出所：平成21年度・令和3年度児童生徒の問題行動・不登校等生徒指導上の諸課題に関する調査結果をもとに筆者作成。

る。中学1年生で最も多いことがわかる。なお，中学2年生は，刑事責任年齢に達する学年であることを認識する必要がある。

　2009年度と2021年度の暴力行為の内訳を比較したのが表6-3に示したものである。ここから以下の点が読み取れる。

（1）小学校ではすべての暴力行為の報告が増加している。なかでも「生徒間暴力」の報告が大幅に増えている。

（2）中学校・高等学校においてはすべての暴力行為の報告が減少傾向にある。ただし，そのなかでは「生徒間暴力」の減少幅が小さい。

2　非行の心理的背景

「なぜ，非行に走るのか？」。これは長年，多くの研究者や教育関係者の関心
である。ここでは，非行の心理的背景に関するいくつかの理論を紹介する。

［1］　発達的側面から見た「青年期危機」による非行

発達的に見て，心理的に不安定な青年期という時期そのものが非行の原因と
なりうるという考え方である（森，1985）。青年期の発達課題は，「一人前の大
人になること」であり，そのためには，（1）性役割の確立，（2）親離れ，
（3）仲間入り，（4）生き方の方向づけの4つの副課題があるとしている。こ
れらの課題に対して，「平均群」（上手く獲得する），「大人先取り群」（早期に先取
りする），「成熟拒否群」（獲得を拒否する）が存在するとし，このうち，「大人先
取り群」が非行を起こしやすいと捉えた。

すなわち，「大人先取り群」が，（1）早期の性行為（性逸脱），（2）親離れ
のために家出や深夜はいかいをする，（3）非行集団への仲間入りをする，
（4）反社会的な生き方を選ぶ，などの非行を行うという考え方である。な
お，非行集団への参加や，反社会的な考え方を「自分らしさ・アイデンティ
ティ」だと思うことを「否定的同一性」の選択と呼んでいる（前田，1999）。

［2］　不適応性非行と感染性非行

非行の心理的背景を捉えるために一つの参考となるのが，水島（1971）に
よって提唱された，不適応性非行と感染性非行である。これは同じ非行行動で
あっても，その背景や心理的メカニズムは大きく異なるということを理解する
のに非常に有効である。

不適応性非行とは，情緒的不適応の結果として，非行行動をとるものであ
る。具体的には，親子間の緊張・葛藤，愛情の欠乏，仲間との葛藤，友人関係
における疎外感，劣等感等を原因とするフラストレーションを解消する手段と
して非行を行うというものである。この考え方では，自我の防衛機制が非行行
動と結びついていることが指摘されている。具体的な例は，次のとおりであ
る。

（1）攻撃：フラストレーションの解消のため，直接攻撃行動に出る。例え
　　ば，むしゃくしゃする気分を家族に向け，家庭内暴力を行う。
（2）退行：以前の未成熟な段階に戻ることで耐性を下げ，非行行動と結び
　　つく。例えば，欲しいからがまん出来ずに万引きする。
（3）逃避：葛藤場面から回避することで非行行動と結びつく。例えば家庭

からの逃避としての家出，学校からの逃避としての怠学。

（4）反動形成：劣等感等を隠すために反動的に非行行動をとる。例えば，
　　自分は弱いと思っている生徒が不良集団に入り，派手な服装をする。

（5）補償：欲求が阻止されたとき，非行行動で満足を得ようとする。例え
　　ば，スポーツや勉強でうまくいかないとき，弱い者をいじめてうさば
　　らしをする。

　なお，森下（2004）の中学生の非行行動に関連する要因の検討においても，
攻撃性，非社会性が非行行動と強い関連があることが示されており，学校適応
の低さと非行行動の関連も示されている。この結果は，現在の青少年において
不適応性非行が多くあることを示すものとして捉えられる。

　一方，感染性非行とは，非行文化を他者から学ぶことによって非行行動をと
るという形態のものである。具体的には，養育者に反社会的な傾向があった
り，不良仲間とつきあっているなどの場合，親や友人から非行文化が感染し，
反社会性を身につけると言ったものである。水島（1987）は，感染性非行のメ
カニズムを以下の3つに分けて説明している。

（1）集団所属メカニズム：非行集団に所属し，徒党を組んで行動すること
　　で，集団のメンバーの同調，調和がはかられ，さらに結束が強くな
　　り，反社会性も強くなっていく。いわゆる「不良グループ」の形成で
　　ある。

（2）集団準拠メカニズム：集団でそろいの服装を着用し，集団のルールに
　　忠誠を示し，集団への所属感を味わうなど，非行集団と自分を心理的
　　に結びつける集団準拠行動をとることで非行性を高めていく。いわゆ
　　る「暴走族」や「カラーギャング」◁7のようなグループがこれに当た
　　る。

▷7　チームカラーを身に
つけた不良グループの総
称。アメリカのストリート
ギャングを模倣したとされ
る。2000年代に暴走族に代
わりピークを迎えた。

（3）非集団的感染メカニズム：集団に所属せずに非行や反社会性を身につ
　　けるケース。暴力シーンの多いテレビ番組を見ることでそれを真似る
　　ことなどである。近年では，SNSの普及など，このリスクが高くなっ
　　ていると捉えられる。

③　ボンド理論

　ボンド理論◁8は，ハーシィ（Hirsschi, T.）によって提唱された理論であり，社
会に対する個人の絆（社会的ボンド）が弱くなったり，失われる時，非行は発
生するという考え方である。社会的ボンドは次の4つに分類される。

（1）アタッチメント（愛着）：家族や友人あるいは学校という集団への情
　　緒的なつながり。

▷8　ボンドは「絆」，「接
着剤」とも訳される。社会
的絆，社会的接着剤と考え
るとイメージしやすい。

（2）コミットメント（目標）：価値や行為目標への功利的なつながりであり，目標や価値への思い入れ。

（3）インヴォルブメント（巻き込み）：日常生活のさまざまな活動に自分の時間やエネルギーを投入し，参加することによって作られる社会や集団とのつながり。

（4）ビリーフ（信念）：社会や集団の規範的な枠組みを受け入れること。

　児童・生徒の非行への対応や予防を考える際に，この社会的ボンドの考え方が一つのヒントを与える。すなわち，個々の生徒のなかで，これらの社会的ボンドのうち，弱くなっているものは何か，修復可能または残されたボンドは何かを考えることが，生徒の個別対応をより実効性のあるものにすると考えられる。

3　非行発生時の学校の対応（暴力行為を中心に）

　ここでは，児童生徒の非行が発生した時に求められる学校の対応について見ていく。学校内で発生頻度が高い非行として，「生徒間暴力」を取り上げ，その対応について中心に述べる。『生徒指導提要』（文部科学省，2010）では，暴力行為の発生に伴う対応の基本項目として，表6-4のようにまとめている。

　基本項目（1）（2）を適切かつ迅速に行うためには，暴力行為が発生した際に，教職員がどのように行動すべきかのマニュアル等が必要となる。例えば，山口県教育委員会（2016）の「問題行動等対応マニュアル」では，初期対応として表6-5のようにまとめている。

　基本項目（3）の正確な事実関係の把握に関しては，迅速にかつ優先順位をつけて情報が把握される必要がある。同じく山口県教育委員会（2016）の「問題行動等対応マニュアル」では，優先順位として，① 何があったのか（What），② 誰が関係しているのか（Who），③ いつ発生したのか（When），④ どこで発

表6-4　暴力行為の発生に伴う対応の基本項目

基　本　事　項
（1）緊急性や軽重などを判断した迅速な対応（複数の教職員による対応）
（2）当事者（加害者と被害者）への対応と援助，周囲への指導
（3）正確な事実関係の把握
（4）指導方針の決定
（5）役割分担による指導と対応策の周知
（6）保護者，PTA，関係機関等との連携

出所：文部科学省（2010）。

表6-5　生徒間暴力の初期対応マニュアルの例

1．暴力行為の制止 （1）複数の教職員で対応し，児童生徒の興奮状態の鎮静化を図る。 ① 周りの児童生徒を遠ざける。グループ同士なら分ける。 ② 手が届かない距離を保ちながら，やや斜めの位置に立ち，「やめなさい。」等の単純 　で明確な指示を繰り返す。 ③ 必要であれば身体を押さえるなど，自己の身体を守り，他者を救うための正当防衛 　としての行為を行う。 ④ 現場にナイフ等の危険物があれば，直ちに取り除く。 （2）別の場所に移動させる
2．負傷者への対応 （1）負傷者の確認・救助・安全確保を第一に行う。 （2）養護教諭の指示のもと，負傷の程度を確かめる（判断は慎重に）。 　　その後，重度・中度・軽度に応じて対応（医療機関を含む）。

出所：山口県教育委員会（2016）をもとに筆者作成。

生したのか（Where），⑤ なぜ起こったのか（Why），⑥ 現在どのような状況なのか（How），をあげている。これらは，管理職や事案に関わった教職員によって「事故報告書」等に文章化され，必要に応じて教育委員会等に提出される。

　基本項目（4）〜（6）については，管理職のリーダーシップが強く求められる。文部科学省（2008）は，「規範意識をはぐくむ生徒指導体制」のなかで，問題行動への指導の運営方針として，① 指導基準の明確化と周知，② 指導方針に基づく毅然とした粘り強い指導，③ 規律意識の育成と自律，④ 懲戒処分及び事後指導，⑤ 出席停止制度に言及している。

　まず，運営方針①の「指導基準の明確化と周知」の一例として，大阪市教育委員会（2014）の作成したモデルを示す（表6-6）。このモデルは，問題行動の重篤度に応じてレベルⅠ〜Ⅴの5段階に応じた対応チャートとなっている。

　このモデルでは，問題行動の重篤度に応じて，対応のための主導的役割をどこが担うのか，どの外部機関との連携を図るのかが明確に示されている。

　運営方針②〜⑤に関しては，非行を行った児童生徒への指導と学校の秩序維持の観点が必要となる。「毅然とした粘り強い指導」「規範意識の育成と自律」「懲戒処分及び事後指導」では，非行を行った児童生徒に対して，まず本人が行なった行動の重大さと責任を自覚させ，非行に至るまでの文脈を明らかにし，どこに問題があったかを理解させる指導が必要となる。文部科学省（2008）ではこれを「『見守り』や『受容』の姿勢を持ちつつも，間違っていることは間違っていると指摘し，バランスを重視しながら粘り強く指導していくことが大切である」（17ページ）としている。また，例えば，暴力行為であれば，被害者に対する謝罪と補償もその指導の一環となる。器物損壊であれば，その弁償とともに，現状復帰のための作業に参加させることも有効な指導となりうる。

表6-6　問題行動への対応モデル例

レベルⅠ：管理職に報告し，担任・学年が把握し，注意・指導を行うレベル。	
対応内容	担任・学年教員で対応し，解決を図る。
具体的行為	無断欠席・遅刻，反抗的な言動，服装・頭髪違反，授業をさぼる，学校施設の無許可使用等
レベルⅡ以降は校内委員会の開催 教育委員会に状況を随時伝え，連携して対応を図る。	
レベルⅡ：管理職・生徒指導部（担当）を含めた学校全体で共通理解を図り指導・改善を行うレベル	
対応内容	担任・学年教員とともに，管理職・生徒指導担当が指導し，同じことが繰り返されないよう保護者を交えて指導する。
具体的行為	攻撃的な言動，軽微な賭けごと，軽微な授業妨害，軽微な器物損壊，授業をさぼって校内でたむろ
レベルⅢ：警察や関係機関と連携して校内での指導を行うレベル	
対応内容	管理職が警察・福祉部局と連携し，指導計画を立て学校で指導するとともに，保護者にも働きかけ家庭で指導する。
具体的行為	喫煙，軽微な窃盗行為，悪質な賭けごと，著しい授業妨害や器物損壊，バイクの無免許運転等
レベルⅣ：教育委員会が主導的役割を担い，学校管理規則に則り出席停止措置を行い，警察等と連携し校外での指導を行うレベル	
対応内容	教育委員会が出席停止を行い，指導計画に基づき，家庭・校外で指導する。
具体的行為	危険物の所持，違法薬物の所持・販売行為，窃盗行為，痴漢行為等
レベルⅤ：学校・教育委員会から警察・福祉機関等，外部機関に対応の主体が移るレベル	
対応内容	教育委員会が主導で，警察・福祉機関・児童福祉施設等と学校の連携を図り，対応する。
具体的行為	凶器の所持，放火，強制わいせつ，強盗等

出所：大阪市教育委員会（2014）をもとに筆者作成。

　③「規範意識の育成・自律」においては，「基本的な生活習慣を確立させるとともに規範意識に基づいた行動様式を定着させることが重要であるとし，そのためにも，自らを抑制できる力を身につけさせる必要がある」としている。そのための④「懲戒処分及び事後指導」として，別室指導や奉仕活動の割り当て等の指導も有効となりうる。なお，これらの指導において文部科学省は，教職員は，懲戒を加えることはできるが，体罰を加えることはできないとしている。

　また，これらの問題行動に対して，⑤「出席停止制度」の運用も考慮するように促されている。市町村教育委員会には，当該児童生徒の保護者に対する「出席停止」の措置が認められている。ただし，その「出席停止」は懲戒行為ではなく，学校の秩序を維持し，他の児童生徒の教育を受ける権利を保障するために取られる措置であることが明記されている。これは，当該児童生徒の非行により，何らかのネガティブな影響を受けた他の児童生徒に対する安全の保

障という意味を含む。

4　学校における非行予防のアプローチ

　ここでは，学校における児童生徒の非行予防のアプローチについて言及する。非行行動を予防するアプローチについて，米国では2つの大きな流れがあり，それらは日本においても参照されている。それは，「ゼロトレランス（Zero Tolerance）」と「ポジティブ・ビヘイビア・サポート（Positive Behavior Support：PBS）」である。

［1］　ゼロトレランス

　「ゼロトレランス」とは，日本語で「無寛容・寛容さなし」と訳される。これは，「規則違反は例外なく処分の対象とする」という意味を含む。1990年代後半から2000年代初頭にかけて，米国では「ゼロトレランス」が広く普及した。これは，1994年の「銃のない学校法案（gun-free school act）」の通過から，「凶器を学校に絶対持ち込ませない」ことを目的として，生徒の凶器の所持に対して「ゼロトレランス」を適用したことから始まる。これらの違反者に対しては，段階的に停学の処分や，一定期間，違反者のための学校への通学が義務づけられる。

　「ゼロトレランス」方式について，文部科学省が初めて言及したのは，「児童生徒の規範意識の醸成に向けた生徒指導の充実について（通知）」（2006）である。ここでは，学校内のきまり及び指導の基準をあらかじめ明確化しておくことの例として，「『ゼロトレランス方式』にも取り入れられている『段階的指導』等の方法を参考とするなどして，体系的で一貫した指導方法の確立に努めること」と記述されている。これらは，2000年代からの文部科学省の問題行動に対する「毅然とした態度」というキーワードに結びつくと言える。

　このような動向に対して，米国のみならず，2010年代以降，日本でも「ゼロトレランス」方式の厳罰化の効果を疑問視する指摘がなされている（例えば，山田・桑原，2010）。そこでは，「ゼロトレランスに欠落している部分は，失敗や弱さから学べるトレランスがないことであり，子ども自らの力と意思で自己決定しながら行動する自治的（自律的）な活動の端緒を阻害することである。子ども同士で「なぜいけないのか」「どうしたらよいのか」といった規範を学びあうような機会をも奪ってしまっている」（同上，15ページ）と，一方的な規則の制定と厳罰化の弊害を指摘している。

　一方で，鈴木（2014）は，「ゼロトレランス」の効果について，「ゼロトレランス方式で成功した学校では，規則違反の処罰よりもむしろ違反を予防するこ

とに指導の重点が置かれたようである。そこでは，児童生徒が規則に違反することのないように，教師一人ひとりが，児童生徒に日頃からより多くの注意を払い，より頻繁にコミュニケーションをとるようになった。その結果として教師と児童生徒たちの相互理解と信頼が醸成されたことが規則違反の減少に大きく貢献したようなのである」（同上，30ページ）と指摘し，ゼロトレランスの予防的効果について言及している。

2　スクールワイド PBS

「スクールワイド PBS」（School Wide Positive Behavior Support）は，応用行動分析の立場から，生徒の問題行動の一次的予防を目指すものである。「スクールワイド PBS」の定義は，「社会的な文化と個別化された行動支援を構築するためのシステム的なアプローチ」（石黒・三田地，2015，22ページ）である。端的に言えば，児童生徒の問題行動を減少させることよりも，「望ましい行動」を増加させるような学校システムを構築することに主眼を置くものである。石黒・三田地（2015）は，スクールワイド PBS に基づく生徒指導の特徴として，「① 児童生徒の不適切な行動だけに注目せずに，適切な行動に注目すること，② 個々の教師による児童生徒指導から学校組織マネジメントへ，③ 個別支援から環境調整へ，④ 問題行動だけに対応する指導から関係づくりの指導へ，⑤ 対処から予防へ」（同上，16ページ）の５つをあげている。

「スクールワイド PBS」の考え方をよく表すのは，図6−4に示す，別名「学校全体の行動支援のピラミッド」と呼ばれるものである。この図の意味するところは，問題行動による特別な個別支援を必要とする児童生徒は一部であり，

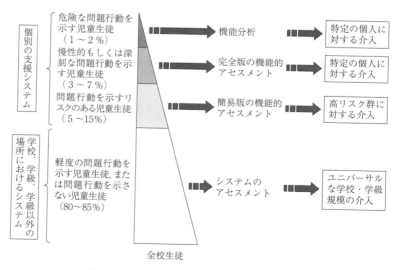

図6−4　学校全体の行動支援のピラミッドの図
出所：クローン・ホーナー（2013）。

大多数の児童生徒に対する支援は，学校システムによるアプローチで可能であるということである。そのためにも問題行動を予防するような学校システムを構築することが不可欠になるという結論に至る。よって，「スクールワイドPBS」は，「過度な厳罰主義に対するアンチテーゼともなりうるし，（略）適切な行動支援がなされてこなかったことにより顕在化した行動問題を示す生徒が，学校教育から不当に排除されてしまうリスクを低減させるよう配慮されている」（大久保，2015，139ページ）ものとされる。「スクールワイドPBS」は，「ゼロトレランス」とはまた異なった予防的アプローチである。

　日本国内では，これらの「ゼロトレランス」方式や「スクールワイドPBS」の有効性を実証するような研究はいまだ少ないのが現状である。今後これらのアプローチの有効性や問題点について明らかにしていくことが，大きな課題となると考えられる。

5　非行・暴力行為への向き合い方

　これまで，非行・暴力行為の現状，心理的背景，事件発生時の対応と予防方略について見てきた。最後に，教職員として非行・暴力行為にどのように向き合うべきなのかについて述べる。

　第一に，学校における危機管理体制の確立である。3でも述べたように，非行・暴力事件が発生した際に，それぞれの教職員がどのような役割でどのような対応を取るべきかについて明確にされることが，事件の対処と児童生徒のケアをスムーズにする。特に事件が重大であるほど，学校はチームとしての対応を求められる。そのためにも，教育委員会の指導・監督のもと，校長がリーダーシップをとって，生徒指導主事・生徒指導部が中心となり，学校内の体制を構築していくことが求められる。また，外部の関係機関にも学校の危機管理体制を示すことが，諸機関との連携をスムーズにすると考えられる。これらの危機管理体制の確立は，管理職の重要な役割である。非行・暴力行為は，学級担任など一人の教職員が抱え込む問題ではないことを強く認識する必要がある。

　第二に，学級担任に求められるのが，児童生徒に対する予防的関わり，リスク要因の早期発見である。学級担任は，日々の学級経営や個々の児童生徒との関わりのなかで，児童生徒の最も身近にいる存在である。学級担任が，児童生徒をよく観察することにより，変化のサインを捉えること，非行・暴力行為へのリスク要因の高い児童生徒への関わりを深めることが，非行・暴力行為の発生を予防することにつながる。その際に，学級担任が行う学級経営として，学級風土を考慮しながら，「ゼロトレランス」方式を用いるのか，PBSの手法を用いるのかなどを検討することが有効である。非行・暴力行為への予防におい

ては，一つの手法にこだわることなく，学校や学級の風土に合わせた対応が必要である。

　非行・暴力行為に向き合うためには，一人ひとりの教職員が，その予防とリスク要因の早期発見に努めながら，事件発生時には，学校としての組織的な対応が必要である。

Exercise

① ここ 1 か月に新聞等で報道された少年犯罪事件について，事例研究をしてみよう。事件の概要・背景にある非行の心理ついて，本章を参考に考察してみよう。

② 児童生徒の「問題行動対応マニュアル」について，各地方自治体がどのようなマニュアル等を整備しているのか調べてみよう。

③ 「ゼロトレランス」，「スクールワイド PBS」を実際に実践する際のメリット・デメリットについてディスカッションしてみよう。

📖次への一冊

ハーシィ，T.，森田洋司・清水新二監訳『非行の原因』文化書房博文社，2010（Hirschi, T., *Causes of Delinquency*, University of California Press, California, 1969.）。
　　本章で紹介したボンド理論に関する入門書。4 つのボンドについて調査データをもとに詳細に記述されている。原本の発行は古いが，繰り返し訳本が出版されている。
文部科学省『規範意識をはぐくむ生徒指導体制』東洋館出版社，2008年。
　　『生徒指導提要』（文部科学省，2010）につながる，文部科学省の問題行動への対応の基礎を記述した資料。規範意識の醸成を目指した小学校・中学校・高等学校での実践事例も掲載されている。
嶋崎政男『生徒指導の新しい視座──ゼロトレランスで学校は何をすべきか』ぎょうせい，2007年。
　　「ゼロトレランス」の視点から生徒指導を見直すことに主眼に置いた文献である。「新しい視座」として20の視座をあげ，これまでの生徒指導観の検討，問題行動への対応の在り方について言及している。
石黒康夫・三田地真実『参画型マネジメントで生徒指導が変わる』図書文化社，2015年。
　　「スクールワイド PBS」の理論と学校への導入に関する入門書。単に理論だけではなく，筆者の経験から実際に学校に導入する際の留意点等についても言及されている。

引用・参考文献

クローン，D. A.・ホーナー，R. H.，野呂文行・大久保賢一・佐藤美幸・三田地真実訳『スクールワイドPBS』二瓶社，2013年。

ハーシィ，T.，森田洋司・清水新二監訳『非行の原因』文化書房博文社，2010年。

法務省法務総合研究所『犯罪白書令和4年版』日経印刷，2023年。

石黒康夫・三田地真実『参画型マネジメントで生徒指導が変わる』図書文化社，2015年。

国家公安員会警察庁「平成29年版警察白書」日経印刷，2017年。

前田基成「非行と反社会的行動」前田基成・沢宮容子・庄司一子編『生徒指導と学校カウンセリングの心理学』八千代出版，1999年，105〜122ページ。

水島恵一『増補　非行臨床心理学』新書館，1971年。

水島恵一『非行・社会病理学』大日本図書，1987年。

文部科学省「児童生徒の規範意識の醸成に向けた生徒指導の充実について（通知）」2006年。

文部科学省『規範意識をはぐくむ生徒指導体制』東洋館出版，2008年。

文部科学省『生徒指導提要』教育図書，2010年。

文部科学省『生徒指導提要（改訂）』（Ver.1.0.1）東洋館出版社，2022年。

文部科学省「令和3年度児童生徒の問題行動・不登校等生徒指導上の諸課題に関する調査結果について」，2022年。

森武夫「現代型非行」馬場謙一・福島章・小川捷之・山中康裕編『攻撃性の深層　日本人の深層分析　第4巻』有斐閣，1985年，89〜126ページ。

森下剛「中学生の非行行動に関連する要因についての探索的検討　学校における非行予防プログラムの開発に向けて」『カウンセリング研究』37，2004年，135〜145ページ。

岡邊健・小林寿一「近年の粗暴的非行の再検討『いきなり型』・『普通の子』をどうみるか」『犯罪社会学研究』30，2005年，102〜118ページ。

大久保賢一「児童生徒の行動問題に対する適正手続きとポジティブな行動支援」『行動分析学研究』29，2015年，127〜141ページ。

大阪市教育委員会「5つのレベルに応じた　問題行動への対応チャート」，2014年
http://www.pref.osaka.lg.jp/shochugakko/taiou/taiou.html

鈴木匡「ゼロトレランスの学校教育への活用に関する考察」『神奈川大学心理・教育研究論集』36，2014年，23〜32ページ。

山田潮・桑原清「毅然とした態度で厳罰化を推し進める「生徒指導」の位相について「ゼロトレランス」理論の限界」『北海道教育大学紀要教育科学編』60，2010年，13〜28ページ。

山口県教育委員会「問題行動等対応マニュアル」2016年
https://www.pref.yamaguchi.lg.jp/cms/a50500/manual/manual.html

第7章
いじめの理解と支援

〈この章のポイント〉
　わが国のいじめ定義の変遷は，1980年代を始まりとする3つの波と近年のいじめ防止対策推進法の制定・施行後の見直しをその転機としている。わが国のいじめ定義の特徴は，いじめ被害を受けた児童生徒を救うことに主眼が置かれている点にある。いじめの経過には3つの段階があり，その構造は四層に分かれている。これらの特徴を踏まえたうえで，いじめへの対応については，対象者（個人／集団）の観点および時間軸（プリベンション／インターベンション／ポストベンション）の観点に留意する必要がある。

1　わが国のいじめ定義の変遷と背景

［1］　わが国における3つの波といじめ定義の変遷

　1996年1月，当時の文部大臣より「深刻ないじめは，どの学校にも，どのクラスにも，どの子どもにも起こりうる」ことが緊急アピールで述べられた。「悪質な嫌がらせやいたずら」で，児童生徒が死に至ることがありうること，しかも特別な学校だからではなく，どの学校でもどのクラスでもありうるという警告を意図したものであった。事実，国立教育政策研究所（2013a）の報告によれば，「暴力を伴わないいじめ」の典型例である「仲間外れ・無視・陰口」の場合，小学4年生からの6年間で9割近くが被害経験を有している。2013年に制定された「いじめ防止対策推進法」の定義に基づくと，いじめはもはや，どの学校でも「起きる可能性がある」のではなく，「起きている」と考えるべき（森田・松井，2017）なのである。
　いじめの認識が上記に至るまで，わが国におけるいじめの問題には，第一の波（1980年代），第二の波（1990年代），第三の波（2000年代）を経（森田，2010），続く2010年代では，2013年に制定された「いじめ防止対策推進法」がいじめ問題に対する転機を促した（表7-1）。それぞれの転換点が児童生徒の自殺を契機になされていることがわかる。いずれも世論の問題意識の高まりを受け，文部科学省（または当時の文部省）は，いじめに対する姿勢を打ち出してきたのである。それぞれの波のポイントは以下の通りである。

表7－1　日本における「いじめ」の変遷（1980年代〜現在まで）

年代区分	1980年代	1990年代	2000年代	2010年代
3つの波	第一の波 いじめ問題の発見	第二の波 相談体制の充実	第三の波 私事化への流れ	
契機となった 自殺事件	1985年※1 東京都中野区中学2年生徒 自殺事件	1994年※2 愛知県西尾市中学2年生徒 自殺事件	2006年※3※4 北海道滝川市小学6年児童 自殺事件 福岡県筑前超中学2年生 徒自殺事件	2011年※5 滋賀県大津市中学2年生徒 自殺事件
国の対応	・「児童生徒のいじめ問題に関する指導の充実について（通知）」（当時の文部省，1985）発表 ・「児童生徒の問題行動等生徒指導上の諸問題に関する調査」において「いじめ」のカテゴリーを新設	・「いじめ対策緊急会議」による「緊急アピール」（当時文部省，1994）発表 ・「いじめ問題の解決のために当面取るべき方策について（通知）」（当時文部省，1995a）発表	・「いじめ問題への取組の徹底について（通知）」（文部科学省，2006）発表 ・教育再生会議（首相の諮問会議）より「いじめ問題への緊急提言—教育関係者，国民に向けて—」（2006）発表	・「いじめ防止等のための基本的な方針（文部科学大臣決定）」（文部科学省，2013）発表 ・「いじめ防止対策推進法」制定 ・「いじめ防止等のための基本的な方針」改訂と「重大事態の調査に関するガイドライン」策定（文部科学省，2017）
いじめの定義	「①自分より弱い者に対して一方的に，②身体的・心理的な攻撃を継続して加え，③相手が深刻な苦痛を感じているものであって，④学校としてその事実（関係児童生徒，いじめの内容等）を確認しているもの」（当時文部省，1987）	「①自分より弱い者に対して一方的に，②身体的・心理的な攻撃を継続的に加え，③相手が深刻な苦痛を感じているもの。④なお，起こった場所は学校の内外を問わない」および「個々の行為がいじめに当たるか否かの判断を表面的・形式的に行うことなく，いじめられた児童生徒の立場に立って行うこと」（当時文部省，1995b）	「①当該児童生徒が，一定の人間関係にあるものから，②心理的，物理的な攻撃を受けたことにより，③精神的な苦痛を感じているものとする。④なお，起こった場所は学校の内外を問わない」および「個々の行為がいじめに当たるか否かの判断を表面的・形式的に行うことなく，いじめられた児童生徒の立場に立って行うこと」（文部科学省，2007）	「①児童生徒に対して，当該児童生徒が在籍する学校に在籍している等当該児童生徒と一定の人的関係にある他の児童生徒が行う②心理的又は物理的な影響を与える行為（インターネットを通じて行われるものも含む）であって，③当該行為の対象となった児童生徒が心身の苦痛を感じているものとする。④なお起こった場所は学校の内外を問わない」（文部科学省，2015）

注：※1　俗に「葬式ごっこ事件」とも言われ，学級担任がいじめに加担するなど日本で初めていじめ自殺事件として社会的に注目された事件。
　　※2　中学2年生の男子生徒が数年間にわたって複数の同級生から頻回に暴行を受け，また金銭（少なくとも110万円）も脅し取られ，自殺へと追いつめられた事件。
　　※3　小学6年生の女児が，複数の同級生から中傷されるなどのいじめを苦にして自殺した事件。
　　※4　中学2年生の男子生徒がいじめを苦に自殺した事件。いじめのきっかけが元学級担任による不適切な言動であったことから社会的に注目された。
　　※5　中学2年生の男子生徒が，複数の同級生からのいじめを苦に自殺した事件。事件前後の学校と教育委員会の隠ぺい体質が発覚し，大きく報道された。
出所：筆者作成。

　第一の波のポイントは，いじめに対して，ともすれば「どの社会にもあること」「人間関係に揉まれて成長する時の必要悪」「子どものことに親が口を出すな」という認識が存在していた状況のなかで，いじめの重要性と正しい認識に基づいた対応を学校に対して求めた点にある（粕谷，2014）。続く第二の波のポイントは，いじめにおいては誰よりもいじめる側が悪いとの認識を徹底した点にある。さらに，いじめが見えにくいところで発生している実態に対応するため，「学校としてその事実（関係児童生徒，いじめの内容等）を確認しているもの」を定義から除外した。最後に第三の波のポイントは，力のアンバランスの有無および継続性・深刻度の基準を除外した点にある。背景には，いじめ内容の多様化（身体的・言語的攻撃のみならず，関係性攻撃▷1やインターネット・携帯の使用▷2を含む）やたとえ一回の被害であっても大きな影響を与える場合への配慮があった。さらに，攻撃を「加え」から「受けたことにより」と表現の変更がなされ，被害者側の立場からいじめを捉えることがより強調された。

［2］　いじめ防止対策推進法の制定（2013年）と施行後の見直し（2017年）

　「いじめの防止等のための基本的な方針（文部科学大臣決定，以下，基本方針）」（文部科学省，2013）のなかで，「いじめ問題への対応は学校における最重要課題の一つ」であることが示され，「より根本的ないじめ問題克服のためには，全ての児童生徒を対象としたいじめの未然防止の観点が重要」と指摘がなされた。その後施行されたいじめ防止対策推進法を受け，同法と整合するようにいじめの定義は修正された。変更点のポイントは，いじめの判断に際して「攻撃」であるか否かを問わない等，被害者の心情に焦点を当てて判断する点にあった。つまり，いじめ防止対策推進法における定義は，第一に被害者の救済のためにいじめに早く気づくことを念頭において規定されたものなのである。

　基本方針は2017年に改定がなされ，「重大事態の調査に関するガイドラインの策定」▷3も発表された。改定にあたっては，「学校として特に配慮が必要な児童生徒」（発達障害を含む障害のある児童生徒，海外から帰国した児童生徒や外国人の児童生徒などを含む）についての対応が明記されるとともに，改めて学校のいじめ対応の基本重要事項が5点あげられた。第1に，けんかやふざけ合いであっても，見えないところで被害が発生している場合もあることから丁寧に調査したうえでいじめにあたるか否かを判断すること，第2に，いじめは単に謝罪をもって安易に「解消」することはできないこと，第3に，いじめが解消している状態とは，加害行為が止んだ状態が相当の期間（少なくとも3ヶ月）続き，被害者が心身の苦痛を感じていないと認められる場合であること，第4に，教職員間での情報共有を徹底すること，第5に，学校はいじめ防止の取組内容を基本方針やホームページなどで公開し，児童生徒や保護者に対しても年度当初や

▷1　関係性攻撃とは，「直接的な身体攻撃，言語的な攻撃を使わずに，仲間関係を操作することによって相手に危害を加えることを意図した行動」（Crick & Grotpeter, 1995）である。

▷2　いわゆる「ネットいじめ」は和製英語である。国際的には，"サイバーいじめ（Cyberbullying）"あるいは"オンラインいじめ（Online bullying）"，"オンライン・ハラスメント（Online harassment）"が該当する。なお，定義の一例は「電子的な接触手段を用いて集団あるいは個人が，自分を容易には守ることができない一人の犠牲者に対して繰り返しあるいは長期間にわたって行う，意図的な攻撃行為である」（Smith, Mahdavi, Carvalho, Fisher, Russell, & Tippett, 2008）。

▷3　いじめ重大事態とは，「いじめにより生命，心身及び財産に重大な被害が生じた疑いがある場合（いじめ防止対策推進法第1項第1号）」および「いじめにより相当の期間学校を欠席することを余儀なくされている疑いがある場合」（同第2号）を指す。前者は「生命・心身・財産重大事態」，後者は「不登校重大事態」とされている。これらの原因として，いじめ（疑いも含む。）が確認されれば「組織を設け，質問票の使用その他の適切な方法により当該重大事態に係る事実関係を明確にするための調査」を実施する。

入学時に必ず説明することである。

３　いじめ研究におけるいじめの定義

▷4　OECD などの国際機関や論文ではいじめを示す共通語は "bullying" である。

　いじめは，どの時代・社会においても観察できる現象である。多くの国で採用されているいじめの定義は，オルウェーズ（1995）による「ある生徒が，繰り返し，長期にわたって，一人または複数の生徒による拒否的行動にさらされている場合，その生徒はいじめられている」とするものである。この定義の特徴は，第一に当事者間には力もしくは強さのアンバランスがある点，第二に相手が欲しない拒否的行動に関わる攻撃的な行動である点，第三に繰り返され継続的である点である。その他，イギリスにおけるいじめ研究のパイオニアであるピーター・K・スミス＆ソニア・シャープ（1996）はいじめを「系統的な力の乱用」と定義し，力関係が存在する点，力の乱用がなされている点，意図的である点，繰り返し行われている点を特徴としてあげている。

　一方，日本では，森田・清永（1986）がいじめを「同一集団内の相互作用過程において優位に立つ一方が，意識的に，あるいは集合的に他方に対して精神的，身体的苦痛を与えること」とした。この定義では，囲い込みの可能性も含意し同一集団内を想定している点，力のアンバランスとその乱用がなされている点，行為が意識的あるいは集合的である点，さらに精神的・身体的苦痛を与える点が要素として含まれている。森田（2010）は，社会や文化，時代の多様性を超えたいじめを生み出す共通の要素は「力関係のアンバランスとその乱用」「被害性の存在」「継続性ないしは反復性」の３点であると指摘している。この３つの共通要素と比較した際，森田・清永（1986）の定義では「継続性ないしは反復性」に言及していない。その理由は，たとえ一回であっても，それが重大な人権侵害に当たることがある可能性を加味しているためである。また，意図性に加えて群集心理や同調によるものを含む集合体に言及したことで，より実態に応じていじめを捉えることができる。

▷5　いじめを，いじめられる側の精神的・身体的苦痛の認知として見直したことは児童生徒がいじめを認知しやすいようにしたものと指摘する一方で，いじめの本質は従来の調査基準にみられる「力の優位―劣位の関係に基づく力の乱用であり，攻撃が一過性ではなく反復継続して行われるもの」であるとも記述している。

　このようにいじめ研究におけるいじめの定義では，さまざまな要素を抽出し検討することで，客観的にいじめを捉えようとしている。一方，先述したように調査基準として定められたわが国のいじめの定義では，被害者側のつらさや苦しみといった主観的な感情の存在への留意を優先しており，いじめの客観的な判断に用いることは困難である。それは，いじめ防止対策推進法におけるいじめの定義がいじめに早く気づくことを主眼としており，いじめを受けている児童生徒を救うため支援の取りこぼしのないよう，あえて客観的にいじめの本質を捉えることを捨象している（粕谷，2017）ためである。なお，『生徒指導提要』（文部科学省，2010）においても同様に，いじめの定義といじめの本質に関する記述間には上記に示した相違が明確に反映されている。したがって，我が

国のいじめの定義は，研究におけるいじめの定義とは根本的に異なり，客観的にいじめを捉えるものではないことを踏まえて用いる必要がある。具体的には，いじめを受けたと思われる児童生徒の存在に気づいた際には，指導援助に際していじめに該当するか否かの事実認定を行うことは適切ではなく，まず子どもや保護者のつらさや苦しみに向き合うことから行うことが求められているのである。この点に関し，森田（2017）は「この法律（いじめ防止対策推進法）における『いじめの防止』とは，ある意味『人権の尊重』や『多様性の承認』を目指すこと」であると指摘している。

2　いじめの経過および構造といじめ被害のもたらす影響

1　いじめの経過

　中井（1997）はいじめの経過を三段階（孤立化の段階，無力化の段階，透明化の段階）にわけている。三段階の経過と概要は以下の通りである。

　初めに孤立化の段階は，加害者がターゲットを決めて皆に知らせることから始まる。この際，加害者は「被害者にはいじめられるだけの理由がある」ことを周知する。大人も納得させられてしまうような理由が考え出されることが多い。この段階において，他の者はマークされなかったことにホッとし，ターゲットにされた児童生徒と関わりを避けるようになる。マークされた児童生徒は徐々に人間関係が希薄化し，誰にも頼ることのできない気持ちを感じ始める。つまり，いじめとは「弱いものをいじめる」のではなく，「弱いものにしていじめる」ことなのである（仁平，2017）。

　次の無力化の段階では，被害者から加害者への反撃は一切無効であることが知らしめられる。反撃を行った際には懲罰が加えられるため，被害者は内面までも支配されていく。同時に，大人にいじめを受けていることを訴えることは醜く卑怯なことであると思うよう，加害者によって仕向けられる。

　最後の透明化の段階では，被害者はプライドをすべてなくし，加害者からいじめられることが生活（人間関係）のすべてになってしまう。もしもこの段階で大人がいじめの事実に気がつき被害者にそのことを尋ねたとしても，本人は否定することが多い。被害者の人間関係は加害者との関係のみになるため，金銭や持ち物を脅し取られるような理不尽な要求をされても，黙って従わざるを得ない状況におかれる。

2　いじめの四層構造

　いじめは，被害者を取り巻く人間関係が徐々に狭められ，最終的に加害者と

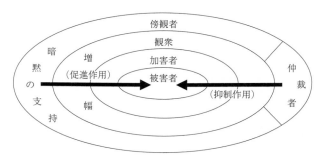

図7-1　いじめ集団の四層構造モデル
出所：森田（2010）。

　の人間関係のみに制限されていく一連の過程である。特にその後のいじめの深刻さの程度を規定する転機点となるのは「孤立化の段階」である。この段階においては，被害者―加害者以外の周囲の子どもたちも無関係ではない。森田ら（1986）は，いじめが被害者，加害者，はやし立てる観衆，見て見ぬふりをする傍観者という四層構造になっていることを指摘した（図7-1，表7-2）。

　さらに土井（2008）は，現代のいじめの四層構造の特徴を2点あげている。第一に，いずれの層の構成員も固定された役割ではなく立場は流動的に入れ替わる点である。国立教育政策研究所（2016）の報告によれば，同一クラス内であっても被害経験者の3分の1が半年で入れ替わる。第二に，観客の立場の子どもたちが減少して傍観者が増加した点である。北海道教育委員会（2007）の調査では，小学生では高学年，中学生では学年が上がるにつれて傍観者の割合が高くなり，高校生においてはどの学年でも，3割程度はいじめを観ても「何もしなかった」傍観者経験があることが報告された。一見，傍観しているだけの無関心層は，いじめから主観的に距離を置き，責任からも逃れているように見える。しかし，傍観者のそのような態度は，周囲からいじめを見えにくくしており，「暗黙の支持」の形でいじめ現象の一部分を担っている（土井，2008）のである。さらにこうした傍観者のなかには，自ら手を下さずに加害者を利用して攻撃させることで満足感を得ている者もいる（秦，2001）。その一方で，何もできない無力感を抱え，抑うつ症状や身体愁訴を初めとする精神症状が強まっている者もいる（Rivers et al., 2009）。

③　いじめ被害経験の与える影響

　いじめとは，被害者の主観的世界における被害性の存在により成り立つ事象である。したがって，たとえ加害者が加害経験を忘却してしまったとしても，被害者はその後一生涯，心の傷として抱え続ける場合も少なくない。事実，いじめ被害経験は，多岐にわたって子どもの心身の健全な発達を阻害し，その影響は長期に及ぶことが明らかにされている。例えば，被害経験のある子ども

表7-2　いじめの構造に沿った理解と対応のポイント

四層構造		理解のポイント	対応のポイント
被害者		被害を認めない場合も多い。その際に周囲の大人は，無理に聞き出すことをせず，観察や情報収集を積み重ねることが重要である。	「二度と孤立させない」というこちらの思いをまず伝える。「君は悪くない」，「いじめられなければいけない理由なんてない」と理解させていく。安全感が確保されるまでは，こまごまと聞きださない。根気強い対話の繰り返しが求められる。
加害者	中心	加害者グループは中心ととりまきからなっていることが多い。中心は執拗に何かをしたがっており，とりまきはその動きに乗る形で面白がって参加したり，中心の期限を取ることでいじめの継続を促している。	いじめ行動への「歯止め」をしっかり指導する必要もあるが同時に「執拗にいじめをせざるを得ない背景」についてアセスメントする。話をじっくり聞き，周囲の情報も集め，抱えている困難には理解を示して解決への味方となる。根気強い対話の繰り返しが求められる。
	とりまき		いじめ行動を厳しく歯止めする指導が重要である。
観衆		いじめを囃し立てて面白がって見ている。内心に不快な思いを抱いている子どももいる。	学級で見せている態度は違っていても「こんなこと本当はあって欲しくない」，「こんなままのクラスでは嫌だ」と言う思いは，割合の大小は違うが持っている。その気持ちを汲み取り，その気持ちの味方となることを約束する。
傍観者		いじめが行われているのを見て見ぬふりをしている。やめてほしいと思っていても案もすることができず，無力感を抱えている場合もある。	

出所：中島（2006）を筆者が改変。

は，その時点において抑うつや不安感情が高く，自尊感情が低く，自傷行為を行うリスクが高い（例えば，村山ほか，2015；黒川，2010；吉川ほか，2012）。長期的影響に関しては，小・中学時代のいじめ被害経験が青年期における自尊感情やウェルビーイング（Well-being）へネガティブな影響を与え（水谷・雨宮，2015），青年後期における適応状態の悪さを予測する（荒木，2005）ことが報告されている。

　さらに，改定された基本方針における「特に配慮を必要とする児童生徒」のなかで取り上げられている発達障害のある児童生徒に関してはとくに，いじめ被害経験が与えるネガティブな影響は甚大である。発達障害を「素因＋環境因」によって生起するという多因子モデルと捉えた杉山（2011）は，彼らに適応障害をもたらす憎悪因子は虐待やいじめといった迫害体験であることを指摘している。

3　いじめへの対応

　いじめ防止対策推進法8条では，学校及び学校の教職員は，①いじめの未然防止，②早期発見，③適切かつ迅速な対処を行うことが責務であると規定している。『生徒指導提要（改訂）』（文部科学省，2022）においても同様に，生徒指導の4層の支援構造である発達支持的生徒指導，課題未然防止教育，課題早期発見対応，困難課題対応的生徒指導に上記①～③の対応プロセスが重なるものであると述べている。

　そこで，ここではいじめ防止対策推進法および『生徒指導提要（改訂）』の記載を踏まえ，いじめへの対応を対象（個人／集団）と時間軸（プリベンション／インターベンション／ポストベンション；粕谷，2017）[6]の観点から検討する。

　初めに，プリベンション（未然防止のための予防開発的介入）については，いじめ防止対策推進法における「児童等の豊かな情操と道徳心を培い，心の通う対人交流の能力の素地を養うことがいじめ防止に資することを踏まえ，全ての教育活動を通じた道徳教育及び体験活動等の充実」（同法第15条）に関係する視点である。また，『生徒指導提要（改訂）』では，発達支持的生徒指導（例えば，児童生徒が「多様性を認め，人権侵害をしない人」に育つような人権教育や市民性教育を通じた働きかけ）および課題未然防止教育（例えば道徳や学級・ホームルーム活動等における児童生徒主体のいじめ防止の取組の実施）に該当する。プリベンションの具体例として粕谷（2017）は，いじめの定義が被害者準拠となっていることへの深い理解を促すことを通して，いじめの問題を見つめさせる教育実践を提案している。このような取り組みは，加害者を生まない，あるいは加害者を止めることのできる個人や集団の育成につながると考えられる。他にも，いじめの発生に関連するクラス内の人間関係の結びつき（水田ほか，2016）や学級内の規範の程度（大西，2007）に焦点を当てた取り組みもプリベンションの一例である。

　次に，インターベンション（今まさに起きている事案への介入）については，被害者準拠でいじめを捉える現在のいじめの定義に反映されているように，いじめ防止対策推進法で目指す早期発見・早期対応に関係する視点であり，『生徒指導提要（改訂）』では，課題早期発見対応（いじめの予兆の発見と迅速な対処，例えばアンケート，面談，健康観察等による気づきと被害児童生徒の安全確保等）に該当する。三段階のいじめの過程の枠組みを踏まえると，未だ周囲に助けを求める余地のある孤立化の段階での気づきと介入，つまり早期発見と早期対応が，いじめへの対応の原則となる。なお，教師の対応の原則は「何があっても味方をしてくれる人（大人）がいる」，「安全な場所がある」と被害児童生徒に感じ

させることである。さらに，周囲の児童生徒に対しては，いじめに防止に向けて一貫した態度を示し，いじめ解消に向けて確実に取り組む姿勢を示すことである。図7-1に示したように，子どもの側から「仲裁者」が現れた場合，それがいじめへの抑止力となり，いじめは打破される（図7-1）。ただし，いじめは「力関係のアンバランスとその乱用」（森田，2010）であるため，打破するためにはこの圧倒的な力の差にどう対抗するかがポイントとなる。したがって，根本的に一人で立ち向かうのは不可能である。その際，傍観者層にいる子どもたちの中から「力の乱用は悪い」「自分はしない」「それはおかしい」と複数意見が挙がるか否かがポイントとなる。

　なお，いじめ対策プログラムとして効果の大きさが大規模なランダム化比較試験により評価されているものに「KiVa プログラム」（Salmivalli et al., 1996）がある。このプログラムの目的も，傍観者自身が，自分たちにいじめを止める力があると教えることにある。このプログラムでは，傍観することがいじめ側のパワーを強めていじめを助長するため，傍観者が犠牲者（victim；いじめの標的にされた者のことで，被害者と同義）を守る態度を示す，つまり擁護者（defender；大人や教師に言いに行ったり，いじめ側にやめろと言ったりして，犠牲者を守ろうとする者）となることで，いじめ側は力をもたなくなるとする（仁平，2017）。いまだ全国的な系統的いじめ対策プログラムが存在しない日本においては，各国で取り組まれている効果的なプログラムを参照しながら，傍観者および仲裁者に焦点を当てた実証的研究を積み重ね，いじめ予防介入教育を構築していくことが喫緊の課題となっている。

▷7　Randomized Controlled Trial（RCT）。実験による研究手法の1つ。

　最後に，ポストベンション（事後の介入）に関して述べる。『生徒指導提要（改訂）』では，困難課題対応的生徒指導（いじめ解消に向けた組織的な指導・援助，例えば，いじめ防止対策組織による被害児童生徒ケア，加害児童生徒指導，関係修復等）が該当する。事後の介入に関し，被害者ついては被害経験の与えた影響の大きさと継続性を充分に考慮しつつ，再発の防止に徹底する必要がある。この点に関し，基本方針の改訂（2017）では「当該いじめの被害児童生徒および加害児童生徒については，日常的に注意深く観察する必要」があると指摘している。一方，加害者については，暴力の防止を目的とした教育プログラムの実施以外に，意図せず相手に心身の苦痛を感じさせてしまったことでいじめと判断された場合においても「これからは苦しんでいることに気づくことができる人間になって欲しい」という指導が可能である（粕谷，2017）。これは，森田（2017）の述べる「『人権の尊重』や『多様性の承認』を目指す」ことである。最後に，いじめ場面の目撃体験により抑うつ症状や精神症状を呈した児童生徒が存在する（River, et. al, 2009）可能性に充分留意し，学級集団全体に対して注意深い観察や丁寧な声掛けを行う必要がある。

Exercise

① わが国におけるいじめの定義の変遷とその背景，またいじめ防止対策推進法の概要と改定のポイントについてまとめてみよう。

② いじめ集団の四層構造モデル（森田，2010）のそれぞれの層の特徴とそれぞれの層への対応についてまとめてみよう。

③ 傍観者層から仲裁者を生み出すために，『生徒指導提要（改訂)』を踏まえ，学校や教師ができる取り組みについて考えてみよう。

📖次への一冊

飯田順子・杉本希映・青山郁子・遠藤寛子編『いじめ予防スキルアップガイド——エビデンスに基づく安心・安全な学校づくりの実践』金子書房，2021年。
　　国内外の最新のいじめ研究のエビデンスに基づいて，いじめが起こる前にできる予防的な働きかけを具体的に提案している。関連資料もダウンロードできるようになっており，実践にすぐに活用できる本である。

北澤毅・間山広朗編『囚われのいじめ問題——未完の大津市中学生自殺事件』岩波書店，2021年。
　　「いじめ防止対策推進法」制定のきっかけとなった「大津市いじめ自殺事件」について，膨大な記録を多面的・多角的に検討することを通し，改めて「いじめ問題」を捉える枠組みについて検討した本である。

森田洋司著『いじめとは何か　教室の問題，社会の問題』中央公論新社，2010年。
　　本書は，いじめ問題の変遷やいじめの国際比較を通してわが国におけるいじめの特徴を明らかにしたうえで，「いじめを止められる社会」に変わるために進むべき道について示している。

森田洋司・清永賢二著『新訂版いじめ——教室の病い』金子書房，1994年。
　　いじめに関する綿密な調査の結果を踏まえ，学級集団レベルでいじめの構造および発生のメカニズムについて検討し，それまで見えにくかったいじめの本質を明らかにした本である。

日本弁護士連合会子どもの権利委員会編『子どものいじめ問題ハンドブック——発見・対応から予防まで』明石書店，2015年。
　　いじめの予防・発見・対処に関して，当事者となった子どもの保護者や学校ができること，また弁護士ができることについて，徹底的に実務的な視点から検討している本である。

引用・参考文献

荒木剛「いじめ被害体験者の青年期後期における resilience に寄与する要因について」『パーソナリティ研究』14，2005年，54〜68ページ。

Crick, N. R. & Grotpeter, J. K. "Relatonal Aggression, Gender, and Social-psychological Adjustment." *Child Development*, 66, 1995, pp.710-722.

土井隆義『友だち地獄――「空気を読む」世代のサバイバル』筑摩書房，2008年。

秦政春「小学生の「荒れ」に関する調査研究」『大阪大学大学院人間科学研究紀要』27，2001年，157～188ページ。

北海道教育委員会「いじめに関する実態等調査報告書」2007年。

粕谷貴志「近年の「いじめ」の問題の理解と対応をめぐって」『奈良教育大学教職大学院研究紀要 学校教育実践研究』6，2014年，51～58ページ。

粕谷貴志「いじめの定義の理解と求められる教育実践」『奈良教育大学教職大学院研究紀要 学校教育実践研究』9，2017年，109～114ページ。

国立教育政策研究所「いじめ追跡調査2010—2012　いじめ Q&A」2013年 a。

国立教育政策研究所「生徒指導リーフ　いじめの「認知件数」」2013年 b。

国立教育政策研究所「いじめ追跡調査2013-2015いじめ Q&A」2016年。

黒川雅幸「いじめ被害とストレス反応，仲間関係，学校適応感との関連：電子いじめ被害も含めた検討」『カウンセリング研究』43，2010年，171～181ページ。

教育再生会議「いじめ問題への緊急提言—教育関係者，国民に向けて」2006年。

水田明子・岡田栄作・尾島俊之「日本の中学生のいじめの加害経験に関連する要因――クラスレベルと個人レベルでの検討」『日本公衆衛生看護学会誌』5，2016年，136～143ページ。

水谷聡秀・雨宮俊彦「小中高時代のいじめ経験が大学生の自尊感情と Well-being に与える影響」『教育心理学研究』第63巻，2015年，102～110ページ。

文部科学省「いじめの問題への取組の徹底について（通知）」2006年。

文部科学省「平成18年度　児童生徒の問題行動等生徒指導上の諸問題に関する調査」2007年。

文部科学省「いじめの防止等のための基本的な方針」2013年。

文部科学省『生徒指導提要』教育図書，2010年。

文部科学省「平成26年度「児童生徒の問題行動等生徒指導上の諸問題に関する調査」における「いじめ」に関する調査結果について」2015年。

文部科学省「「いじめの防止等のための基本的な方針」の改訂」2017年。

文部科学省「「重大事態の調査に関するガイドライン」の策定」2017年。

文部科学省『生徒指導提要（改訂）』（Ver.1.0.1）東洋館出版社，2022年。

文部省「児童生徒のいじめ問題に関する指導の充実について（通知）」1985年。

文部省「昭和61年度　児童生徒の問題行動等生徒指導上の諸問題に関する調査」1987年。

文部省「「いじめ対策緊急会議」緊急アピール」1994年。

文部省「いじめ対策緊急会議報告-いじめの問題の解決のために当面取るべき方策について」1995年 a。

文部省「平成6年度　児童生徒の問題行動等生徒指導上の諸問題に関する調査」1995年 b。

森田洋司『いじめとは何か――教室の問題，社会の問題』中央公論新社，2010年。

森田洋司・松井大助「語る いじめに対する見方の転換を」『月刊生徒指導』47，2017年，6～11ページ。

森田洋司・清永賢二『いじめ――教室の病い』金子書房，1986年。

村山恭朗・伊藤大幸・浜田恵・中島俊思・野田航・片桐正敏・高柳伸哉・田中善大・辻

井正次「いじめ加害・被害と内在化／外在化問題との関連性」『発達心理学研究』第26巻，2015年，13〜22ページ。

中島義実「第3章　問題行動への理解と対応」小泉令三編『図説　子どものための適応援助——生徒指導・教育相談・進路指導の基礎』北大路書房，2006年，72〜75ページ。

中井久夫『アリアドネからの糸』みすず書房，1997年。

仁平義明「エビデンスに基づく「いじめ対応」最前線」『白鷗大学教育学部論集』11，2017年，45〜71ページ。

D. オルウェーズ，松井賚夫・角山剛・都築幸恵訳『いじめ　こうすれば防げる——ノルウェーにおける成功例』川島書店，1995年。

大西彩子「中学校のいじめに対する学級規範が加害傾向に及ぼす効果」『カウンセリング研究』40，2007年，199〜207ページ。

River, I., Poteat, V. P., Noret, N., & Ashurst, N.," Observing bullying at school : The mental health implications of witness status" *School Psychology Quarterly*, 24, 2009, pp.211-223.

Salmivalli, C., Lagerspetz, K., Björkqvist, K., Österman, K. & Kaukiainen, A., "Bullying as a group process : Participant roles and their relations to social status within the group" *Aggressive Behavior*, 22, 1996, pp 1 -15.

Smith, P. K., Mahdavi, J., Carvalho, M., Fisher, S., Russell, S.& Tippett, N. "Cyberbullying : Its nature and impact in secondary school pupils" *Journal of Child Psychology and Psychiatry*, 49, 2008, pp376-385.

ピーター・K・スミス＆ソニア・シャープ編，守屋慶子・高橋通子訳『いじめととりくんだ学校——英国における4年間にわたる実証的研究の成果と展望』ミネルヴァ書房，1996年。

杉山登志郎「そだちの凸凹（発達障害）とそだちの不全（子ども虐待）」『日本小児看護学会誌』20，2011年，103〜107ページ。

吉川延代・今野義孝・会沢信彦「いじめの被害−加害経験と自尊感情との関係——大学生を対象にした遡及的調査研究」『人間科学研究』34，2012年，169〜182ページ。

第8章
学業問題の理解と支援

〈この章のポイント〉
　児童生徒の学業上の悩みや困難の改善・解消は，生徒指導の取り組むべき重要なテーマである。しかし一定のこうした児童生徒がいることが常態化し，学校の対応も後回しにされがちである。「勉強ができない」と思いながら過ごす学校生活と思い描く未来は，この児童生徒にとってどのようなものだろうか。「勉強ができない」ことの状態や理由・原因，それによって広がる心理的な影響，そしてその悩みや困難を抱える児童生徒が引き起こす学習活動からの逃避現象を検討する。各学校には，その実態解明と必要な支援体制の整備が求められる。

1　「勉強ができない」こととその理由

　学業問題は，児童生徒にとって重大な問題であり，生徒指導において重要なテーマである。なぜなら，学校生活で児童生徒が抱える困難の大きな比重を占め，さらに将来のキャリア設計に少なくない影響を及ぼすからである。[◁1] 学業問題の広く共有された定義はないが，ここではそれを，主に学業不適応あるいは学業不振を中心に，それに関連する児童生徒の心理・行動傾向を含む問題現象と広く捉えておく。

　この学業問題現象を考えてもらうために，教職を学ぶ学生に次のような質問をすることが多い。児童生徒に「おれ，勉強，嫌いなんだ。どうして勉強しなくちゃいけないんだ？」と訊かれたら，どう答えるか，と。勉強することが当たり前とされる学校に通っているものの，多くの人がこの疑問を抱えた経験をもつ。そして教師や親，あるいは友人に訊ねても，その回答に満足することは少ない。勉強することの意義は人それぞれであるにしても，自分にとっての意義を明確にすることは意外と難しい。

　続けて「勉強が好きな人？」と質問すると，受講生の手はあまり上がらない。そこで「嫌いではない人？」と訊ねると半数が遠慮がちに手を上げる。反対に「勉強が嫌いな人？」では，勢いよく，残りの半数が手を上げる。無論，この結果は回答者の属性などに左右され，周囲の視線もあるため，一般的な傾向とは言えないが，さらに考えてみよう。ここで「勉強が嫌い」と答えた学生は，小学校1年生のときから嫌いだったのだろうか？　一連の質問で確認した

▷1　学業問題は，生徒指導上の重大なテーマにもかかわらず，2022年に改訂された『生徒指導提要（改訂）』をはじめ，文部科学省の生徒指導関連の資料では，ほとんど言及されていない。毎年公表される『児童生徒の問題行動・不登校等生徒指導の諸問題に関する調査』（文科省）には学業問題は取り上げられず，また文科省ホームページの生徒指導上の現状や施策などに関する記述にも学業問題は見当たらない。

いことは，勉強が嫌いになる時期は個々に違いがあり，その理由となる何かしらの否定的な経験をそれぞれが思い出せることである。そしてそれら経験には，「勉強ができない」という困難感を伴うことが共通する。

　生徒指導では，このような困難を抱える児童生徒を適切に支援しなければならない。では，「勉強ができない」ことは，児童生徒にとってどのような問題なのか？　このことを考えるために，以下，「勉強ができない」ことの状態と原因を整理する。

1　さまざまな「勉強ができない」子ども

　「勉強ができない子ども」の状態には，さまざまなタイプがある。三浦（1996）は，代表的な6つのタイプを以下のように整理した。

（1）学習遅進児（slow learner）：知的発達水準が境界域（知能指数75-80程度）で，一斉授業において学業が遅れがちな子ども。同じことを学習し理解するまでの必要時間に個人差があり，相対的に時間を必要とする。

（2）低学力児（low achiever）[2]：学年相当の学力を有していない子ども。低習熟度児童などとも呼ばれる。達成基準学力テストなどが基準になる。いくつかの調査によると，小学校卒業時に30％，中卒時に50％，高卒時に70％の子どもが学習指導要領で期待される学年相当の学力がない，と指摘されている。

（3）アンダーアチーバー（under achiever）：知的水準は知能テスト（知能偏差値），学力水準は標準学力テスト（学力偏差値）で測定され，「学力偏差値÷知能偏差値×100＝成就指数」を算出し，100を大幅に下回るものをアンダーアチーバー，逆に大幅に越える者をオーバーアチーバー（over achiever）という。

（4）学業成績が下位の子ども：一般には大きな集団（全国規模など）を対象とした学力テストを実施し，その偏差値が45ないし40以下の子ども。集団内の相対的な位置（下位）を示すため，母集団の特徴によっては学業達成に問題がなくとも下位になることがある。

（5）自分の学力の低さに悩んでいる子ども：懸命に努力しているが成績が伸びず，「勉強ができない」と悩んでいる子ども。

（6）勉強の嫌いな子ども：勉強することに対して意欲を失っているか，否定的な態度を備えている子ども。勉強嫌いな子どもの割合は，学年の上昇とともに増加する。

　このように「勉強ができない子ども」の状態を見てみると，どのようにその基準や視点を設けるかによって子どもの抱える困難の様子も違って見えてく

▷2　学力は英語で（アカデミック）アチーブメントと訳される。「達成」を意味する言葉である。つまり学力という用語は，学習目標となる基準が想定され，それに比してどの程度，達成しているかを確認する用語であることに留意したい。

る。上記の①～③は，困難を抱える要因に習熟度と知能の違いはあるが，勉強がわからない，ついていけないなど，学業上の困難を子どもが経験している状態を意味する。そして④と⑤は，同様の困難を伴いながら「勉強ができない」ことの主観的な捉え方と，それによって引き起こされる悩みが困難状態を形作っている。さらに⑥は，勉強に対する否定的な態度や行動傾向が子どもに形成され，学業上の困難から逃避している状態を伝える。それは，勉強が嫌いになる時期が個々に異なることを考え合わせれば，その子どもが長く困難を抱え続けた結果なのかもしれない。

［2］　「勉強ができない」理由

　「勉強ができない」という学業上の困難の様子は，さまざまな子どもの状態を意味していたが，その様相は3つの層で構成されることがわかる。つまり学業問題現象は，児童生徒が「勉強ができない」という困難を抱えている状態を基層，その困難状態に付随して生じる悩みや問題も抱える状態を中層，そしてその後に形成される否定的な態度・行動傾向を上層として構成されている。まずは，学習問題現象の基層にある「勉強ができない」ことの理由，すなわち，学業達成に影響する要因に焦点を当てる。子どもの「勉強ができる，できない」に影響する要因をどのように整理することができるだろうか？

　一般に，個々の子どもの学業達成は，その子どもの学校内外で取り組む学習活動の質と量によって影響される。学習活動の質とは，その意義を理解し，効率的・効果的な活動となっているかを意味する。一方の量は，多くの場合，学習活動の時間量として捉えられる。学習活動の時間量が0時間であればその質を問うこともできないため，学業達成を考える際には，その子どもが学習活動に取り組んだかどうかがまず，確認されなければならない。

　三浦（1996）はこのような前提に立って，学業達成の影響要因モデル（図8-1）を提案している。このモデルは，5つの要因から構成されている。そのうちの1つは「学業達成」である。そして他の4つ，すなわち「学習活動要因」「個人的要因」「外的直接要因」「外的間接要因」が，「学業達成」の影響要因として捉えられている。4つの影響要因間には双方向の矢印が引かれ，相互に影響することが描かれている。

　このモデルの第一に重要な点は，これら4つの影響要因のうち，「学業達成」に影響する要因は「学習活動要因」のみである点である。つまり，「勉強ができる，できない」という学業達成は，その子どもが学習活動に取り組んだかどうかによってのみ説明されることになる。

　では「学習活動要因」とは何か。この要因に含まれる具体的な項目は，「1授業態度」と「2学習の自律性」の2つである。「1授業態度」は，主に学校

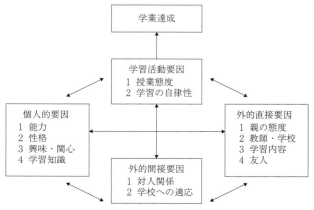

図8-1　学業達成の影響要因モデル
出所：三浦（1996，40ページ）。

の授業場面で学習活動に取り組んでいるかどうかを意味する。居眠りをしていては学習活動を行ったことにならない。「2学習の自律性」は，予習・復習などを含む授業外の学習活動を自律的に行っているかどうかを意味する。

　次の「個人的要因」に含まれる具体的な項目は，「1　能力」「2　性格」「3　興味・関心」「4　学習知識」である。「1　能力」は個々人のさまざまな知的能力（読み，書き，算など）を意味する。「2　性格」は，粘り強い，従順である，飽きやすい，好奇心が強い，怒りっぽいなどの個人の性格を意味する。「3　興味・関心」は，学習内容に関する個人の興味・関心を意味する。そして，「4　学習知識」は，文章読解の仕方，ノートの取り方，予習・復習の仕方，あるいは効果的な記憶の仕方などの勉強の仕方（学習スキル）を意味する。[3]
個人的要因は成長とともに変化し，「学習活動要因」に影響する要因であると同時に結果でもある。

　次の「外的直接要因」に含まれる具体的な項目は，「1　親の態度」「2　教師・学校」「3　学習内容」「4　友人」である。「1　親の態度」は，子どもの学習行動や学校学習に対する親の態度（価値観）を意味する。これは，家庭生活場面における子どもとの相互作用のなかで伝えられる。「2　教師・学校」は多岐に渡るが主に，授業場面における教師の教え方，それを支える学校の教材・教具，施設・設備の利用しやすさを意味する。「3　学習内容」は，端的には教科書の内容のような学習内容そのものとその配列，編成，授業の進度を意味する。そして「4　友人」は，「勉強しようよ」と誘ったり，あるいは逆に「何，勉強してるの？」と冷ややかな声で抑制したりするなど，友人が学習活動に対してどのような態度で関わるかを意味する。

　そして「外的間接要因」には，具体的な項目として「1　対人関係」「2　学校への適応」が含まれる。それは，日々の精神生活の全体的な様子を意味す

▷3　欧米では小学校段階から系統的に学習スキル（勉強法）の指導が行われるが，日本では稀である。その指導内容には，文章の作り方，テキストの読解や要約の仕方，資料の探し方とデータベースの作り方，資料情報の活用の仕方などがある。日本の子どもたちは，それぞれが見よう見まねで独自の勉強法を身につけていくことが多い。

る。「1　対人関係」は，友人，教師，親などの周囲の人々との人間関係が良好かどうかを意味する。「2　学校への適応」は，学校生活が楽しいかどうかを意味する。総じて私たちは，悩みが深くなるほど，勉強が手に着かなくなる。

　結論的に，この図は，次のことを伝えている。すなわち，子どもの学業達成は，学習活動に取り組むかどうかという単一の要因によって影響されること，同時に，その子どもが学習活動に取り組むかどうかは，個人の性格や能力（個人的要因），身近で接する友人や親の態度と教師の関わり（外的直接要因），および心の健康状態（外的間接要因）によって左右されること，である。学業的な発達を支える教師や親にとって，直接的に勉強するように指示するよりも，学習活動に取り組むかどうかに影響する要因をどう変えることができるかを思案することが重要となる。

2　「勉強ができない」ことのいろいろな影響

　ここでは，学業問題現象の中層にあたる，「勉強ができない」ことによって引き起こされる悩みや問題に注目する。「自分は勉強ができない」と思うことによって，その子どもが抱える悩みや問題とはどのようなものだろうか？

　そこで，ベネッセ総合教育研究所が2001年に行った調査報告『モノグラフ・中学生の世界 Vol.70　中学生の悩み』の結果をいくつか，参照していく。[4]この調査は，同年4〜5月に東京・千葉・神奈川の公立中学校の生徒2,118名を対象に行われた。

1　「勉強ができない」ことと悩みの関係

　「勉強ができない」と思うことは，勉強以外のその子どもの日々の生活や将来の見通しにどんな影響を及ぼすのだろうか。この点について考察するために，まず「勉強ができない」ことと中学生の悩みの間の関連を確認する。表8−1は，「最近1年間で悩んだことと成績の関係」に関する結果をまとめたものである。

　まず成績の自己申告に基づき，回答者が5つのグループ（「上の方」「中の上」「中くらい」「中の下」「下の方」）に分けられている。子どもの成績が「上の方」あるいは「下の方」によって，悩む内容やその割合に一定の傾向があるか（相関関係）を推察するために，悩み（表中11項目）と成績（5グループ）のクロス表（各グループにおける悩んでいる子どもの占める割合）が作成された。

　これら11の悩み項目と成績の上位／下位の間に相関関係が推察される項目（「下の方」ほど悩む子どもの割合が高い項目）には，相関の強い項目から順に「6．学業成績」「9．自分の性格」「11．自分の外見」「8．将来の進路」「7．

▷4　小学生，高校生の「勉強ができない」と思うことの心理的な影響の広がりがどのような様子かはわからない。学業困難と関連づけられる適切な資料を寡聞にして知らず，組織的な調査研究の報告が待たれる。

表8-1　最近1年間で悩んだことと成績の関係

(%)

	上の方	中の上	中くらい	中の下	下の方
1．みんなから好かれるのにはどうしたらいいか	17.8	21.0	18.1	20.2	26.6
2．異性から好かれるのにはどうしたらいいか	14.7	11.4	11.2	12.6	14.9
3．親しい友だちはどうやったらできるか	17.9	23.9	23.5	25.4	25.7
4．先生との関係で	8.6	8.3	8.5	9.9	10.9
5．親との関係で	7.2	102.0	6.7	11.6	13.0
6．学業成績について	26.4	35.3	36.5	45.1	47.0
7．高校受験について	35.3	35.3	31.4	38.6	37.3
8．将来の進路について	33.6	36.4	30.8	37.1	40.9
9．自分の性格について	26.4	28.7	31.1	34.8	43.0
10．身長や体重について	23.6	28.7	23.9	30.4	33.5
11．顔など，自分の外見について	22.9	25.6	25.2	30.0	41.2

「かなり」＋「わりと」悩んだ割合

◯は最大値　＿＿＿は最小値（差が5％以上）

▨は30％以上

出所：ベネッセ教育総研（2001．37ページ）。

高校受験」「10．身長や体重」が，弱い項目で「1．みんなに好かれるには」「3．親しい友達はどうやったらできるか」「5．親との関係で」があげられる。また「2．異性から好かれるには」「4．先生との関係で」項目と成績との間には，相関関係は推察されない。

　このなかで客観的に理解することの難しい関連が注目される。それは，悩み項目9・10・11である。成績上位であることと，性格，身長や体重，あるいは外見は，どのような関連があるのだろうか。学業成績との関連はわかりやすい。成績が進学などの進路に関連が強いことも理解できる。しかし，常識的に考えると，先の3つの項目との関連はほとんどないはずである。成績が下位だと，自分の性格は悪いことになり，下位の者ほど悩みやすいのだろうか。

2　「勉強ができない」ことと自己肯定感の関係

　「最近1年間で悩んだことと成績の関係」の結果は，「勉強ができない」ことと常識的には関連のないと考えられる悩み項目との関連が示唆された。このことを理解することに役立つ別の結果を参照する。

　表8-2は「最近1年間で悩んだことと自分が好きかの関係」に関する結果である。まず「自分が好きかどうか」（自己肯定感）の自己申告に基づき，5つのグループ（「とても好き」から「ぜんぜん好きではない」）に分けられている。中学生が自分のことを好きかどうか（自己肯定感）によって，悩む内容やその割合に一定の傾向があるかを推察するために，悩み（同11項目）と自己肯定感（5

表8-2　最近1年間で悩んだことと「自分が好きか」の関係

(%)

	とても好き	わりと好き	少し好き	あまり好きではない	ぜんぜん好きではない
1. みんなから好かれるのにはどうしたらいいか	13.6	18.2	16.1	23.9	38.5
2. 異性から好かれるのにはどうしたらいいか	13.2	13.8	10.2	11.9	16.5
3. 親しい友だちはどうやったらできるか	19.3	23.4	19.4	27.4	35.5
4. 先生との関係で	7.4	9.2	8.0	10.5	11.2
5. 親との関係で	6.4	8.1	7.9	10.4	19.4
6. 学業成績について	30.2	36.4	32.8	46.4	47.4
7. 高校受験について	30.7	29.2	29.8	40.1	41.6
8. 将来の進路について	34.2	31.5	32.7	38.0	42.6
9. 自分の性格について	20.1	20.2	19.4	34.6	57.6
10. 身長や体重について	26.1	26.8	29.1	40.3	49.1
11. 顔など，自分の外見について	13.7	18.4	21.3	40.7	57.0

「かなり」＋「わりと」悩んだ割合

◯は最大値　＿＿は最小値（差が10％以上）

出所：ベネッセ教育総研（2001，37ページ）。

グループ）のクロス表（各グループにおける悩んでいる子どもの占める割合）が作成された。悩みの内容項目は，先のものと同じ11項目が使われている。

　これら11項目と自己肯定感の間に，相関関係が推察される項目（「ぜんぜん好きではない」ほど悩む子どもの割合が高い項目）は，相関の強い項目から順に「9.自分の性格」「11.自分の外見」「10.身長や体重」「6.学業成績」「8.将来の進路」「7.高校受験」「1.みんなに好かれるには」「3.親しい友達はどうやったらできるか」が，弱い項目で「5.親との関係で」がある。「2.異性から好かれるには」「4.先生との関係で」の項目と成績との間には，相関関係は推察されない。

　この結果と表8-1を比較してまず目を引くのは，関連が強く示唆される悩み項目がほぼ同じであることと，性格，身長や体重，あるいは外見のポイントがより高いことの2点である。自己肯定感との関連であることから，ここでは性格，身長や体重，あるいは外見の悩み項目と強い関連が確認されても理解可能であるし，その他のさまざまな悩み項目についても自己肯定感が低いほど悩む中学生が多いことにも了解できる。

　しかし，ここで見逃せないことは，関連が強く示唆される悩み項目がほぼ同じという点である。つまり，中学生にとって成績と自己肯定感が互換的な意味をもっているということである。

　この結果が示唆することは，中学生の発達を支える教師や親にとって重要で

ある。それは，成績が下位であると思う中学生ほど，「勉強ができない」困難を超えてさまざまに悩みを抱えやすく，自己肯定感も低いことである。「勉強ができない」や「成績が悪い」と訴える中学生は，口にしなくとも，「性格や身長・体重，そして外見についても自分を認め肯定することができない」という苦しみを少なからず訴えていることになる。成績と性格，身長や体重，あるいは外見は関係ないと論理的に客観的な説得を試みても，中学生は納得しないだろう。私たちはまず，「勉強ができない」という困難と自分を肯定できない苦しみを共感的に受け止め，個々が抱える学業困難と一緒に向き合っていく必要がある。

3　学業問題の社会現象

　学業困難を抱える児童生徒は，全国にどれくらい，いるのだろうか。ここでは，児童生徒の世界における学業問題の社会的な広がりと傾向を理解するために，その規模と様子を間接的に伝える彼らの学校外学習活動に焦点を当てる。それは，図8-1で見た「学習活動要因」の「学習の自律性」に当たる活動である。

1　学校外で学習しない児童生徒の増加

　以下に示すグラフは，NHK放送文化研究所がほぼ5年ごとに行っている「国民生活時間調査」（1980-2015年まで）から小中高校生の学校外学習に関するデータを収集しグラフ化したものである。[5][6]

　例えば図8-2は，小学生の学校外学習活動の非行為者の割合の推移を示している。学校外学習活動の非行為者とは，学校外で学習活動（宿題，塾学習を含む）を全くしていない者をいう。調査対象の小学生全体のなかで，その割合（％）（縦軸）を1980年以降の調査年ごと（横軸）に記し折れ線グラフを作成した。また，折れ線は，平日，土曜，日曜の3種を用意した。中学生（図8-3），高校生（図8-4）についても同様にグラフが作成された。平日に比べてどのような活動をするかについて土日の自由度が大きいことから，以下，土日の変化に注目して小・中・高校生の学校外学習活動における非行為者の割合について全体的な傾向を整理したい。

　小学生の主な傾向は，次の通りである。すなわち，学校外で学習活動を全くしていない小学生の割合は，1980年以降2000年まで増加し，一旦低下する（2005年）が再び増加する。2015年時点では，土日に40％前後（1980年より約10ポイント増），存在する。

　中学生の主な傾向は，次の通りである。すなわち，学校外で全く学習活動を

▷5　この調査は，基本的に次の手続きを経る。調査対象日（2日間）の前日に調査票（15分ごとに生活行動と在宅状況を記入）を配布し，調査対象日翌日に回収。例えば2005年度の場合，層化無作為2段抽出法によって計1万2600人の調査対象者を選び実施された（有効回答率61.3％）。このうち，小中高校生の実数はそれぞれ平日で約300人，土曜で約70人，及び日曜で約75人であった。調査対象者の偏りを避ける工夫が施されているが，サンプル数の少なさには留意が必要である。

▷6　学校外学習行動・時間のデータを読み取るうえで，学校週5日制の段階的導入が進められたことに留意が必要である。1992年度から第2土曜日が，1995年度から加えて第4土曜日が休業日となり，2002年度から学校週5日制が完全実施となった。

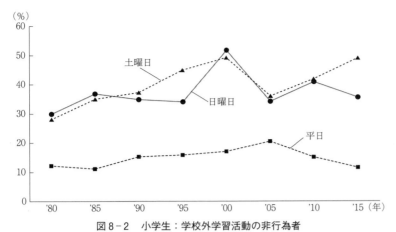

図8-2 小学生：学校外学習活動の非行為者
出所：『国民生活時間調査』（NHK 放送文化研究所）データを基に筆者作成。

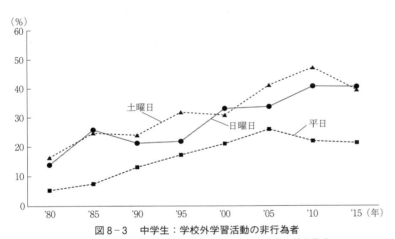

図8-3 中学生：学校外学習活動の非行為者
出所：『国民生活時間調査』（NHK 放送文化研究所）データを基に筆者作成。

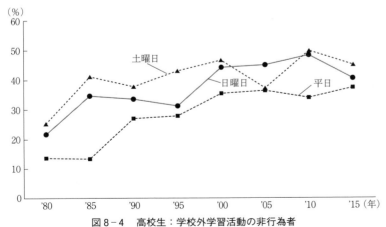

図8-4 高校生：学校外学習活動の非行為者
出所：『国民生活時間調査』（NHK 放送文化研究所）データを基に筆者作成。

していない中学生の割合は，1980年以降2010年までほぼ一貫して増加する。2015年時点では，土日に40％前後（1980年より約25ポイント増），存在する。

　高校生の主な傾向は，次の通りである。すなわち，学校外で全く学習活動をしていない高校生の割合は，1980年以降2000年までほぼ一貫して増加する。2015年時点では，土日に40％強（1980年より約15ポイント増），存在する。

　全体として，学校外で学習活動を全くしていない児童生徒の割合は，1980年から2010年まで増加傾向を維持している。また，2015年以降の予測は難しいが，現在，各40％くらい存在する。さらに1980年から2015年時点までに10-25ポイント増加した。

２　学校外で学習する児童生徒の学習時間

　併せて，児童生徒の学校外学習活動の時間は，どのような傾向を示しているだろうか？

　図8-5は，学校外学習活動を行なった小学生（行為者）の平均学習時間を表している。学校外学習活動の行為者とは，学校外で学習活動（宿題，塾学習を含む）を行なった者をいう。またグラフ作成は，学校外学習活動の非行為者の場合と同様に進められた。中学生（図8-6），高校生（図8-7）についても同じである。以下，同様に土日の平均学習時間に注目して全体的な傾向を探っていく。

　小学生の主な傾向は，次の通りである。すなわち，学校外で学習活動を行う小学生の土日の平均学習時間は，1990年以降2005年まで増加し，2010年時点で前調査年より一旦急減した後，2015年に再び増加している。2015年時点では，土日に100分間前後（1980年より微増），学習活動を行なっている。

　中学生の主な傾向は，次の通りである。すなわち，学校外で学習活動を行う中学生の土日の平均学習時間は，1995年に一旦増加した後2010年まで減少し，2015年に再び増加している。2015年時点では，土曜に約180分間（1980年より約20分間増），日曜に250分間弱（1980年より約50分間増），学習活動を行なっている。

　高校生の主な傾向は，次の通りである。すなわち，学校外で学習活動を行う高校生の土日の平均学習時間は，小中学生の場合と少し傾向が異なる。まず土曜の平均学習時間が1985年以降緩やかに増加し続け，日曜について1980-95年間に微減が続いていたがそれ以降に土曜と同調するように増加していく。小中学生のそれが上下したのに比べ，基本的に1995年以降は増加してきた。また2015年時点では，土曜に約250分間（1980年より約50分間増），日曜に約290分間（1980年より約10分間増），学習活動を行なっている。

　全体として傾向をまとめることは困難であるが，高校生については次のことが言える。学校外で学習活動を行う高校生の平均学習時間は，1985年以降緩や

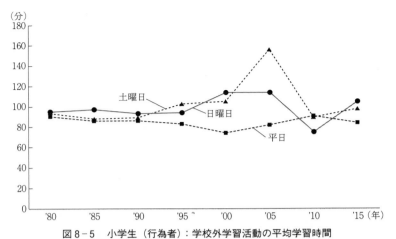

図8-5　小学生（行為者）：学校外学習活動の平均学習時間
出所：『国民生活時間調査』（NHK 放送文化研究所）データを基に筆者作成。

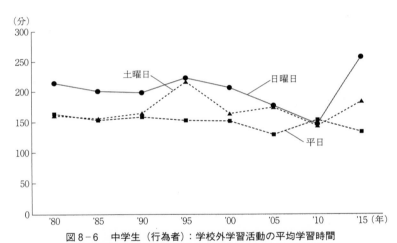

図8-6　中学生（行為者）：学校外学習活動の平均学習時間
出所：『国民生活時間調査』（NHK 放送文化研究所）データを基に筆者作成。

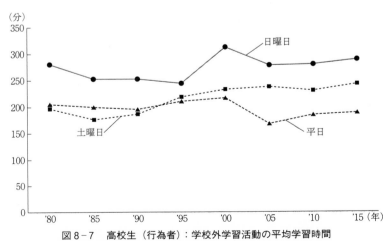

図8-7　高校生（行為者）：学校外学習活動の平均学習時間
出所：『国民生活時間調査』（NHK 放送文化研究所）データを基に筆者作成。

かな増加傾向（特に1995年以降）にある。小学生については，1990-2005年間に同様の傾向を指摘できる。逆に中学生については，1985-1995年間に増加の兆しがあったがむしろ，1995-2010年間の減少傾向が目を引く。ただし，2015年にかけて小中高校生で共に，平均学習時間が増加していることを確認しておこう。

3 学校外学習活動が示す社会現象

　1980-2015年間の小中高校生の学校外学習活動について，ここまでに確認された2つの傾向は，概ね次の通りである。
　（1）1980-2010年間，学校外学習活動を全く行わない小中高校生は増えている。
　（2）1990-2005年間，学校外学習活動を行う小・高校生の平均学習時間は増えている。中学生のそれは1995年まで増えたが，その後2010年まで減っている。

　これら2つの傾向から，1990-2005年間に小中高校生の世界の広い範囲において次のような現象が進行したことを示している。すなわち，学校外学習活動を行う児童生徒と全く行わない児童生徒の二極化ないし格差化である。
　この全国規模の現象は，確認されたデータから中学生においてかなり限定的にしか言えないが，佐藤（2000）が指摘した「『学び』からの逃走」現象と重なり，その傍証でもある。彼は1995年以降に「『学び』からの逃走」という深刻な危機が児童生徒の7〜8割を襲い，それが急速に広まっていると警鐘を鳴らしていた。そしてこの現象について，以下のように指摘する。

　　「学び」からの逃走とは，少なくとも学校外では全く勉強をしないことを指す。この現象は，小学校高学年から始まり，小学校高学年で男子が勉強熱心な3割近くの子どもと勉強嫌いな7割近くの子どもに分岐し，中学校に入ると女子も勉強熱心な3割と勉強嫌いな7割以上の子どもに分岐する。小学校高学年から中学3年にかけて，年々その傾向は激しくなる。女子の方が深刻である。そして彼らは，自立する以前に「生涯学習社会」から排除され，学ぶことに対する虚無主義と冷笑主義を身につけていく。

　先に確認したグラフからは，この現象が1980-2010年間，小中高校生の世界で進行していたことがわかる。ベネッセ教育研究所（2016）は小中高校生の平日の学校外学習時間データを1990年以降，不定期に収集しているが，それによると小中学生ともに2001年をボトムにして，高校生は2015年に平日の学習時間

が増加に転じている。しかし，学校外学習活動の非行為者や土日の学習時間の
データを他に見つけることができず，「『学び』からの逃走」現象あるいは学習
活動の二極化現象の進行に歯止めがかかったかどうかは，現在のところ判断で
きない。

4　学業問題の背景と課題

　児童生徒の学業上の困難に対する支援は，学業指導として生徒指導の重要な
テーマの１つであり続けてきた。『生徒指導提要（改訂版）』（文科省，2022）に
おいても，包括的な支援の重要な側面の１つとして引き継がれている。
　佐藤（2000）が「学びからの逃走」現象を指摘し，学ぶことに対する虚無感
と冷笑的態度の広がる子どもたちの世界を捉え警鐘を鳴らして以降，PISA
ショックと呼ばれる学力低下懸念が社会的に高まった。学力低下の実相を検証
する研究報告が相次ぎ，学習時間の減少が注目されていく。文科省は2008年改
定の学習指導要領において，確かな学力の育成を強調し，学習習慣の確立をそ
の総則に掲げた。さらに，「『令和の日本型学校教育』の構築を目指して（答
申）」（中央教育審議会，2019）で唱導された「個別最適な学び」は，多様な児童
生徒の個々に応じた指導の必要性を強調すると同時に，個に応じた指導が十分
に行われていない現状にあることを伝える。
　こうした危機感を背景とした教育政策によって，児童生徒の学校外学習活動の
時間減少に歯止めをかけることができたかどうかはわからない。2015年時点で，
学校外学習活動を行っていない小中高校生は土日で約４割，平日で小学生の約１
割，中学生の約２割，そして高校生の約４割がいることが示唆されている。
　そして彼らは，すでに学業上の困難の外層に至っている児童生徒たちであ
る。その予備軍と言える中層にある児童生徒はどれくらい，いるのだろうか？
また，こうした児童生徒が，不登校やいじめ加害・被害などの困難を重複して
抱えていることも考えられる。高校中途退学のリスクが高いことは，十分に推
測できる。しかし現在，学業上の困難を児童生徒が，いつ頃どのように抱え
て，学校生活とその後のキャリアをどう歩いていくのか，その実態はほとんど
見えていない。
　学業問題を抱える児童生徒への支援は，教師個々の判断と対応，そして学校
現場に任されているのが現状である。このような状況が常態化し，どこか慣れ
てしまっているようにも見える。学校が学業上の困難を抱える児童生徒を見つ
けて必要な助力を具体的に提供するためには，現状で提供できる助力とできな
い助力を確認し，不足する助力について，教育委員会や保護者，地域住民など
に協力を求める必要がある。そしてその前提として，自校に支援を必要とする

児童生徒がどれくらい存在するのか，その実態を詳しく調べなければならない。

　学業不適応や学業不振は，児童生徒の現在と将来の生活のさまざまな困難と連関していく，重大なリスク要因である。「勉強ができない」と思わせたままにしておいていいはずがない。少なくとも，変化の激しい社会を生きていくために，誰もが生涯にわたって学び続けなければならないことを考えると，学ぶことに対する否定的な態度は，その子の人生のリスク要因となっていく。国や自治体には，「個別最適な学び」を唱導するだけでなく，十分な教育資源を学校に投入することが期待される。

Exercise

① 　勉強につまずいた経験や勉強が嫌になった経験について，その時期ときっかけとなる出来事を省察し，小グループをつくり共有しよう。そして，どのような支援が得られていたらよかったと考えるか，話し合ってみよう。
② 　中高生の時期（思春期），周囲から「勉強する真面目な人」と見られることに抵抗を感じて友人の前で勉強することを抑制する児童生徒は多い。なぜこのような抵抗を感じるのか，考察をしてみよう。
③ 　児童生徒の学習活動に関する調査や報告を集め，さまざまな特徴や傾向を小グループで持ち寄り，その実態を捉えてみよう。

📖次への一冊

佐藤学『「学び」から逃走する子どもたち（岩波ブックレット No.524）』岩波書店，2000年。
　　勉強することから離れていく児童生徒の実態とともに，その原因についての考察が社会的背景や教育政策に基づいて展開される。日本の学校教育の状況を俯瞰することにも役立つ。
刈谷剛彦・志水宏吉・清水睦美・諸田裕子『「学力低下」の実態（岩波ブックレット No.478.）』岩波書店，2002年。
　　比較調査に基づき，2000年前後の学力低下問題の実態が小中学生の基礎学力の全般的低下，家庭文化的階層による学習意欲の格差であることを報告する。
三浦香苗（編）『勉強ぎらいの理解と教育』新曜社，1999年。
　　学業問題を抱える児童生徒をどのように支援するか，学校現場で奮闘している教職員の実際的取り組みと，その中から引出された課題を理解するのに役立つ。

引用・参考文献

ベネッセ教育研究所『モノグラフ・中学生の世界 Vol.70　中学生の悩み』（深谷昌志（監）），2001年。

ベネッセ教育研究所『第5回学習基本調査 DATA BOOK』（木村治生（編）），2016年。

中央教育審議会「『令和の日本型学校教育』の構築を目指して（答申）（2019.1.25）』
https://www.mext.go.jp/content/20210126-mxt_syoto02-000012321_2-4.pdf（2023年2月15日閲覧）

刈谷剛彦・志水宏吉・清水睦美・諸田裕子『「学力低下」の実態』（岩波ブックレット No.478.）』岩波書店，2002年。

三浦香苗『勉強ができない子』岩波書店，1996年。

三浦香苗編『勉強ぎらいの理解と教育』新曜社，1999年。

文部科学省『生徒指導提要（改訂）』（Ver.1.0.1）東洋館出版社，2022年。

日本生徒指導学会編著『現代生徒指導論』学事出版，2015年。

21世紀 COE プログラム東京大学大学院教育学研究科基礎学力研究開発センター『日本の教育と基礎学力：危機の構図と改革への展望』明石書店，2006年。

佐藤学『「学び」から逃走する子どもたち（岩波ブックレット No.524）』岩波書店，2000年。

第III部

「これからの生徒指導」の探求

第9章
生徒指導から見る学校教育の2つの基本問題

〈この章のポイント〉

　児童生徒が抱えてきた困難とその対応を俯瞰すると，これからの学校教育は，2つの基本的な問題を引き受けざるを得ない。1つは，不易な問題であり，問題行動の対応方針として，生活態度（規範的態度）の育成が強調されすぎること，である。もう1つは，新しい問題であり，社会の変化が速まり，人々の生活様式や価値観がますます多様化して行くなかで，児童生徒の抱える困難の事情や背景も多様化，複雑化していること，である。これら基本問題を戦後の教育政策の展開と社会経済状況の変化との関わりのなかで理解する。

1　学校教育の不易な問題

┌1┐　これまでの生徒指導の考え方と素朴な疑問

　生徒指導は戦後の学校教育において，個性尊重を第一原理とする教育機能として位置づけられた。それは，学校の教育目標を達成するための重要な教育機能であり，児童生徒個々の発達を積極的に促進する働きかけを意味する。このことが，戦後一貫して明示されてきた。

　そして生徒指導の充実を図るために教師・生徒間，生徒相互の好ましい人間関係を育て生徒理解を深めることが，学習指導要領の総則において幾度となく繰り返し指示されてきた。現在では，生徒が主体的に判断，行動し自己を生かせるようにすること，さらには自己の存在感を実感しながら自己実現を図れるようにすることが加えて強調されている（表9-1）。

　このように戦後70年余り，児童生徒を積極的に育てることを基調とした生徒指導の充実が求められてきた。しかし一方で，不登校，暴力行為・非行，いじめ，学業問題，学級崩壊，そして高校中退・フリーターなど，児童生徒の困難状況を伝える問題行動は，収まるどころか，複雑化，多様化を伴って深刻化してきている。スクールカウンセラーの配置，学校の抱え込みから開かれた生徒指導への方針転換，ネットワークによる行動連携などに見るように，学校における速やかな事後対応は，確かに拡充されてきたように見える。

　しかし，積極的に育てるという事前対応，つまり予防的，発達的な取り組み

▷1　学習指導要領の総則にある生徒指導として指摘されている配慮事項の内容は，別に同箇所で指摘されている進路指導やガイダンス機能の充実の内容と重なっている。生徒指導の機能とガイダンス機能の異同について十分な説明もなく，総則に示される内容の理解を困難なものにしている。元々，生徒指導という用語は，米国のスクールガイダンスあるいはスクールガイダンス＆カウンセリングの訳語でもある。こうした用語法の誤りやねじれに留意する必要がある。

表9-1 中学校学習指導要領「総則」における「生徒指導」に関する記述

告示年	総則（配慮事項）	備考（その他の関連する主な記述）
1958年	（記述なし）	
1969年	教師と生徒および生徒相互の好ましい人間関係を育て，生徒指導の充実を図ること。	・総則配慮事項：進路指導，筒害のある生徒
1977年	教師と生徒及び生徒相互の好ましい人間関係を育て，生徒指導の充実を図ること。	・総則配慮事項：進路指導，障害のある生徒
1989年	教師と生徒及び生徒相互の好ましい人間関係を育て，生徒が自主的に判断，行動し積極的に自己を生かしていくことができるよう，生徒指導の充実を図ること。	・総則配慮事項：進路指導，ガイダンス機能の充実，障害のある生徒，帰国生徒（生徒が学校や学級での生活によりよく適応するとともに，現在及び将来の生き方を考え行動する態度や能力を育成することができるよう，学校の教育活動全体を通じ，ガイダンスの機能の充実を図ること。）
1998年	教師と生徒の信頼関係及び生徒相互の好ましい人間関係を育てるとともに生徒理解を深め，生徒が自主的に判断，行動し積極的に自己を生かしていくことができるよう，生徒指導の充実を図ること。	・総則配慮事項：進路指導，ガイダンス機能の充実，障害のある生徒，帰国生徒（生徒が学校や学級での生活によりよく適応するとともに，現在及び将来の生き方を考え行動する態度や能力を育成することができるよう，学校の教育活動全体を通じ，ガイダンスの機能の充実を図ること。）
2008年	教師と生徒の信頼関係及び生徒相互の好ましい人間関係を育てるとともに生徒理解を深め，生徒が自主的に判断，行動し積極的に自己を生かしていくことができるよう，生徒指導の充実を図ること。	・総則配慮事項：進路指導，ガイダンス機能の充実，障害のある生徒，帰国生徒（生徒が学校や学級での生活によりよく適応するとともに，現在及び将来の生き方を考え行動する態度や能力を育成することができるよう，学校の教育活動全体を通じ，ガイダンスの機能の充実を図ること。）
2017年	生徒が，自己の存在感を実感しながら，よりよい人間関係を形成し，有意義で充実した学校生活を送る中で，現在及び将来における自己実現を図っていくことができるよう，生徒理解を深め，学習指導と関連付けながら，生徒指導の充実を図ること。	・総則第4 生徒の発達の支援：学習・生活の基盤としての学級経営でガイダンスとカウンセリング，キャリア教育，特別な配慮を必要とする生徒：障害，帰国生徒，不登校，学齢経過者）について教育活動全体を通じて配慮することが規定されている。

出所：学習指導要領データベース作成委員会（国立教育政策研究所内）「学習指導要領データベース」（2019.11.22訂正版）より筆者作成。

が学校において充実しているようには見えない。その充実が戦後70年余り繰り返し求められてきてなお，私たちは生徒指導を校則の取締りや生活態度の指導として捉えていることが多い。

　はたして生徒指導の充実は，戦後70年余りの間に図られてきたのだろうか？この素朴な疑問を考えるために，不登校などの問題行動を時系列に配置し，それらの対応に向けて文部科学省（以下，文科省）から発出される通知・通達などを通じて，学校教育で何が強調されてきたかを検討してみよう。

2　問題行動の基本的な対応方針：規範意識の偏重

　図9-1は，高校・大学進学率のグラフ上に種々の問題行動とその対応を伝える主な文科省の通知・通達などを大まかに配置したものである。この図から見えてくることは，規範意識の育成を偏って重視してきたことである。

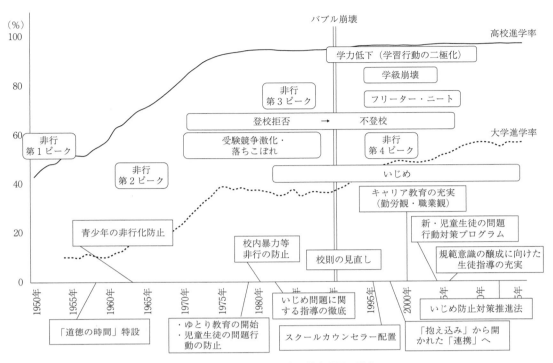

図9-1　高校・大学進学率と教育問題・対応

出所：筆者作成。

　戦後間もない頃，混乱と貧困を背景とした青少年（主に18・19歳の社会人）による犯罪・非行問題（窃盗など）が社会問題化する。社会秩序の混乱と生活苦を背景とした犯罪の増加は青少年に限られた現象ではなかったが，天野文部大臣の発言（1950年）を発端に道徳教育論議が活発化し，学校における規範的態度の育成を求める世論も形成されていく。1960年代に入ると，高校進学率の上昇とともに非行問題は高校生が学校外で行う不良行為の様相を帯びるようになり，徐々に教育問題化していく。学校の教育課程には道徳の時間が特設（1958年）され，道徳教育の徹底が学校現場に求められ，非行化防止のために生活態度の指導が強化され始めた。

　このような流れのなかで，生徒指導の基本書である『生徒指導の手びき』（文部省，1965年）の公刊と生徒指導主事（1964年）の配置は進められた。このとき，同手びきの1頁には，生徒指導の意義が「すべての生徒のそれぞれの人格のより良き発達を目指す」（積極的な生徒指導）ことにあり，「青少年非行等の対策といった言わば消極的な面にだけあるのではない」（消極的な生徒指導）ことを明記している。

　しかし，学校の現実は，低年齢化が進み，学校内，家庭内で生じるようになった暴力行為・非行の問題対応に迫られるだけでなく，1970年代に入ると，

不登校（登校拒否）やいじめなど，多様化，複雑化し始めた子どもの抱える困難への対応にも追われるようになる。

不登校が問題行動として社会的に注目され，文部省（当時）が調査を開始したのは，1966年である。当時は，「登校拒否」という用語が使用され，ここには不登校を怠学として捉える見方が反映されていた。つまり，その原因が，基本的な生活態度の問題，つまり，規範意識の低さや道徳的な態度の未熟さと考えられていた。その後，学校恐怖症などの神経症諸症状を特徴とする子どもの研究が注目されるようになり，従来の認識が変わり始める。文部省は，1992年から「不登校（登校拒否）」と併記するようになった。

1989年には不適応対策調査研究協力者会議を設置し，適宜，提言，通知・通達を学校に伝え，対応してきた。そこでは種々の問題行動について，学校が抱え込む閉鎖的な対応から，家庭・地域社会と協働で対応する開かれた学校・生徒指導へと方針転換が図られていく。ここには，遅刻指導のなかで生じた事故（細井，1993）に端を発する学校の管理指導への批判を受け，管理指導（校則）の見直しが迫られた社会状況もあった。

一方で，バブル経済の崩壊後には，就労環境が激変し，高校中途退学やニート・フリーターが社会問題化してきた。これについて文部科学省は，2004年の「キャリア教育の推進に関する総合的調査研究協力者会議」報告を受け，勤労観，職業観を育てるためのキャリア教育に精力的に動き出した。

1998年前後には，非行の第4のピーク到来が指摘され始め，いじめが被害者を自殺に追いやる出来事や，「目立たない子が突然，理解しがたい残虐な事件を引き起こす」事態が続き，児童生徒の考えていることや行為が多くの大人には理解困難なものと映るようになった。また，この頃，学校教育は，学力低下（学力あるいは学習行動の二極化）問題の渦中にあった。ゆとり教育が批判され，学習内容・授業時数を増加した2008年版学習指導要領では，「生きる力」を育てるために，基礎・基本と思考力・判断力・表現力を結びつける学習活動としての言語活動の充実と，学習の意欲付けをするための学習習慣の確立が強調点として盛り込まれた。

このような状況のなかで，文部科学省において「新しい」問題行動への対応が検討された。2005年に同省は，「新・児童生徒の問題行動対策重点プログラム（中間まとめ）」において，生徒指導体制の整備と関係機関との連携強化，情報社会のモラル・マナーの指導の確立，命を大切にする教育の充実，および家庭教育への一層の支援を打ち出した。その後の通知「児童生徒の規範意識の醸成に向けた生徒指導の充実」（文部科学省，2006）では，最近の問題行動の対応について，各学校に次のことを指示した。すなわち，規範意識を醸成するために，教職員間で一貫性ある，毅然とした，粘り強い指導の実現と，生徒指導に

▷2 「登校拒否」という用語が使用された文脈には2つある。1つは，ここで言う朝起きれないなどの生活習慣の乱れを意味する場合。もう1つは，学校教育制度そのものに異議を唱え登校を拒否する態度を意味する場合。どちらも所与の規範に反している。

▷3 就職氷河期を生きる若者の状況をよそに，フリーターやニート，早期離職者などの若年労働者問題は，働きたがらない若者，忍耐力がなくすぐに辞職する若者などの現象，つまり，勤労の尊さや働くことの意義を理解しない若者の現象と捉えられた。そのため，キャリア教育の導入期には，勤労観・職業観の育成が強調された。こうした規範意識の育成に偏向したキャリア教育は2010年に，個々の児童生徒のキャリア発達を強調するものへと修正される。

▷4 少年法の厳罰化の議論が高まり，刑事処分可能年齢を16歳から14歳に引き下げなるなどの2000年改正に続き，18，19歳を「特定少年」と位置づけ起訴された段階で実名・顔写真などの公開・報道が解禁されるなどを含む少年法の改正案が2021年5月に成立した。少年犯罪や非行の問題に対する厳罰化の対応が進んでいる。

おける教育委員会の役割強化（懲戒，出席停止の運用支援など[5]）を，である。

③　問題行動の見方の問い直し

　ここまで見てきた児童生徒の抱える困難現象（不登校，暴力行為・非行，いじめ，学業問題，高校中退・フリーターなど）に対する文科省の対応方針では，共通して規範意識がキーワードとなっている。つまり，児童生徒の問題行動の原因は規範意識の低さ，あるいは基本的な生活態度の未熟さにあると概ね捉えられてきた。この因果関係の見方は，戦後一貫して進められてきた道徳教育の充実施策とも連動している。このような見方に立つと，とくに暴力行為・非行，いじめなどの対応で，生活態度や規範意識を日々の学校生活のなかで指導することが強調されることになる。

　しかしこの見方は，1990年代には一時的に表立って強調されなくなる。当時は，登校拒否から不登校へとこの現象の認識が変化し，世論に押される形で管理指導（校則）の見直しが進められ，スクールカウンセラーの試験的配置が現実味を帯びてきた時期である。それ以前の教育問題を抱え込む学校・生徒指導から，家庭・地域社会と協働で取り組む開かれた学校・生徒指導へと方針転換が図られていた。種々の問題行動を学校生活への不適応現象として捉え，その原因の多様化・複雑化が理解され，個別に適切な対応の必要が指摘された。

　ところが，2000年前後に噴出するさまざまな教育問題を背景に，教育再生会議による道徳の教科化などの提言を契機に規範意識に注目する見方が再び強調されるようになる。[6]

　戦後の学校教育では道徳教育政策と相まって，規範意識の育成を一貫して生徒指導の取り組みとして強調してきたと見ることができる。このような取り組みは個々の発達を積極的に促進するものとは言えず，むしろ個性や発達段階に関係なく行動の規範型を獲得させることを意味する。しかも戦後70年余りこの対応方針の下に取り組まれてきたが，児童生徒の問題現象は減少していない。その理由を道徳教育や規範意識の育成が不十分であることに帰することもできるが，そのような見方が誤っている可能性も否定できない。

　はたして，不登校の児童生徒は学校に通うことが大切なことと考えていないのか。暴力行為・非行をする児童生徒は，他者の財産をこっそりあるいは暴力によって奪うことが悪いことと思っていないのか。いじめは悪いことといじめ加害児童生徒は思っていないのか。勉強嫌いの児童生徒は学習習慣が身についていないだけなのか。卒業後にフリーターとなる青年は正規雇用の仕事に就きたくなかったのか。このように問い直してみると，道徳的態度や規範意識を偏って強調する見方は単純すぎることがわかる。児童生徒の抱える問題現象がいまなお深刻化している現在，こうした見方自体を問い直さなければならないとこ

▷5　暴力行為やいじめ加害などの問題行動に対して，学校や教育委員会は制度上の罰（退学などの懲戒や出席停止）を措置することができる。しかし，暴力行為をした児童生徒の内，制度上の罰が措置された割合は，小：0.2 %，中：2.0 %，高：62.0 %と小中学校において極端に低い（文部科学省，2020）。

▷6　第一次安部晋三内閣の下に設置された，教育再生への取り組みを強化するための様々政策提言を行なった機関。徳育と体育の充実，学力の向上，教員の質の向上などに関する提言が示された。こうした教育再生の議論を引き継ぎ，第二次安倍内閣の下では教育再生実行会議が設置された。

ろに私たちは立っている。

2　社会経済状況と問題行動

⬜1　ライフスタイルの標準化

　児童生徒の問題行動に対する文部科学省の対応方針から，戦後の学校教育において道徳教育政策が重視され，その下で規範意識の育成が偏重されてきたことを指摘した。こうした教育政策と偏重は，戦後の急速な経済復興によって人々のライフスタイルが標準化され，バブル経済が崩壊するまで維持されたことにも部分的に支えられていた。このことを確かめるために，先の図9-1に社会経済状況の大まかな指標と説明を加えて修正した。それが，図9-2である。

　第二次世界大戦が終結したものの，戦時統制下にあらゆる人的物的資源が戦争に振り向けられて人々の生活が疲弊していたところに，戦災によって生活・産業基盤に壊滅的なダメージを受け，日本社会は混沌としていた。戦時下に拡大した国土は半分になり，海外からの引揚者で人口も急増する。食料も物資も

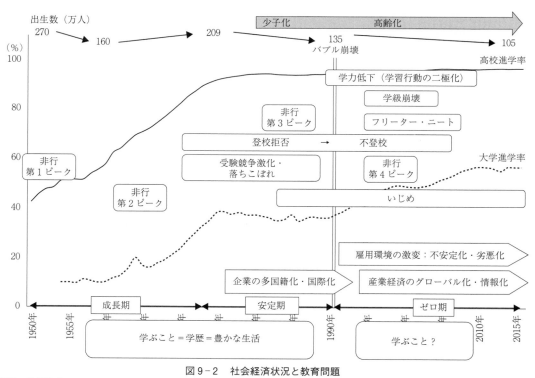

図9-2　社会経済状況と教育問題

出所：筆者作成。

不足し，工場生産などの産業活動も減退していく。物価は高騰し，人々の生活を一層圧迫していた。こうした混乱と貧困の社会状況のなかで，教育を含むさまざまな復興に向けた社会改革が進められていく。

　わが国の経済産業が急速に復興していくにつれ，都市部に人口が流入し，生活様式などを含む社会状況も急速に変わっていく。戦後の経済復興を支えた産業は，製造（生産と開発・デザイン）と，それを国内外に届ける物流である。製品は，家電と自動車が主力であった。1955年から1973年までの経済成長率（実質 GDP の対前年度増減率）は，平均9.1％である。まさしく高度経済成長の時期にあり，1968年には世界第2位の国民総生産（GNP）規模に達し，大量生産・大量消費に支えられた生活様式が普及していった。

　こうして1970年代には「一億総中流家庭」と呼ばれる社会状況が生まれ，この「中流家庭」という言葉が標準化したライフスタイルを象徴するようになる。都市部郊外にマイホームを持ち，正規雇用で月給をもらう父親と家庭を守る専業主婦の母親，そして2人の子どもというような家庭のイメージである。

　また，高度経済成長初期の大量生産という単純な製造労働を支えたのは，都市部の国内工場に大量に就職していく中卒の青少年たちであった。1950年頃のベビーブームも，高度経済成長を支える遠因の1つである。1960年代半ばになると，高校進学率のさらなる上昇とともに，その労働者の学歴は高卒へと移行する。より有利な就職先を目指してより高い学歴を求める人々が増え，受験競争が激しさを増していく。

　戦後の産業構造と社会状況の急速な変化に対応するために，学校教育では産業技術の高度化を反映した教育内容の現代化が進められた。1960年に成立した池田内閣は，国民所得倍増計画を柱にした高度経済成長の達成とともに，それを支える人材養成としての「人づくり」を重視した。これを受け，1963年に教育課程審議会は，「学校における道徳教育の充実方策について（答申）」をまとめている。

　わが国の産業経済は1973年のオイルショックを経験し，安定成長期（1974年〜1990年：GDP 平均4.2％）に入る。すでに1968年頃には，国民生活に物質的な豊かさが実現され，わが国の産業構造では製造・物流の高度化・IT 化が進むとともに，徐々に第3次産業（金融，教育・医療・介護サービス）が拡大し都市部への人口流入が一層高まり，同時に地方における過疎化が進み始め第1次産業の就労人口が減少する。

　高度経済成長期に上昇し続けた高校進学率（1950年約42％から1975年約91％）と大学進学率（1955年約10％から1975年約38％）は安定成長期には横ばい状態が続く。その後，これらの進学率が再び上昇し始めるのは，バブル経済が崩壊した直後の1991年からである。

こうした社会状況を背景に1980年代にかけて形成されてきた学歴社会は，「教育の荒廃」と呼ばれるさまざまな教育問題（落ちこぼれ，激しい受験競争など）を抱えていた。1976年版学習指導要領では，「人間性豊かな児童生徒」を育成するために，道徳教育の充実と「ゆとりある充実した学校生活」に向けた教育内容の精選が進められた。

さらに，1961-87年間に総理府（現内閣府）の下におかれた臨時教育審議会は，「戦後教育の総決算」をスローガンに，なおも深刻化する「教育の荒廃」状況の問題点を明治期以降の教育制度や施策などに求め，「画一性，硬直性，閉鎖性を打破して，個人の尊厳，個性の重視，自由・規律・自己責任の原則，すなわち『個性重視の原則』を確立すること」を学校教育に求めた。1986年の第二次答申には「徳育の充実」が掲げられ，初等教育においては基本的な生活習慣・態度や社会規範を守る態度などの育成を，中等教育においては人間としての「生き方」教育を重視する提言を行った。臨時教育審議会の4次にわたる答申は，その後の教育改革の基本路線を示し，これに沿った教育施策が具体化されていく。

２ 学歴を手にすることの意味

標準的なライフスタイルは，戦後の混乱と貧困の社会状況から経済成長の続くなかで形成されていく。そのため，このライフスタイルは標準的な豊かな生活と見なされ，生活水準の標準的な目標として意識される。このことが，人々の生き方に関するさまざまな価値観を形成することになる。

父親は一定の学歴を備えて会社に正規雇用され，安定した収入で家庭の経済活動を支える。このような父親の生き方は，経済成長のなかで戦後に形成された新規学卒一括採用と年功序列賃金制，終身雇用制などの雇用慣行によって実現され，学歴によってその収入の水準が左右される。つまり，標準的なライフスタイルにおいて，中卒よりも高卒，さらに大卒である方がより高い収入と豊かな生活を実現すると捉えられるようになる。そのためこの時代，娘をもつ親に人気の高い見合い相手の職業には，安定して高収入の銀行員が上位にあげられた。

母親は専業主婦として働く父親を支え，子どもがより高い学歴を手にすることができるように家庭生活を運営し子育てをする。教育に対する公的支出の少ないわが国では必然的に家計に占める教育費の割合が高くなり，母親は月々の一定の収入のなかでやり繰りをして子どもが進学校や習い事・塾などに通えるように備えるだけでなく，より高い学歴を手にできるようにと子どもに働きかける。そのため母親の評価は，子どもが手に入れる学歴によって左右される側面がある。

　そして子どもはより高い学歴を求めるように促され，受験競争に参加していく。本人がこの時代の学歴の意味をどれほど自覚しているか疑わしくとも，そのような競争に参加することが当たり前のような社会状況がすでに展開している。学ぶことは学歴を手にすることであり，そのような考え方が決して妥当でないにしても，将来の生活水準に少なからず影響することを肌身で感じとっていく。

　バブル経済が崩壊する以前には頻繁にテレビドラマで描かれたシーンがある。それは，郊外の集合住宅に住む家庭を舞台に，勉強嫌いな中学生の息子が帰宅する場面から始まる。息子は帰宅するなり家事をしている母親に「俺，中学校を卒業したら働くよ，勉強嫌いだし…」と話しかける。すると母親は家事の手を休めて息子に近づいて頭を叩きながら次のような象徴的なセリフで返す。「何を言っているんだい，このバカ息子！　お父さんを見てみなさい。お父さんは学歴がないばかりに，こんなに働いているのに生活は豊かにならないだろう。そんなこともわからないのか」というセリフである。

　経済成長の続く時代，学ぶことは学歴を手にすることであり，それは将来の豊かな生活を手に入れることを意味した。この意味が肌身で感じ取られていた時代があった。しかしバブル経済の崩壊は，この意味を希薄なものにするだけでなく，雇用環境の不安定化と劣悪化，低収入世帯の増加など，従来のライフスタイルを支えていたさまざまな価値観を瓦解させ，あるいは揺さぶっている。さらにこうした社会状況は，児童生徒の生活にさまざまな格差や分断を広げ，問題行動の背景的要因となっている。

3　新しい問題──急速に変化する社会で生きる力

　私たちは，否応なく生きている時代の社会を生きていかなければならない。そして私たちは，その社会とその先を生きていかなければならない児童生徒に教員として関わっていく。私たちは必然的に，将来の社会状況のなかで生きていくために必要な力をその児童生徒に育てる役割を負う。

　彼らが自分の生活を営み，人生を創る将来の社会状況はどのような様子なのか。21世紀の社会は，20世紀の社会と何が違うのか？　今後，わが国はどこに向かっていくのか。21世紀の社会状況を予想するために，人口の推移から確認したい。この国の人口が１億を超えたのは，1970年のことである。その後も人口は増え，2008年にピーク（１億2,808万人）に達する。私たちにはとくに驚きのない数字である。しかし，戦後すぐの1948年に生まれた人々にとっては，当時の総人口約8,000万人から5,000万人近く増えており驚嘆に値する。当時に比べれば，まさしく社会状況は一変し，ライフスタイルもそのなかで生きる必要

な力も変化している。そしてこれから，私たちも生涯を終えるまで同じような驚きを経験することになる。

　2015年の１億2,709万人を基にした国立社会保障・人口問題研究所による将来推計によると，わが国の総人口は長期減少過程に入る。2040年に１億1,092万人，2053年には初めて１億人を割り9,924万人，そして2065年には8,808万人にまで減少する。ピーク時の半分を割るのは2094年（6,383万人）であり，今世紀末までに急激に人口減少が進むことを予測している。現在大学生の人が90歳を超えて長生きをすれば，50歳代で総人口が１億人を切ったニュースを耳にし，長寿を全うする頃に総人口がピーク時から半減したニュースを聞くことになる。このような人口の変化が，一層，大きな問題として注目されているのは，減少とともに65歳以上人口の占める割合が高まるからである。

　同様の推計によると，2015年現在の全人口に占める65歳以上の高齢者の割合は26.6％で４人に１人を上回る状態から，2036年に33.3％で３人に１人となり，2065年に38.4％で2.6人に１人の割合となる。人口が減少しても，65歳以上の占める割合は2065年頃まで増えていく。現在，政策上の課題として，退職年齢を引き上げるなど社会保障制度が議論されるのは，こうした社会状況がこの国に間もなく，ほぼ確実に到来するからである。

　人口減少は私たちの生活や社会経済活動のさまざまな分野に影響する。単純には，人口が半減すれば，現在生産している生活必需品などの物資や食料，住んでいる住居などは半分で足りることになる。それは，どのような生活の様子なのだろうか。

　もう少し具体的に，到来する社会状況を報告した文書がある。それは，中央教育審議会（以下，中教審）が2008年から５年ごとに策定する教育振興基本計画の報告書である。これからの教育の在り方を検討し計画するために，現在の社会状況とその後の予想を報告している。この予想を見てみよう。

　最初の報告書は2008年に提出され，そのなかで今後10年のこの国の社会経済状況が次のように予想されている（中教審，2008）。すなわち，少子高齢化，国際競争の激化，環境問題の深刻化，サービス産業化，および非対面式コミュニケーションの拡大であった。ここで予想された社会経済状況は，2020年現在，現実となって確認することができる。

　さらに今後の予想を見てみよう。最近の報告書は「第３期教育振興基本計画」（中教審，2018）で，現状と2030年以降の変化を踏まえた予想が示されている。

〈社会状況の変化〉

（1）**人口減少・高齢化**：2008年ピーク。20，30歳代が約2割減少。65（特に75）歳の割合が増加。

（2）**急速な技術革新**：Iot，ビッグデータ，AI等がもたらす超スマート社会（Society 5.0）の到来。創出される知識・アイデアが国際競争力の鍵。AI等に代替される仕事。メンバーシップ型からジョブ型雇用への移行と労働市場の流動化。

（3）**グルーバル化の進展と国際的な地位の低下**：国々の相互影響と依存が高まり，貧困や紛争，感染症や環境問題，エネルギー資源問題などの地球規模の課題の増大。世界GDPに占める日本の地位低下が予想され，人材の流動化，人材獲得競争などが激化する。

（4）**子供の貧困など社会経済的な課題**：貧困の連鎖，格差の拡大・固定化。

（5）**地域間格差など地域の課題**：東京一極集中傾向（1/4以上が東京）。所得や進学率の地域差。被災地域の再生も課題。

〈教育をめぐる状況変化〉

（1）**子供・若者をめぐる課題**：生活体験不足による基本技能の未熟な幼児。学習したことを活用して，生活や社会のなかで出会う課題の解決に主体的に生かすことが課題。読解力も低下。自己肯定感が諸外国と比べ低い。高校生の学習時間は中上位層で改善傾向，下位層で低いまま。大学生は，改善なし。

　情報通信技術を利用する時間が増加傾向に対し，学校での教育利用は国際的に低水準。情報の読解力に課題。SNS犯罪リスクの増大。自然体験や文化芸術体験が限られている。運動する子どもの二極化。問題行動は依然として社会問題。発達障害のある子どもの通常学級・学校への就学が増加。外国籍の子どもや保護者が増加し，対応が急務。

（2）**地域コミュニティの弱体化**：地域の人付き合いが疎遠，コミュニティが弱体化，そして高齢者や困難を抱えた親子の深刻な孤立状況の出現。

（3）**家庭状況の変化**：三世代世帯の割合低下とひとり親世帯の上昇。

（4）**教師の負担**：日本の献身的教師像を前提とした学校体制では，「知・徳・体」を一体的に教育する質の高い教育を持続発展させることは困難。

（5）**高等教育を取り巻く状況変化と課題**：多様な学生に対応した質保証。経営悪化による地方の高等教育機会の減少。社会人の学び直しへの対応。大学院において，知のプロフェッショナルの育成（特に，数理・データサイエンス分野）が必要。

世界のなかでも早期に人口減少が進む日本では，労働力となる人的資源が不足し経済活動や社会サービスの質的，量的低下が懸念されている。そのため政府は，「Society5.0」を掲げ，IoT によりサイバー空間とフィジカル空間をシームレスに連携させて，すべての物や情報，人をつなぎ，ビッグデータや AI などの活用によって人々の生活や社会経済活動をより最適に展開する社会の構築に取り組み始めた。そのような社会では，従来，人が行っていた仕事やサービスが AI やロボットなどに代替され省力化されると考えられている。

この他にも国際競争力の低下，地球規模の課題，子どもの貧困や経済格差，地域間格差など変化する社会状況に言及している。こうした予想を前提に，同報告書では今後の教育政策に関する 5 つの基本方針が打ち出されている。[7]

今後の学校教育に関わる教育政策の基本方針と将来の社会状況を視野に捉えることは，生徒指導に取り組むうえでも重要である。そのうえでさらに，生徒指導上，重要なことがある。それは，私たちが関わる目の前の児童生徒をそうした社会状況のなかに投影し，彼／彼女が自身の生活を営み，人生の歩みを進めるなかでどのような課題に取り組むことになるか，想像することである。

生徒指導は，「生活活動のあり方について，各自において生活を設計し営んでいく上で必要な援助や助力」（教師養成研究会，1948，前文）であり，学校や教員は適切にその援助や助力を彼／彼女に提供する役割に備えなければならない。児童生徒の発達を積極的に支えるという生徒指導の中心的役割は，児童生徒が生きていく社会状況のなかでどのように歩みたいのか（希望），そのためにどのような課題に取り組む必要があるのか（必要）を，児童生徒の話を積極的に聴いて理解し，その実現を現在の発達状態に即して手助けすることである。そのため，教員が児童生徒の歩む社会状況を理解することは，生徒指導において欠かせない，重要な準備となる。

▷7 5つの基本方針に沿って21項目の教育政策の目標が設定されている。例えば，初，中，高等教育に関連深い目標として，①確かな学力の育成，②豊かな心の育成，③健やかな体の育成，④問題発見・解決能力の修得，⑤社会的・職業的自立に向けた能力・態度の育成，⑥家庭・地域の教育力の向上，学校との連携・協働の推進など。また政策目標の最後に，こうした政策を推進するための教育基盤の整備に関する教育政策として，⑯新しい時代の教育に向けた持続可能な学校指導体制の整備等，⑰ICT 利活用のための基盤の整備，⑱安全・安心で質の高い教育研究環境の整備，⑲児童生徒等の安全の確保，⑳教育研究の基盤強化に向けた高等教育のシステム改革，㉑日本型教育の海外展開と我が国の教育の国際化があげられている。

Exercise

① 学校生活を送るうえで基本的な生活態度を指導することは必要だと思いますか。小グループでさまざまに意見を出し合い，必要な理由と必要でない理由を整理しましょう。

② インターネットを介した非対面式コミュニケーションが広がっています。このコミュニケーションにはどのようなリスクがあるか，3つあげてください。そして小グループで意見を共有した後，リスクの高いものから並べ直し1つのリストを作成しましょう。そのなかで，中学生にとってリスクが最も高い事項について，どのように備えることが大切か，話し合ってみよう。

③ 「子ども食堂」とはどのような取り組みか，あなたの生活する地域の近く

に活動拠点があるか，調べてみよう。

📖次への一冊

本田由紀『社会を結びなおす——教育・仕事・家族の連携へ（岩波ブックレット899）』
　岩波書店，2014年。
　　戦後の日本社会の形成を教育，仕事，家族の3つの生活領域の結びつきと循環に
　よって説明する。この戦後日本型循環モデルはすでに破綻し，さまざまな社会，教
　育問題現象として指摘されている。日本社会のこれまでとこれからを大きく捉え理
　解できる良書である。
細井敏彦『校門の時計だけが知っている：私の「校門圧死事件」』草思社，1993年。
　　1990年代に管理指導（校則）の見直しの契機となった出来事を当事者自身が裁判記
　録などを添えてその真相と背景を詳述する。管理指導の是非についての考察も学校
　の現実に絡めて展開され，管理指導のあり方を考究する良い手がかりとなる。
朝日新聞取材班『増補版　子どもと貧困（朝日文庫）』朝日新聞出版，2018年。
　　現代社会に広がる子どもの貧困の実態とともに，その背景や置かれている社会状況
　などを取材し，この問題現象の深刻さを伝えてくれる。また問題現象の対策につい
　ても多面的に検討を加えている。

引用・参考文献

中央教育審議会『教育振興基本計画について：「教育立国」の実現に向けて（2008.7.1）』
　https://www.mext.go.jp/a_menu/keikaku/detail/1335023.htm（2020年9月27日閲覧）。
中央教育審議会『第3期教育振興基本計画（2018.6.15）』
　https://www.mext.go.jp/a_menu/keikaku/detail/1406127.htm（2020年9月27日閲覧）。
国立社会保障・人口問題研究所『日本の将来推計人口（平成29年推計）』
　http://www.ipss.go.jp/pp-zenkoku/j/zenkoku2017/pp29_gaiyou.pdf（2020.09.24.閲覧）。
教師養成研究会『指導——新しい教師のための指導課程』，師範学校教科書株式会社，
　1948年。
本田由紀『もじれる社会：戦後日本型循環モデルを超えて』筑摩書房，2014年。
細井敏彦『校門の時計だけが知っている——私の「校門圧死事件」』草思社，1993年。
文部科学省『令和元年度児童生徒の問題行動・不登校等生徒指導上の諸課題に関する調
　査結果について』
　https://www.mext.go.jp/b_menu/houdou/mext_00351.html（2021.05.10.閲覧）。
文部科学省『生徒指導提要（改訂）』（Ver.1.0.1）東洋館出版社，2022年。
日本生徒指導学会編著『現代生徒指導論』学事出版，2015年。

第10章
育てる生徒指導の基本と学級経営

〈この章のポイント〉

　本章では，まず，学校教育における学級経営とはどのようなものであるかについて確認したうえで，学級経営と生徒指導との関係について解説する。次に，学級経営における集団指導と個別指導のバランスとともに，どちらの指導を行う際にも教師と子どもとの信頼関係の重要性について考察する。さらに，学級担任が治療的生徒指導に偏ってしまうことなく，学級において育てる生徒指導を実現するための，役立つ有益な心理学理論とさまざまな技法について説明する。

1　学校教育における学級経営

［1］　学級経営とは

　学級は，子どもの単なる集まりではなく，目的合理的につくられた第二次集団であり，当初は一定の知識・技能を大量の子どもたちに能率よく伝達する単位集団として成立したものである。教育思想的に見れば，17世紀のコメニウスによって学級が「あらゆる人にあらゆる事柄を教授する」ためのものとして構想されたといわれている。実際にそれぞれの学級に教室を用意する形式が出現したのは，イギリスでは19世紀の後半まで待たなければならなかった。その意味では，学級は近代以降の学校において基本的な集団である。そして20世紀になると，学級の教育目標の実現を目指して，教育の意図的な計画を立案し，効果的な運営と展開を図ることが学級経営であると見なされるようになった。この学級経営については，日本では大正期以降から現在に至るまでにさまざまな実践が各地で広く行われてきたが，学級経営という用語が学習指導要領に明確に記述されたのは，2017年に改訂された小学校と中学校の新学習指導要領の総則においてである（2018年に改訂された高等学校の新学習指導要領では，ホームルーム経営という用語が使用されている）。

　それぞれの現行の学習指導要領においては，学級経営に関して記述されている内容はほとんど同じであるため，次に例として中学校の場合を取りあげることにする。現行の学習指導要領の総則を眺めてみると，次のような記述がなされている。

▷1　コメニウスの著書『大教授学』は，1657年の出版によってようやく公に知られるようになったが，教育の目的をはじめ，学校教育の必要性や教授法などが語られるなかで，同一の年齢の子どもを同一の学級で学ぶという学級別の教授組織を世界で初めて提言したと言われている。

> 　学習や生活の基盤として，教師と生徒との信頼関係及び生徒相互のよりよい人間関係を育てるため，日頃から学級経営の充実を図ること。また，主に集団の場面で必要な指導や援助を行うガイダンスと，個々の生徒の多様な実態を踏まえ，一人一人が抱える課題に個別に対応した指導を行うカウンセリングの双方により，生徒の発達を支援すること。

　このように，現在では，学級経営という用語は，教育課程の基準となる学習指導要領にも明確に記され，学級経営の充実が求められるようになった。しかも，引用した中学校だけでなく，小学校でも学級経営の充実，高等学校でもホームルーム（以下，学級という用語を使用する）の充実が同様に重要視されたうえで，その方法として主にガイダンスとカウンセリングが強調されている。

　ところが，現代の日本では，これまでさまざまな教育改革が行われるなかで，多様な教育実践が出現し，従来のような学級を単位とした学習活動だけでなく，個々の子どもの学習活動が重視されるようになってきている。とりわけ，最近では，パソコンやタブレット端末，インターネットなどの情報通信技術を活用した，いわゆる「ICT教育」が促進されるようになり，学級を単位とした学習活動は大きく変貌しつつある。しかし，これからの未来において，これまで以上に「ICT教育」が盛んに行われたとしても，学校における教育機能としての学習指導と生徒指導の両機能の基盤，さらに言えば学校における学習と生活の両方の基盤を学級集団に強固に置く日本の学校教育では，学級を単位として指導の効果を上げるための諸条件を整備・運営するという学級経営は，必要不可欠の営みになり続けるであろう。その学級経営において特に主要な実践的な取り組みとなるのは，もちろん子どもの学習と生活に影響を与える学級づくりと呼ばれるものであり，その学級づくりによって培われる信頼感のある人間関係は，学級における学習指導だけでなく，学級における生徒指導をすべての子どもに対して円滑に行うことを可能にする点で，学校教育における基礎的な前提条件になっていると言えよう。もちろん，そこで言う生徒指導は，問題を抱えた一部の子どもを対象とするものではなく，すべての子どもを対象にするものであり，『生徒指導提要（改訂）』（文部科学省，2022）において示された4層構造に当てはめて言えば，「発達支持的生徒指導」と「課題未然防止教育」に重きを置くものである。つまり，それは本章で言う「育てる生徒指導」（「積極的な生徒指導」「ポジティブな生徒指導」もほぼ同じ意味と考えられる）であり，学級担任をはじめとするすべての教師が身に着けるべき生徒指導であろう。

　ただし，現在では，学級経営や学級づくりにかかわる学級担任については，これまで広く行われていた，「学級王国」に陥ってしまいやすい固定的な1人担任ではなく，複数の教師，あるいは学年全体のチームなど，柔軟な教授組織

▷2　4層構造をはじめ，「発達支持的生徒指導」と「課題未然防止教育」については，第1章を参照。

▷3　大正期に提唱された言葉である。当初は，学級のなかでの人間関係を密にして，学級のまとまりを強めるというポジティブな意味で使用されていたが，最近では学級の閉鎖性を強めるというネガティブな意味で使用されるようになった言葉である。

の形態も，学校・学年・学級の特徴に応じて積極的に行われることになっている。

<u>2</u>　　生徒指導と学級経営

　前述したように，学級を単位とした学習活動が行われる限り，学級において学校の重要な教育機能としての学習指導が行われることになる。それゆえに，学級経営は，学習指導を推進するうえでの基盤となると言える。それと同じように，学校の重要なもう一つの教育機能としての生徒指導，すなわち「育てる生徒指導」は，あらゆる場面を捉えて学校で行われるために，当然のことながら学校のなかの学級においても行われることになる。したがって，学級経営は，生徒指導との関係でいえば，生徒指導の成果を上げるための諸条件，より具体的にいえば，生徒指導を進めるうえでの基本となる生活場面を整備・運営するものであるといえよう。

　もちろん，実際に当たっては，学級担任制を基本とする小学校と，教科担任制を基本とする中学校や高等学校とでは，生徒指導の組織や進め方などにおいて異なっている面も見られるが，学級担任教師（複数の場合も含めて）は，何よりも担当の子どもやその保護者とも継続的および直接的に接する機会を多くもつために，子どもの性格，能力，家庭環境，進路希望などをより知る立場にいる。その点で，学級経営，そしてその主要な取り組みである学級づくりを担う学級担任は，生徒指導を推進するうえで必要な基礎となる「子ども理解」，心理学でいうところの「子どもアセスメント」を行う立場にいるために，学校の生徒指導にとってきわめて重要な役割を担っていることを忘れられてはならないであろう。

2　学級経営における集団指導と個別指導のバランス

　日本の学校教育において，人間形成，すなわち子どもの「生きる力」の育成を標榜する限りは，繰り返し述べてきたように，教育機能の視点からみれば，学習指導と生徒指導という区別が可能であり，両方の教育作用が必要となるが，また指導形態の視点から見れば，集団指導と個別指導という区別が可能であり，両方の指導形態のバランスが大切にされることになる。つまり，集団指導と個別指導は，車の両輪のような関係になっており，どちらか一方に偏ることなく，両方の場面でバランスよく指導することが，学級担任にとって必要不可欠な指導となっている。なぜなら，一方で学級集団に支えられて個が育ち，他方で個の成長が学級集団を発展させるというような相互作用によって，子どもは社会で「生きる力」を身につけるからである。したがって，学級の担任教

師を志す者は，当初から自分の関心や嗜好によってどちらか一方に偏った学びをするのではなく，両方の指導形態についての基礎基本を十分に学ぶべきである。

［1］　集団指導の基本

　集団指導という言葉を聞くと，その内実は，集団全体のみに焦点を当てた指導だけではなく，集団内の子ども1人ひとりについても考慮することを重視しているのである。そのことを踏まえて，学級担任教師は，子どもの個性や特性を十分に理解するとともに，学級集団内の活動のなかでそれぞれの子どもが活躍できる機会を設けながら，効果的に行う方策を考えていかなければならない。その際に，次にあげる3点は，集団指導における教育的意義といわれるものであり，それらは集団指導する際の基本となるものである。

　1つ目は，「社会の一員としての自覚と責任の育成」という点である。子どもに集団の活動を通して，子どもが社会の一員として生活を営むうえで必要な道徳心をはじめ，ルールやマナーが体験的に学ぶことになる。2つ目は，「他者との協調性の育成」という点である。子どもは，集団での活動を通して，他人を理解するとともに，自分の感情や行動などの自己統制に努めながら，ひいては協調性を体験的に学ぶことになるが，その協調性の学びは個別指導を通してはきわめて困難なものである。3つ目は，「集団の目標達成に貢献する態度の育成」という点である。集団における共通目標の設定とその目標の達成のために，一人ひとりの子どもがそれぞれの役割や分担を通して，課題の解決に向けての取組を行うことで，「集団の目標達成に貢献する態度の育成」が育成されるわけであるが，その一連の活動は，ひいては学級への子どもの所属感や帰属感の醸成にも結び付くものである。

　このような集団指導の基本が適切に活用されることによって，「育てる生徒指導」の基盤となる学級経営が実践されるのである。その意味では，この集団指導は，学校心理学モデルの区分に従えば，「一次的援助サービス」に該当するものであり，前述した4層構造に当てはめて言えば，すべての児童生徒を対象とする「発達支持的生徒指導」と「課題未然防止教育」に重きを置く生徒指導であると言える。それによって，子ども間の上下関係や序列が生まれてしまう，いわゆる「スクールカースト」とはまったく無縁な集団，つまり子どもが人として平等な立場で互いに理解および信頼し，集団の目標に向かって励ましながら成長できるような集団としての学級づくりが，推進されなければならないのである。

　特に，2021年の中央教育審議会答申「『令和の日本型学校教育』の構築を目指して〜全ての子供たちの可能性を引き出す，個別最適な学びと，協働的な学

びの実現～」を眺めてみても，「個別最適な学び」と「協働的な学び」という両方向の実現が示されているものの，前者に重きを置いたようなICTやAIなどを活用した「指導の個別化と学習の個性化」が強調されがちである。もちろん，後者に重きを置いたような集団指導をはじめ，グループ学習や集団学習は，個性を抑圧して同調圧力を強めてしまうなどといった欠点を誘発しがちであるが，これまで学級という集団を大切にしながら生活と関係づけたかたちで，諸外国から高い評価を受けている，知徳体を一体で育む「日本型学校教育」を継承発展させる意味でも軽視されてはならないであろう。それを実現させる大前提となるのは，教師や子ども，さらには子ども同士の間で，互いに信頼感のある雰囲気や集団の目標に向かって励まし合いながら成長できる学級文化を醸し出すような学級経営，とりわけその中心となる学級づくりである。ところが，学級づくりがあまり十分でないならば，集団指導による生徒指導は，まったく教育的に効果の少ないものになるばかりか，ひいては不登校やいじめなどの教育問題の温床にも成りかねないであろう。

　なお，『生徒指導提要（改訂）』（文部科学省，2022）には，教職員に対して一人ひとりの子どもが次のようなことを基盤とした集団づくりを行うことが求められている。

（1）安心して生活できる
（2）個性を発揮できる
（3）自己決定の機会を持てる
（4）集団に貢献できる役割を持つ
（5）達成感・成就感を持つことができる
（6）集団での存在感を実感できる
（7）自己肯定感・自己有用感を培うことができる
（8）自己実現の喜びを味わうことができる

　このような集団づくり，つまり学級づくりは，前述した4層構造の区分で言えば，基本的に「発達支持的生徒指導」に強く関係するものであると言える。ところが，現実には，そのような集団づくりが推進されても，学習面や進路面，さらには人間関係などにおいて子どもたちは課題を抱えることも少なくない。そのような際には，教師は，子どもや学級・ホームルームの実態に応じて，ガイダンスという観点からすべての子どもたちに，組織的・計画的に情報提供や説明を行うことになる。場合によっては，社会性の発達を支援するプログラム（「社会的スキルトレーニング（SST）」や「社会情動的ラーニング（SEL）」など）を実施することも可能とされている。さらに，いじめ防止教育，自殺予防

▷4　簡潔に言えば，社会において人と人とがかかわりながら生きていくために必要なスキルを身につける訓練のことである。

▷5　簡潔に言えば，自分と他人の感情を理解できることによって，社会性や感情力を育てるための学習である。

教育，薬物乱用防止教育，情報モラル教育，非行防止教室なども，「課題未然防止教育」の一環としてすべての子どもを対象に行われることになっている。このような教育プログラムの実施に際しては，専門家の知見や協力を得ながら，教師は行うべきであろう。

②　個別指導の原則

　また，個別指導という言葉を聞くと，多くの人は，一部の子どもを対象にして，集団から離れて別室で一定の時間を充てて1対1で行う，個別に配慮した指導，すなわち個別に行われる特別な専門家によるカウンセリングだけをすぐに連想しがちである。そのような連想を個別指導に抱いてしまうことは，個人主義的・心理主義的な社会の風潮もあって，嘆かわしい象徴的な状況のように思われてならない。

　ところが，生徒指導でいう個別指導は，そのような集団から離れた指導も含むものの，それ以外に集団指導の場面において個別の子どもの状況に応じて配慮する指導も含んでいる。そのことを十分に踏まえたうえで，学級担任教師は，「個性を生かす教育」に必要不可欠な個別指導を効果的に行わなければならないであろう。

　そのような個別指導は，もちろん前述した集団指導と同様に，学校心理学モデルの区分に従えば，「一次的援助サービス」に該当するものとして，前述した4層構造に当てはめていうならば，すべての児童生徒を対象とする「発達支持的生徒指導」と「課題未然防止教育」に重きを置く生徒指導として行うことはできる。

　しかし，4層構造でいえば，時にはすべての子どもを対象にした「発達支持的生徒指導」と「課題未然防止教育」では対応しきれない一部の子どもの出現が想定される。その際には，一部の子どもに向けた個別指導的な「課題早期発見対応」が，つまり学校心理学モデルで言えば「二次的援助サービス」が必要となり，深刻な問題に発展しないように，初期段階の早期対応が求められる。早期対応のために，もちろん，学級・ホームルーム担任による個別指導もそれぞれの子どもの状況に応じてあってもよいが，『生徒指導提要（改訂）』には，学級・ホームルーム担任が1人で対応するのではなく，生徒指導主事などと協力して，機動的に課題解決を行う機動的連携型支援チームによる個に配慮した対応や，問題によっては，それに加えて学年主任，養護教諭，SCやSSWなどの教職員が協働して校内連携型支援チームを編成し，組織的なチーム支援による個に配慮した対応が望まれている。

　さらに，いじめや不登校をはじめ，少年非行や子ども虐待など特別な指導・

援助を必要とする特定の子どもに向けた生徒指導も，時には必要となりえるであろう。その生徒指導は，4層構造で言えば「困難課題対応的生徒指導」であり，学校心理学モデルで言えば「三次的援助サービス」と呼ばれるものである。『生徒指導提要（改訂）』によれば，校内の教職員だけでなく，校外の関係機関との連携・協働による課題対応を行うのが，「困難課題対応的生徒指導」と意味づけていることもあって，校内連携型支援チームだけでなく，校外の専門家を有する関係機関と連携・協働したネットワーク型支援チームの編成が求められ，ていねいなアセスメントに基づいた個別指導が行われることになる。

▷8　「特定の子ども」を対象に行われる心理アセスメントを行い，問題の解決にあたることである。

とりわけ，一部の子どもや特定の子どもを対象にする「課題早期発見対応」や「困難課題対応的生徒指導」にあっては，集団から離れて行う個別指導が重要な位置を占めることになる。集団指導の場合には，一人ひとりの差異を見落とし，どうしても働きかけが画一的な指導に偏りがちになりやすい。この面を補完するためにも，個々の子どもの資質・能力，特性，適性，興味などの十分な理解を前提にした，誰一人取り残さない個別指導が重要である。そのような個別指導を効果的に進めるには，学級担任教師は，校内の教職員や校外の専門家などと協力しながら，自分自身の日常の心がけとして，日々の学校生活を通して，子どもとの信頼関係を構築するように努めておいてもらいたいものである。もちろん，信頼関係は，個別指導にかかわらず，集団指導であっても，学級担任教師のすべての教育活動を行ううえでも大切であるが，特に学級担任教師による個別指導は，信頼関係なしには成立しえないであろう。

では，その信頼関係は学校のどのような場で培われ，生徒指導にとって重要な役割を担うのであろうか。これまで言及してきたことからも察せられるように，学級経営の実際的な場面であろう。そのような点について，次に少し詳しく述べることにしよう。

3　育てる生徒指導に向けた学級経営

1　治療的生徒指導から育てる生徒指導へ

本章において既述したように，教育活動の基礎を学級集団に置く日本の学校教育では，学級を単位として学習活動が行われ，学級において学校の重要な学習指導が盛んに行われるのと同様に，生徒指導も当然のことながら学級においても行われることになる。その際に，生徒指導は，集団指導と個別指導という2つの指導形態，つまり方法原理としての基本をバランスよく用いなければならないが，単に個々人の問題行動を正すような問題の解決への指導・援助にとどまるものではなく，すべての子どもの健全な成長を促し，自己指導能力の育

成を目指すという生徒指導の積極的な意義を忘れられてはならないであろう。その意味で言えば，学級経営では，治療的生徒指導に偏るのではなく，育てる生徒指導がより注目されなければならないのである。

２　学級経営の中心となる学級づくりと育てる生徒指導

　より端的に言えば，学級経営は，学級の教育目標を達成するために，学級生活にかかわる教育の意図的な計画や効果的な運営を図ることであるが，そのなかでも学級の集団文化を望ましいものに高めていく教育的営みとしての学級づくりが中核となる。その学級づくりに大きな影響を及ぶものが，特別活動の一つである学級・ホームルーム活動である。したがって，育てる生徒指導を実現するには，学級・ホームルーム活動の場が，とりわけ大きな鍵を握ることになる。

　現行の中学校学習指導要領を見てみると，「第5章　特別活動」の「第3　指導計画の作成と内容の取扱い」には，次のように述べられている（その記述内容は，小学校や高等学校とほぼ同様である）。

> 　学級活動における生徒の自発的，自治的な活動を中心として，各活動と学校行事を相互に関連付けながら，個々の生徒についての理解を深め，教師と生徒，生徒相互の信頼関係を育み，学級経営の充実を図ること。その際，特に，いじめの未然防止等を含めた生徒指導との関連を図るようにすること。

　このように，現行の学習指導要領においても，学級経営の充実を図るためには，学級活動における生徒の自発的，自治的な活動が中心となると見なされている。その学級活動では，内容として，学校や学級における生活づくりへの参加，日常の生活や学習への適応，さらには一人一人のキャリア形成というものが取りあげられ，まさに生徒指導が学級のなかで行われるのであるが，その集団的な話し合いや合意形成の活動を通して，教師と生徒，生徒相互の信頼関係が育まれるだけでなく，集団の学級文化がよりよく発展するとともに，そのなかで一人一人の社会性や人格的発達が促されることになる。そのためには，適切な学級活動の目標が掲げられ，計画的な指導や援助が必要である。

　しかし，学級担任による学級活動だけによって，学級づくりが完成されるわけではない。確かに，学級活動はよりよい学級づくりには不可欠であるが，学級活動の枠を越えた生徒会活動や学校行事との連携や，他の教職員の協力も必要である。さらに，学級担任が自分の授業と学級活動の時だけにかかわるのではなく，休み時間や掃除の時間などの声かけや挨拶のように，別の場面での日常的なかかわりも子どもとの信頼関係を形成するうえで重要である。そのような信頼関係があるからこそ，学級における自分の授業や学級活動が実りあるも

のになり，学級づくりも成功するのではないだろうか。そのような環境が学級
に生まれることによって，学級担任による集団指導も個別指導も一定の効果を
あげることができ，両方の指導形態を状況に応じて行うことによって，生徒指
導は単なる治療的な生徒指導ではなく，ポジティブな育てる生徒指導の実践に
導けることになる。

③　育てる生徒指導に求められる心理学理論

　子どもの実際的な学校生活のなかで大きな位置を占める学級集団は，生徒指
導を進めるうえで基盤となる重要な場と認識され，子どもが成長できるような
学級の雰囲気の場でなければ，学級において育てる生徒指導は実現されえない
であろう。その鍵を握ることになる学級担任には，十分な資質・能力が求めら
れる。その意味で，子どもに対する適切な働きかけ方を考えるには，まず方法
や技術の基礎となる心理学理論の理解が必要になる。

　まず，学級担任は，その大前提として，人間の発達に関する基礎的な諸理論
を十分に理解すべきであろう。例えば，人間の一生を「ライフサイクル」と捉
え，精神発達の過程を8つの段階に分けるとともに，各段階の課題を克服する
ことによって精神的発達を遂げるとしたエリクソン（Erikson, E. H.）の「心理・
社会的発達論」，人間の欲求を5段階の階層で区分し，人間は自己実現に向
かって絶えず成長すると主張するマズロー（Maslow, A. H.）の「自己実現理
論」，4つの発達段階を唱えたピアジェ（Piaget, J.）の「認知発達理論」，発達
を社会・文化・歴史的に構成された人間関係や文化的対象を獲得していく過程
として捉えたヴィゴツキー（Vygotski, L. S.）の「社会文化的発達理論」である。

　それぞれについて簡単に説明すると，エリクソンは心理社会発達の分化図式
として，乳児期は信頼対不信，幼児前期は自律性対恥・疑惑，幼児後期は自主
性対罪悪感，学童期は勤勉性対劣等感，思春期は同一性対同一性拡散，成人期
は親密対孤立，壮年期は生殖性対停滞，老年期は統合性対絶望をあげている。
また，マズローによれば，最も低次の欲求は生理的欲求であり，充足されれば
弛緩・緊張緩和・身体的健康・安楽が生じる。2番目は安全の欲求であり，充
足されれば安心・安楽，落ち着きが生じる。3番目は愛の欲求であり，充足さ
れれば自由な感情表現や一緒に成長していると感じる。4番目は自尊の欲求で
あり，充足されれば自信・肯定的自己意識・自尊心・自己拡張などが生じる。
最も高次の欲求は自己実現であり，充足されれば至高経験や，創造的な活動な
どが生じる。さらに，ピアジェによれば，子どもの認知能力の発達は，①感
覚運動期（0〜2歳），②前操作期（2〜7歳），③具体的操作期（7〜11歳），
④形式的操作期（11歳以降）に区分された。このうち，具体的操作期では子ど
もは自分と他者との分化が進むことによって，他者の視点に立つことができる

ようになり，前操作期における「自己中心性」と呼ばれる自己中心的な視点を脱することによって，対象に対する相対的な視点が取れるようになるのである。そして，ヴィゴツキーによれば，子どもの発達には「子どもが独力で行える水準」と「子どもが教師や保護者などの力を借りればできる水準」があるという。これら2つの水準には差が生じることがあり，この差の部分を「発達の最近接領域」と名づけられたのである。

　次に，子どもの学習についても理解すべきであろう。例えば，学習の行動理論および認知理論を統合したバンデューラ（Bandura, A.）の「社会的学習理論」，さらには，「どの教科でも，知的性格をそのままに保って，発達のどの段階のどの子どもにも効果的に教えることができる」という仮説を提示したブルーナー（Bruner, J. S.）の「認知発達学習理論」などがあげられる。前者についていえば，バンデューラは，他者の行動やその行動の結果を観察することでも学習が成立することを，実験を通して明らかにした。このような学習を観察学習と呼び，観察する対象に注意を向ける注意過程，観察された事象をイメージや言語にして記憶・保持する保持過程，保持した内容を再生する際の動機づけ過程といった観察学習の内的過程を示した。それに対して後者についていえば，ブルーナーはこの考えをシーソーの例をあげて説明している。シーソーのバランス状態を子どもに認識させるには，年少時には体を使って探索し，年長になるにしたがって図で示し，最後には，てこ，力，距離など力学の概念によって理解させると述べている。

　学習の理論に関しては，基本的な理論である「オペラント条件づけ理論」や「レスポンデント条件づけ理論」についても，理解しておいてもらいたい。前者のオペラント条件づけとは，行動に後続する環境変化によってその行動が生じる頻度が変容する過程や手続きをいう。行動の増加する手続きを強化といい，減少する手続きを弱化（罰）という。いったん学習が成立すると，行動の直前の環境も行動の生起に影響するようになる。このようなオペラント条件づけの原理を現場で応用する場合，行動の先行事象（Antecedent）と行動（Behavior）と行動の後続事象（Consequence）を観察して，行動と環境との関係を突き止める。このことをそれぞれの頭文字をとってABC分析といい，先行事象や後続事象を変化させて，当の行動の変容を目指す。また後者のレスポンデント条件づけとは，ロシアの生理学者パヴロフ（Pavlov, I. P.）の条件反射の研究によって発見された。人には無条件刺激によって誘発される生得性の反応が存在する。この無条件刺激に中性刺激を継時的に随伴させると，その中性刺激が生得性の反応を誘発するようになる。この学習によって生得的にはもともと備わっていない，新たな刺激と反応間の関係を学習することができる。現実場面では，人の感情面や情緒面の反応の理解や変容に役立つ。

　さらには，実際の生徒指導のまえに，学級に所属する一人ひとりの子どもを理解するというアセスメントが必要であり，そのための方法として，「面接法」「観察法」「検査法」などの理論も，指導や支援を行う前提として学んでほしい分野である。面接法（interview method）は，比較的制限のない状況下で，面接者と面接対象者が対面して話し合い，観察する方法である。面接法の利点は，対象者の語る言葉の内容と同時に，しぐさや表情などの非言語的情報を得ることができることである。面接法は，質問の仕方により構造化面接，半構造化面接，および非構造化面接に分けられる。構造化面接はあらかじめ質問すべき項目が準備されていて，それを一つずつ聞き出していく方法である。例えば，健康診断で問診票に従って聞き取りが行われることを指す。半構造化面接は，あらかじめ質問項目の準備はしておくが，話の流れに応じて柔軟に質問を変えたり加えたりする方法である。非構造化面接は，質問する内容をあらかじめ想定しておくものの，質問項目のような明確な形態は取らずに，話の流れに応じて面接者が期待する内容が語られるように面接を進める方法である。

　観察法（observation method）は，対象者の行動を見ることにより，対象者を理解しようとする方法である。対象者の行動そのものを対象とするため，言語理解や言語表出が十分にできない乳幼児や障害のある子どもも観察対象とすることができる。観察法には，自然の条件下でありのままに観察する自然的観察法と，一定の条件下である行動に影響すると思われる条件を変化させることによって，それに伴う行動の変化を観察する実験的観察法がある。また，観察法は，対象者に対して観察者がその存在を明示しながら直接観察する参加観察法と対象者に観察されていることを意識させないで，自然な行動を観察する非参加観察法がある。学校では，授業中や休み時間の観察では参加観察の場面が多くなるだろう。

　検査法（test method）は，知能，学力，適性，およびパーソナリティなど個人の特性を，一定の検査（テスト）によって測定し，量的に把握しようとするものである。検査法の特徴は，妥当性や信頼性の検証を行い標準化された検査が数多く作成されているため，個人の心理的特性を客観的・科学的に測定できることである。いっぽう，検査の結果は測定したい特性の一部しか表していないことがあること，検査によっては実施や分析に専門的な技術や知識を必要とするものもあること，検査対象者の当日の状況に左右されることがあることなど，検査の限界にも留意する必要がある。

　このような理論を理解したうえで，学級担任は，育てる生徒指導を行うために，それぞれの状況に応じてどのような指導形態や方法を選択すべきかを考えるべきであろう。

４ 心理教育や教育相談で用いられている手法の活用

　そのような基礎的な諸理論を学んだうえで，学級担任は，学級の場を実際に改善していくためのより実際的な諸理論や手法などを身につけておくとよいであろう。その際に，心理教育や教育相談で用いられている手法を活用することは状況によっては有益であろう。このような手法は，集団から離れた個別の場所で，治療的な生徒指導において使われるものと一部では思われていたが，最近では，個別指導だけでなく，集団指導の一つとして育てる生徒指導としても使用されるようになってきた。

　『生徒指導提要』を開くと，いくつかの教育相談の理論や手法が紹介されている。グループエンカウンター，ピア・サポート活動，社会的スキルトレーニング，アサーショントレーニング，アンガーマネジメント，ストレスマネジメント教育，ライフスキルトレーニング，キャリアカウンセリングである。それらについて，次に紹介しておこう。

（１）　グループエンカウンター

　エンカウンターとは「出会う」という意味であり，グループ体験を通して，人間関係作りや相互理解，協力して問題解決する力などを育成していくという手法である。グループエンカウンターのねらいは，「人間関係を作ること」と「人間関係を通して自己発見をすること」である（國分，2000）。このねらいを達成するために，グループエンカウンターでは，児童生徒はエクササイズと呼ばれる体験活動に取り組む。エクササイズとは，心理教育的な体験学習の課題のことである（國分・片野，2001）。グループでエクササイズに取り組みながら，他者に出会い，そして自分に出会いながら，自己理解を深め，自己受容を促し，自己表現や自己主張を行い，自他への感受性を高め，他者を信頼する体験をし，役割遂行する機会を体験する。これらの体験をグループメンバーと共有することも重要な成分として位置づけられている。

（２）　ピア・サポート活動

　「ピア」（Peer）という言葉は，同じまたは似通った「仲間」のことであり，「サポート」（Support）という言葉は，支援の意味である。したがって，ピア・サポート活動は，言葉どおり，仲間によるサポート活動を意味している。教師や専門家としての支援者には話しにくかったり，自然な人と人との関係性が生じにくかったりした時には，このピア・サポート活動は，大いに役立つ方法である。なぜなら，同じ立場の仲間同士の間では，「支援する・される」から，「支える・支えられる」という関係が生まれ，本音を出して話しやすい対等な関係性もできるからである。最近では，その特徴を活用して，ピア・サポート

活動は，子どもの社会的スキルを段階的に育て，子ども同士が互いに助け合う関係を作るためのプログラムとなっている。

（3）　社会的スキルトレーニング

　さまざまな社会的スキル（social skills）を意図的なトレーニングによって育てる方法である。社会的スキルには，自分とは違う相手のよさを認めそれを尊重する他者理解・他者尊重の能力，相手の表情や行動を理解することや相手の意図や感情を理解する人間関係の能力，言語や非言語のコミュニケーション能力，自己主張や葛藤解決のような対人的問題解決能力などが含まれる。このような社会的スキルを主に授業を通して，教示，モデリング，行動リハーサル，フィードバックを通して具体的に学んでいくことによって，学級のすべての子どもの社会的スキルを高め，望ましい学級風土を築いていくことを目指していく。

（4）　アサーショントレーニング

　主張訓練と訳される活動で，対人場面で自分の伝えたいことを相手にしっかり伝えることを学ぶためのトレーニングである。人間関係のもち方には，自分のことだけを考えて他者を踏みにじる考え方（aggressive），自分よりも他者を優先し自分のことを後回しにするやり方（non-assertive），自分のことをまず考えるが他者にも配慮するやり方（assertive）の3つのタイプがある（平木，2021）。3つ目の自分の言いたいことを，相手を傷つけずにきちんと主張することができるように，学級全体でアサーショントレーニングに取り組むことが大切である。

（5）　アンガーマネジメント

　アンガーマネジメントとは，自分のなかに生じた怒りの対処法を段階的に学ぶ方法である。「きれる」，「かんしゃくを起こす」，「突然暴力をふるう」というような感情を爆発させるような行動に直面すると，周囲の人はどのように対処していけばよいか戸惑ってしまう。そのような状態が生じる前に，自分のなかに生じた怒りの感情をコントロールする方法を段階的，体験的に学んでいくという手法である。この手法では，怒りの感情がどのようにして生じるのかの仕組みを理解する，その理解の基づいてその怒りの感情は制御可能であり自分のなかのどこに目を向けるのかに気づく，怒りの感情を制御する方法を練習する，怒りの感情の制御について振り返りをするなどの段階を踏んで，怒りの感情を制御できるようになることを目指している（川上，2017；本田，2014）。その際に，呼吸法や動作法など，リラックスする方法を学ぶやり方もある。

（6）　ストレスマネジメント教育

　入学試験の失敗や両親の離婚など人生の危機的出来事（ライフイベント）はストレスとなるが，日常の些細な出来事もストレス源になることが知られてい

る。ストレスマネジメントは，そのさまざまなストレスに対する対処法（コーピングスキル）を学ぶ方法であり，現在問題を起こしている子どもだけでなく，すべての子どもに予防的に行うことが有効であると考えられる。

（7）ライフスキルトレーニング

ライフスキルとは，日常生活で生じるさまざまな問題や要求に対して建設的かつ効果的に対処するために必要な能力である。このようなライフスキルには，意思決定，問題解決，想像的思考，批判的思考，効果的コミュニケーション，対人関係スキル，自己意識，共感性，情動への対処が含まれる（WHO，1997）。ライフスキルの教育は，主体的で経験的な活動として計画される。主体的学習においては，ブレインストーミング，グループディスカッション，ディベート，ゲーム，ロールプレイ，などの方法を用いて教師と児童生徒の双方が相互作用的な学習過程に参加する。ライフスキル教育のプログラムの授業題目には，個人の安全週間，薬物の影響，自尊心の形成，自己主張，意思決定とリスク行動，仲間からの圧力への対処法，支援システムの形成などがあげられている（WHO，1997）。

（8）キャリアカウンセリング

キャリア教育と連携して，キャリア（進路）発達課題とキャリア能力を育てる活動を展開する。自己の将来を視野に入れて自己理解を図る，自己の能力や適性を知る，職業の世界を知る，キャリアについて自分にとって重要だと考えられる事柄について複数の選択肢から一つの選択肢を絞り込むために大切な意思決定のステップを体験的に学ぶ活動を，キャリアカウンセリングの手法を活かして関わっていくものである。

このような手法は学校でのあらゆる場面どのような場面や時期に活用できるだろうか。これら手法は，多様なスキルに焦点を当てており，またそれらスキルは初歩的な段階から上級のスキルまで幅広く対応している。対応する年齢段階も，小学校段階から高等学校段階まで，それぞれの発達段階に応じて多様な教育プログラムが開発されている。学級づくりの観点から見ると，年度当初で学級の人間関係がまだできていない段階，人間関係が作られ始めた段階，人間関係が形成され十分に深まった段階それぞれでねらいとされるスキルや態度を形成し，自分自身や他者への理解の深まりを形成することが期待できる。このような手法の特徴を十分理解し，それを効果的に活用することで学級づくり進め，学級の人間関係を円滑にする起爆剤として，育てる生徒指導の方法の一つとして使用することができるだろう。しかしながら，目の前にある児童生徒の問題の回避や解決を図ることだけにとらわれて，教師主導で子どもにこれら手法をやらせているだけでは問題の解決にはならないであろう。

Exercise

① 生徒指導を行う時の集団指導と個別指導の長所および短所について話し合ってみよう。

② 育てる生徒指導を実現するには，どのような学級づくりが必要であるかについて考えてみよう。また，育てる生徒指導がうまく実践できないときには，どのような工夫を試みたらよいかについて自分なりのアイデアを出し合ってみよう。

③ 心理教育や教育相談で用いられている種々の手法について，その長所と短所を考えてみよう。

📖次への一冊

新井肇編『「支える生徒指導」の始め方』教育開発研究所，2023年。
　　『生徒指導提要（改訂版）』の趣旨を踏まえてさまざまな実践が紹介されており，これから各学校においてふさわしい生徒指導を創造していくうえで，大いに参考になる。

ブランディ・シモンンセン，ダイアン・マイヤーズほか著，宇田光・西口利文訳『ポジティブ生徒指導・予防的学級経営ガイドブック──いじめ，不登校，学級崩壊を予防する問題解決アプローチ』明石書店，2020年。
　　学級で肯定的な行動の介入と支援をどのように進めればよいのかを示し，どうすればポジティブな学級が育つのかについて具体的な実践を交えて詳解する。国や文化の違いを越えて，有益な示唆を与えてくれる。

石隈利紀・家近早苗著『スクールカウンセリングのこれから』創元社，2021年。
　　本書は学校教育における援助サービスに焦点を当て，子どもの成長・発達を援助する活動を筆者らの研究と実践に基づいて詳説している。教育相談やチームとしての援助の実践へのヒントを与えてくれる。

引用・参考文献

バンデュラ，A.，原野広太郎監訳『社会的学習理論──人間理解と教育の基礎』金子書房，1979年。

ブルーナー，J. S.，佐藤三郎（訳）『教育革命』明治図書，1967年。

エリクソン，E. H.，仁科弥生訳『幼児期と社会』みすず書房，1977年。

飯田芳郎・鈴木清・沢田慶輔・樋口幸吉・堀久編『新生徒指導事典』第一法規，1980年。

原田信之編『心をささえる生徒指導──生徒支援の理論と実践』ミネルヴァ書房，2003年。

平木典子『三訂版　アサーション・トレーニング──さわやかな〈自己表現〉のために』日本・精神技術研究所，2021年。

本田恵子『先生のためのアンガーマネージメント——対応が難しい児童・生徒に巻き込まれないために』ほんの森出版，2014年。

加藤恒雄・広岡義之（編）『新しい生徒指導・進路指導——理論と実践』ミネルヴァ書房，2007年。

川上淳子『教師のためのケース別アンガーマネジメント——子ども，保護者，教師が笑顔で仲よく！（教育技術 MOOK）』小学館，2017年。

國分康孝『続・構成的エンカウンター』誠信書房，2000年。

國分康孝監修，岡田弘編『エンカウンターで学級が変わる 小学校編——グループ体験を生かした楽しい学級づくり』図書文化，1996年。

國分康孝監修，片野智治編『エンカウンターで学級が変わる 中学校編——グループ体験を生かしたふれあいの学級づくり』図書文化，1996年。

國分康孝・片野智治『構成的エンカウンターの原理と進め方——リーダーのためのガイド』誠信書房，2001年。

マズロー，A. H.，小口忠彦（訳）『人間性の心理学——モチベーションとパーソナリティ改訂新版』産能大出版部，1987年。

文部科学省『生徒指導提要』教育図書，2010年。

文部科学省『生徒指導提要（改訂）』東洋館出版社，2022年。

中村豊編『生徒指導提要 改訂の解説とポイント』ミネルヴァ書房，2023年。

日本生徒指導学会編『現代生徒指導論』学事出版，2015年。

大友秀人・水上和夫『エンカウンターに学ぶグループ学習10のスキル（教育エクレ）』図書文化，2019年。

ピアジェ，J.，谷村覚・浜田寿美男訳『知能の誕生』ミネルヴァ書房，1978年。

高橋超・石井眞治・熊谷信順編『生徒指導・進路指導』ミネルヴァ書房，2002年。

高柳真人・前田基成・服部環・吉田武男編『教育相談』ミネルヴァ書房，2019年。

ヴィゴツキー，L. S.，柴田義松訳『思考と言語』新読書社，2001年。

WHO 編，川畑徹朗・西岡伸紀・高石昌弘・石川哲也監訳『WHO ライフスキル教育プログラム』大修館書店1997年。

第11章
育てる生徒指導のカリキュラム

〈この章のポイント〉
　育てる生徒指導の中核的活動は，児童生徒個々のユニークな発達を積極的に支援する教育活動である。個々の発達は，悩みや将来への思いなどの発達的ニーズをともなう，学校内外の生活経験にそって前進する過程である。この過程を積極的に支援するためには，① 個々の発達的ニーズの理解とそれに応える学習・生活経験のカリキュラム化，② カリキュラムに基づく教育活動をすべての児童生徒に届ける組織と計画が必要である。米国スクールカウンセリングの取り組みを参考に，育てる生徒指導の実現に関する課題と手がかりを検討する。

1　発達を積極的に支援する

　発達とは，「生体が発育して完全な形態に近づくこと，進歩してよりすぐれた段階に向かうこと」，より厳密には「[心理学] 個体が時間経過に伴ってその心的・身体的機能を変えてゆく過程。遺伝と環境を要因として展開する」（新村出（編）『広辞苑第六版』岩波書店，2008）と，一般に理解される。私たちの心的・身体的機能は年齢を経るとともに変化していく。この変化には機能の増進と減退のどちらも含まれ，遺伝要因と環境要因が影響する。そして連続する変化過程として描かれる発達には段階があり，各段階には達成の期待される課題があると捉えられてきた。

　このような発達現象を理解するために従来，エリクソンの心理社会的発達論，スーパーの職業的発達論，あるいはハヴィガーストの発達課題などが広く参照されてきた。[◁1]これらの考え方に学びながらも，私たちはもっと身近にこの現象を具体的に観察し理解する手がかりを豊富にもっている。なぜなら，私たち自身がこの過程上にあり，目の前の児童生徒が日々，発達の歩みを進めているからである。そうした彼らの発達を積極的に支援することは，生徒指導の中心的な役割である。

1　悩みや不安として経験される発達過程

　私たちは生活のなかで，さまざまな悩みや不安をともなう大小の課題状況と向き合っている。大学生の多くは，それぞれが受講する授業のプレゼンの準備

▷1　欧米で発展した発達論は現在，欧米の中流階級文化を強く反映していることに注意が促され，文化による人の発達の多様性に注目して科学的にその過程を解明することの重要性が指摘されている（例えば，明和，2019）。

やレポートが面倒だと思いながら，この課題状況に取り組んでいる。2週間後の期末試験が心配になり，アルバイトの予定を減らして学習時間を確保しようと対処する。このような課題状況は，学業に関連することだけではない。大学3年も半ばを迎えると，卒業後の進路に関する悩みが増えてくる。友人や異性との関係にまつわる課題状況もさまざまにやってくる。そのような日々の課題状況に悩み思案しているところに，クレジット会社から身に覚えのない高額商品の購入確認の問い合わせが携帯電話に入り，ネットショッピングで使用している自分のアカウントが不正に使用されたことを知り，その対応に追われる。私たちの生活は，このような多種多様な大小の課題状況に満ちている。

　ここで考えてみよう。大学生の自分が経験している課題状況は，小学校1年生だった頃の自分が経験していた課題状況と同じだろうか。どのように違うのか。私たちが年齢を経るとともに経験している課題状況は，どのように変化しているのか。また，私たち自身の何が変化してきたのか。

　これらの問いは，私たちの発達過程について実際的な理解を押し広げてくれる。私たちは生活のなかで生じる課題状況に悪戦苦闘し，時にはどうにもならないと耐えるしかなく，あるいは誰かの支えで何とか乗り越える経験を重ねていく。自分なりに理解，対処できる範囲でその時々の課題状況に取り組んだ経験は，うまく行っても行かなくても，その後の自分の理解と対処の可能な範囲を少し広げてくれる。人の発達過程は，このような生活経験によって心身の機能が変化していく過程，それはすなわち，わかること，できることが増えていく過程である。

2　生活経験に含まれる発達課題

　私たちが生活のなかで向き合うことになる課題状況は，年齢段階によって変化し広がる生活場面や出来事，引き受ける役割によっても異なってくる。この意味において生活経験に含まれる課題状況は，発達課題と捉えることができる。

　多くの幼児は4，5歳になると幼稚園などに通うようになる。このとき，家庭のなかで引き受ける役割と幼稚園のそれとでは異なる。自由におやつを食べられた家庭場面とは異なり，園児としての役割が期待され，保護者とは異なる先生（保育士）との関係について理解し，時間によって活動が制限される集団生活場面への適応が求められる。おもちゃの取り合いになり，他者との衝突と解決法を学ぶ出来事を経験し始める。

　そして幼児や園児の役割として，家庭場面であろうと幼稚園であろうとその年齢段階では，就職をして経済的に自立することは期待されない。そのような役割に思い悩む課題状況は，高校や大学を卒業する年齢段階に至る頃にやって

くる。

　しかし，こうした年齢段階にともなって変わる場面や出来事，期待される役割の多くは，国や社会・文化，民族，さらには時代によって異なることも容易に想像できる。狩猟民族の子どもは10代早々に獲物を狩ることが期待されるかもしれない。江戸時代に私たちが生まれたなら，やはり10歳を過ぎると家業の労働力として期待されることになっただろう。そこで経験される発達課題が現代の日本で生活する私たちの経験する発達課題と異なることは，明らかである。

　このように生活経験に含まれる発達課題は，社会的文化的な期待として私たちの生活のなかに埋め込まれている。それぞれの社会・文化の下で年齢段階にともない変化する期待（場面，出来事，役割）に応じて，生活のなかで抱える課題状況は変化する。このように考えると，どのような課題状況が人生のいつ頃に用意されているかをある程度見通すことができる。そしてさらに，目の前の児童生徒の生活経験を詳しく検討することは，一層詳しく彼らの抱える課題状況を理解することにつながる。このようにして児童生徒の発達的ニーズを理解することは，彼らが対処するための準備を前もって進める手助けを可能にする。彼らの発達的ニーズを理解することは，積極的に発達を支援する生徒指導を計画的，組織的に進めるための重要な要件である。

2　米国におけるカリキュラムに基づく生徒指導

　日本の生徒指導にあたる米国の教育活動は現在，スクールカウンセリングと呼ばれている。学校教育におけるその起源は20世紀初頭のガイダンス運動や教育測定運動などに求められ，以前にはスクールガイダンス＆カウンセリング（School Guidance & Counseling）やピューピルパーソンネルサービスイズ（Pupil Personnel Services）などと呼ばれた。戦後の新教育構想期に主にガイダンスとして紹介され，日本の生徒指導の形成過程に大きな影響を及ぼした。

　米国のスクールカウンセリングは，その草創期から教室で行われるガイダンス活動と個別援助のカウンセリングを主要な教育活動として，その初期には職業（キャリア）領域を主要な支援領域として開始された（Gysbers & Henderson, 2006）。1940年代頃までこれらの教育活動を担ったのは通常の教員（ティーチャーカウンセラー）であり，その後徐々に，専門職スクールカウンセラーの養成と配置が進んでいった。国防教育法（1958年）とそれに続くさまざまな法令制度による振興策を通じてカウンセラーの学校配置が拡充され，関連分野の学問的発展とともにスクールカウンセリングは発展する。

　こうして現在，米国のスクールカウンセリングでは，児童生徒の発達的ニー

ズに応え積極的に支援する教育活動が重要な柱となって学校で展開されている。それはガイダンスカリキュラム活動と呼ばれ，カリキュラムに基づく生徒指導の代表的な例である。まずは，米国スクールカウンセリングの取り組みを参考にして，育てる生徒指導の手掛かりを探っていく。

1　米国のスクールカウンセリングプログラム

　米国スクールカウンセリングの専門的活動と専門職スクールカウンセラーの職能成長を支える専門協会である米国スクールカウンセラー協会（ASCA）は，1990年に児童生徒の発達を支援する幅広い教育活動をスクールカウンセリングプログラム，その専門職をスクールカウンセラーと称することを決定した。ASCA は1990年代後半から，スクールカウンセリングの多様な取り組みと理論的立場を整理し，スクールカウンセリングプログラムの発展を全米に普及させるために，児童生徒の何を育てるか（コンピテンシー）に関する国家基準（ASCAナショナルスタンダード）を開発する（キャンベル・ダヒア，2000）。その後も，プログラムに基づく実践を普及，発展させるためにその詳細な実践的枠組み（ASCA, 2004a）とワークブック（ASCA, 2004b）を提供している。

　スクールカウンセリングプログラムは端的に，総合的，予防的，開発的（発達的）な教育活動であると説明される。すなわちそれは，幼稚園児から高校3年生までのすべての児童生徒を対象に学業的，キャリア的，個人的－社会的な発達領域にわたって総合的にカバーして支援し，困難や問題を抱える前に予防的に働きかけ，そして発達的ニーズに応えて積極的に知識・スキル・態度を開発する教育活動を意味する。

　スクールカウンセラーは，このプログラムを管理・運営する総合的な役割と責任を各学校で担う，児童生徒の発達科学を専門とする教職員である。学校の教員，管理職，学校心理学者などの心理福祉援助職，児童生徒，保護者や地域関係者などと協働してプログラムに含まれる教育活動を実施する。彼らは大学院修士課程で専門的訓練を修め，州の資格認定を満たさなければならない。一部の州では教職経験を資格認定に含めていないが，教職に対する理解が重視される。

　プログラムに含まれる活動は以下の4種類である。

（1）ガイダンス・カリキュラム活動：発達的ニーズに応える学習・生活経験を授業活動として設計し提供する。教科学習の授業内容に関連づけられることもある。児童生徒は，勉強や成績，進路選択や準備，あるいは自己評価や対人関係などに関する諸課題に取り組むやり方を学習する。これら学習・生活経験を発達段階にそって編成したカリキュラ

▷2　コンピテンシーは，アビリティ，キャパシティなどの能力概念と異なり，現実の課題状況に結びつけられ，その課題状況を改善，解決，対処する力を意味する。それは，一般的な能力というよりも，実際的な能力として使用される概念である。

ムが事前に作成される。

（2）**即応的サービス**：一人では対処できない問題や困難を抱える児童生徒に速やかな援助を直接提供したり，必要な援助を教職員や同輩，保護者などの関係者から引き出したりする。

（3）**個別進路計画**：児童生徒が勉強や進路，自己成長などの個人的目標を設定し，将来の見通しを立てて歩みを進める手助けを個々に展開する。

（4）**システム支援**：上記3つの職務を十分に遂行するために必要な管理・運営活動を行う。自身の専門的研修，関係者との定期的な情報共有・意見交換（コンサルテーション），プログラムの啓蒙と協力関係づくり，予算執行と施設整備，プログラムの効果に関するデータ分析などが含まれる。

これら4つの活動がスクールカウンセラーの職務を規定し，その専門性を最大に発揮するために彼らの労働時間はこれら活動に100％配分することが推奨される。そのため，プログラムに含まれる活動かどうかが注意深く識別される。例えば，校則違反をする児童生徒をカウンセリングすることはスクールカウンセラーの職務であるが，懲戒処分の執行はスクールカウンセラーではなく管理職の職務として区別される。

2　ガイダンスカリキュラム活動の内容

プログラムの重要な柱であるガイダンスカリキュラム活動は，学校のすべての児童生徒を対象に学業的，キャリア的，および個人的-社会的な知識・スキル・態度（コンピテンシー）を育てることを意図して，発達的なカリキュラムに基づいて計画的継続的に提供される教育活動である。米国のスクールカウンセラーは，他の教職員と協力して，ガイダンスの教室授業や教科学習に関連づけた授業の時間などに，各学習目標に適った教育活動（ガイダンス単元）を設計し，クラスなどの集団を対象に実施する。

では，ガイダンスカリキュラム活動の学習内容を具体的に確認してみよう。どのような特徴を指摘することができるだろうか。

図11-1は，ミズーリ州の中学校段階で利用されているガイダンスカリキュラムの学習内容の例である。図を確認すると，文字囲みで表記された箇所と項目に序数のふられている箇所のあることがわかる。文字囲みはガイダンス単元名を意味し，複数の項目から構成されている。また各項目は学習目標を，それぞれの序数は学習活動の実施順を示している。

この中学校に入学する生徒は，まず，単元「キャリアを探索し計画する」の学習活動を4時間学習する。次に単元「自分を理解し受け入れる」を8時間，……というように，中学3年間の間に12単元62時間，ガイダンスカリキュラム

ガイダンス・カリキュラム（米）		
キャリアを探索し計画する 1．興味のあるキャリアを探索するやり方を知る。 2．自分の興味と能力を理解し，それらがキャリアの選択にどう役立つかを理解する。 3．興味のあるキャリアの準備の仕方を理解する。 4．将来の計画を作る重要性を理解する（仕事，職業技術教育，雇用訓練プログラム，大学，軍隊）。 **自分を理解し受け入れる** 5．自分が大切であること（自分の価値）を知る。 6．自分自身を信頼する。 7．自分の考えを述べることができる。 8．自分の考えと感情が行動にどう影響するかを知る。 9．問題の対処法や援助の得られる所を知る。 10．気持ちが沈んだとき，何をすべきか理解する。 11．成長という，身体的，社会的，情緒的な変化を理解する。 12．身体的にも，精神的にも自分を受け入れ好きになる。 **性別が授業と仕事にどう関係するか理解する** 13．異性が多く占める仕事や授業に興味があり，自分が選ぶとき，周囲の同輩から「からかわれる」ことに対処するやり方を知る。 14．異性が多く占める仕事や授業に興味があり，自分が選ぶとき，大人の反対に対処するやり方を知る。 15．すべての授業と仕事が，女性と男性の双方に開かれていることを知る。 仕事探しを準備する **仕事探しを準備する** 16．仕事の申し込み方を知る。 17．雇用者が労働者に何を期待するかを知る。 18．パートタイムや短期労働の探し方を知る。 19．地域でどんな仕事に就けるかを知る。 20．仕事について聞き取るスキルを理解する。 意思決定する	**意思決定する** 21．心配したり混乱したりするとき，現実の問題を見定めるやり方を知る。 22．問題に対する多くの可能な解決策の見つけ方を知る。 23．目標を立てる上で大切なことを知る。 24．良い意思決定の仕方を知る。 25．自分の決定を評価し，短所を修正するやり方を知る。 26．自分の決定に対する責任を受け入れる。 **他者を理解し，上手につきあう** 27．友達と級友を理解することができる。 28．自分の気持ちと考えを上手に伝えるやり方を知る。 29．良い友達のなるやり方を知る。 30．男子と女子の双方とうまくつきあうやり方を知る。 31．たとえ変わっていても，他者を尊重できる。 32．話す必要のある相手に話すことができる。 **勉強と学習スキルを改善する** 33．時間の使い方を知る。 34．授業の受け方と質問の仕方を知る。 35．授業と宿題の教材の使い方を知る。 36．上手なノートの取り方を知る。 37．課題の上手な取りかかり方と終え方を知る。 38．試験をうまく乗り切るやり方を知る。 **薬物・アルコールが自分と友達にどう影響するかを知る** 39．薬物・アルコールによって，心身に何が生じるかを知る。 40．学校や警察，裁判所が，薬物・アルコールを使う生徒に何をするかを知る。 41．薬物・アルコール問題を抱える友達の援助の仕方を知る。 42．薬物・アルコールの問題を抱える自分あるいは友達が，どこで援助を得られるかを知る。 43．友達や見知らぬ人が薬物・アルコールを使わせようとしたときの断り方を知る。	44．薬物・アルコールの使用が，他者との関係にどう影響するかを知る。 **友達と他者から高校について学ぶ** 45．高校で生徒が取り組むべき課題を理解する。 46．高校に関する悩みを抱えたとき，どこで援助が得られるかを知る。 47．高校で自分が何を期待されるかを知る。 **余暇時間の使い方を学ぶ** 48．自分が参加できる趣味とスポーツと活動について知る。 49．自分に合った余暇活動の見つけ方を知る。 50．年をとってもできる余暇活動を知る。 **学校と卒業後の計画を立てる** 51．高校の単位と卒業要件を理解する。 52．自分のニーズと興味とキャリア目標を満たす上で役立つ，高校（課程）の選び方を知る。 53．数学，読み，理科のような学習が，自分のキャリア目標にどう関連するかを知る。 54．自分の興味と将来の目標に合った中学校の教科外活動の選び方を知る。 55．高校を卒業することが，就職に向けてどのような意味があるかを理解する。 56．高校を卒業することが，進学に向けてどのような意味があるかを理解する。 57．通うことのできる職業技術学校が開設する授業を知る。 **家庭の責任について学ぶ** 58．保護者と上手に関わる方法を知る。 59．兄弟姉妹と上手に関わる方法を知る。 60．家庭の責任の一端を担う。 61．家庭に困難をもたらす原因のいくつかを知る（転居，離婚，死別，失業など）。 62．家庭で問題を抱えたときの援助の求め方を知る。

図11-1　ミズーリ州総合的ガイダンス・プログラムのガイダンス・カリキュラム（中学校段階）

出所：Starr & Gybers（1993）（筆者訳）。

　活動で学習する。62時間の学習活動は児童生徒の発達段階に配慮して配列されていることがうかがえる。各項目が「〜やり方を知る」「〜を理解する」「〜ができる」などと表現され，各学習活動を通して児童生徒は何がわかり，何をできるようになり，そしてどんなことに向き合えるようになるかが明確に示されている。

　内容的な特徴はどうであろうか。学業，キャリア，自己と他者の理解などの発達領域を幅広くカバーしていることが確認できる。加えて，学習目標（項目内容）が実際的な課題状況に結びつけられて設定されていることを読み取れる。例えば，薬物・アルコールを強要された場合（項目43）など中学生段階で遭遇しそうな場面であり，続けてその乱用や依存が他者との関係に及ぼす影響へと学習を広げていく（項目44）様子は，生活文脈に引きつけて学習することを児童生徒に促す。キャリア設計においては，興味，適性，ジェンダー，求職

活動，雇用者の期待，仕事と学業の関わり，上級学校の情報収集，卒業後の具体的な進路選択へと，一般的な進路学習から学習スキルの改善と自己・他者理解を挟んで具体的な進路選択へと学習過程が編まれている。卒業間際には，家庭の責任について学ぶ機会が用意されていることも興味深い。

　図11-1は，中学校段階のものであるが，これは幼稚園から高校3年までの一貫したカリキュラムの一部である。ガイダンス単元12テーマは3年間1サイクルを4回，小学校低学年（幼稚園を含む）と高学年，中学校，および高校段階でそれぞれの発達段階に応じた学習目標が用意されている。

３　ガイダンスカリキュラム活動の特徴と要点

　ガイダンスカリキュラム活動の内容は，児童生徒の生活上あるいは進路上の課題状況を広くカバーしており，児童生徒の発達領域を総合的に支援する用意を整えている。また，学習目標はそうした課題状況を理解し対処する知識・スキル・態度（コンピテンシー）として設定されている。ガイダンスカリキュラム活動の備える特徴とともに，その要点を理解するためには次のことが重要である（ASCA，2004a; 八並・國分，2008）。

（1）構造化された開発的，予防的な教授・学習活動である

　学習目標の達成に向けて学習活動を構造化した授業を提供し，自己理解，学習スキル，意思決定スキル，問題解決スキル，社会的スキル，進路設計などの能力を育成する教授・学習活動である。

（2）明確な学習目標を備えた系統的，計画的なカリキュラムに基づく

　学習する内容（何をどの程度）と発達段階にそった学習の順序を組み合わせてカリキュラムが作成される。

（3）学習目標は，特定の発達課題や生活／進路上の困難状況に対処する知識・スキル・態度（コンピテンシー）である

　児童生徒の発達過程に生じる諸課題を捉え，それらに対処し乗り越えるために必要な知識・スキル・態度（コンピテンシー）を継続的に育てる。自主性や協調性などの一般的な資質・能力ではない。

（4）学習活動を改善するために成果が確認される

　学習目標は教授・学習活動によって期待される成果（アウトカム）でもある。成果を確認してガイダンスカリキュラム活動の有効性を示し，必要な改善を図らなければならない。

　ガイダンスカリキュラム活動は児童生徒の発達課題に結びつけられた知識・スキル・態度（コンピテンシー）を育てる教授・学習活動である。それら発達課

題は，実際的な文脈に引き寄せられ，生活のなかで生じる課題状況を理解し，その課題に対処する知識・スキル・態度（コンピテンシー）の学習に焦点を当てている。さらに指摘できることは，課題状況と学習目標の単なる羅列ではなく，実際的な生活文脈に引き寄せることによって，学習内容の広がりとつながりが生活経験にそって前進する発達過程を統合的に描き出していることである。

3　日本における年間指導／活動計画に基づく生徒指導

　生徒指導はすべての児童生徒を対象とし，学校生活のあらゆる場や機会を通じて働きかけ，心理面（自信，自己肯定感等），学習面（興味関心，学習意欲等），社会面（人間関係，集団適応等），進路面（進路意識，将来展望等），および健康面（生活習慣，メンタルヘルス等）の発達的側面にわたって個々の発達を統合的に促していく。日本の学校においても，米国スクールカウンセリングと同様に児童生徒の発達を積極的に支えることが目指されている。

［１］　学校における育てる生徒指導の位置づけ

　日本の学校では，カリキュラムに基づく生徒指導は，米国のように明確な形では展開されていない。なぜなら，各発達領域を支援する統合的なカリキュラムを備えず，学習指導要領によって道徳性の指導は道徳科の，進路，保健，安全などの指導は特別活動の学級活動（小・中），あるいはホームルーム活動（高）に位置づけられてきたことから，それぞれの教育活動の時間に支援内容が取り組まれ，生徒指導はこれら教育活動内外で補完・補正する機能として補助的に規定されているからである。このように規定されながらも，実際上，積極的に発達を支援するという育てる生徒指導の中核は学級／ホームルーム活動であり，その主要な役割を担うのは学級／ホームルーム担任である（吉田・京免，2020）。なぜなら，担任する児童生徒を全発達領域にわたって支援することが前提となっている学級担任制は，ティチャーカウンセラー・モデルを必然的に含み込むからである。

　歴史的にも学級／ホームルームは，戦後の新教育構想期には児童生徒の発達支援センター（ガイダンスセンター）へと発展することが期待されていた（磯田，1971）。また，「学級指導」（小・中）が1969・1977年版学習指導要領において特別活動に位置づけられ，ガイダンスカリキュラム活動ともみなせる試みが学校において展開された。その後の1989年版学習指導要領において，小中学校の「学級指導」は「学級会活動」と統合されて現在の「学級活動」に至っている。さらに，1958年版学習指導要領以降，特別活動の内容には常に自己（個

性）理解，進路，生活適応，健康，安全などの支援内容に関する規定が設けられてきた。

このような育てる生徒指導の位置づけは新学習指導要領においても，例えば『中学校学習指導要領』（2018年告示）に学級活動の指導内容として，「(1) 学級や学校における生活づくりへの参画，(2) 日常の生活や学習への適応と自己の成長及び健康安全，および(3) 一人一人のキャリア形成と自己実現」が規定されているように，現在まで引き継がれている。

［2］ 育てる生徒指導の計画と内容

日本における育てる生徒指導は，学級／ホームルーム活動を中心に取り組まれる。そのような児童生徒の発達を積極的に支援する教育活動の内容と特徴を理解するために，ある中学校の生徒指導年間指導計画・学級活動年間活動計画（例）（図11-2）を検討する。カリキュラムに基づく生徒指導と言えないまでも，生徒指導の学校全体で取り組む支援内容と，発達を積極的に支援する中核的な教育活動とされる学級活動の内容を確認することができる。

生徒指導年間指導計画は，全教職員が学校全体で取り組む教育活動を示し，生徒指導部によってリードされる。併せて，学級活動の年間活動計画は積極的に発達を支援する教育活動を伝え，学級担任によって実施される。

年間指導計画を見てすぐにわかるように，全学年共通の指導内容となっており，発達を積極的に支援するというよりも，繰り返し表現される月間スローガンが示すように生活習慣・態度の形成に焦点がある。そこでは，「あいさつをする」「時間を守る」「そうじをきちんとする」などの規律指導が発達段階の別なく展開されることが多い。このことから，生徒指導部が学校生活の秩序の形成・維持を主とする学校の管理指導機能を担っていることがわかる。また，安全・保健（健康）関係の内容のように年間指導計画の内容が学級活動に反映されているものも部分的に確認される。

一方，学級活動の年間活動計画は各学年で作成され，月平均４時間を基本に教育活動が計画されていることがわかる。また，各内容項目が学習指導要領に示された学級活動の３つの内容に対応させて記述され，各内容について年間９−14時間が配当されている。内容を確認すると，３つのタイプに分けられる。１つは，学級目標・組織，学習／生活の計画と反省など学年に関係なく，年間に２，３回繰り返される項目。２つには，「○○生になって」，体育祭・文化祭など毎年繰り返される項目もある。そして３つには，進路学習などの発達的に配置された項目である。

このような計画内容から学級活動が，生活習慣・態度の形成，学級生活上の役割分担と自治，学校行事の準備，そして安全・保健や進路学習・選択につい

▷3　実際の中学校の計画を複数参照して，作成した例である。また，小学校や高等学校の生徒指導の年間指導計画や学級活動／ホームルー活動の年間活動計画においても，この例と似たような内容構成と形式を備えている。

生徒指導年間指導計画	学級活動年間活動計画		
	第1学年	第2学年	第3学年
4月「生活の約束」の徹底 ・春の交通安全指導（自転車の乗り方） ・登下校指導 ・生徒指導マニュアルの共通理解 ・配慮を要する生徒の話し合い ・外部機関（適応指導教室等）との連絡 **5月　健康生活の指導** ・基本的生活習慣の徹底（生活アンケート） ・あいさつ運動 ・いじめ撲滅運動 ・家庭での過ごし方（家庭学習等）指導 ・不登校の解消（不登校対策委員会） ・防犯パトロール員の協力による自転車点検 **6月　体力づくりの指導** ・部活動アンケート ・薬物乱用防止運動 ・衣替え指導 ・ケガの防止指導 ・教育相談（人間関係、部活動等） **7月　基礎学力の指導** ・基礎・基本の指導（繰り返しドリル） ・地区懇談会での保護者との意見交換 ・学期末懇談会での保護者への啓発 ・学期の総まとめ ・運動部総体期間中の生徒指導 **8月　夏休みの過ごし方の指導** ・部活動参加の励行 ・友人関係の把握 ・2学期の準備（予習等） ・夏祭りの巡回指導 ・外部機関（警察等）との連絡 **9月「生活の約束」の見直し** ・あいさつ運動 ・秋の交通安全指導 ・運動部新人戦期間中の生徒指導 ・運動会での巡回指導 ・不登校の解消（不登校対策委員会） **10月　文化祭の指導** ・基本的生活習慣の徹底（生活アンケート） ・下校指導（不審者対策） ・衣替え指導 ・文化祭における意欲的参加の奨励 ・外部機関（近隣中学校等）との連絡 **11月　校内美化指導** ・ボランティアの勧め（落ち葉掃き等） ・下校指導（日没に伴う不審者の対策） ・風邪予防の指導 ・PTA交通安全指導及び地区巡回指導 ・外部機関（近隣商店等）との連絡 **12月　学期末・冬休みの指導** ・服装指導（マフラー等） ・下校指導（日没に伴う不審者対策） ・PTA交通安全指導及び地区巡回指導 ・教育相談（進路等） ・外部機関（適応指導教室等）との連絡 **1月「生活の約束」の見直し** ・あいさつ運動 ・基本的生活習慣の徹底 ・私立校受験期間中の生徒指導 ・教育相談（人間関係、部活動等） ・不登校の解消（不登校対策委員会） **2月　進路・卒業・進級に向けての指導** ・規則正しい生活の勧め ・卒業生に対する感謝の指導 ・公立校受験期間中の生徒指導 ・不登校生徒に対する進路指導 ・外部機関（警察等）との連絡 **3月　学年末・春休み中の過ごし方の指導** ・学年末の学習まとめの指導 ・生活アンケート（1年間の反省） ・卒業生の進路に伴う生徒指導 ・卒業式での巡回指導 ・外部機関（学区内小学校等）との連絡	**4月（4h）** (1)学級の目標と組織を作ろう (2)中学生になって安全な通学に (3)ついて考えよう 　中学校の学習とは **5月（4h）** (1)生徒会を知ろう (2)部活動参加について考えよう 　安全な生活について考えよう (3)将来の生き方について考えよう **6月（3h）** (1)- (2)健康診断の結果を生かそう 　身近な職業を知ろう (3)働く人々の姿を知ろう① **7月（3h）** (1)1学期の反省をしよう (2)夏休みの計画を立てよう (3)働く人々の姿を知ろう②③ **9月（3h）** (1)体育祭に積極的に参加しよう (2)- (3)自分を知る① 　学習方法の改善を図る **10月（5h）** (1)班活動を活発にしよう 　文化祭を盛り上げよう①② (2)読書に親しもう (3)自分を知る② **11月（2h）** (1)男女の協力を考えよう (2)- (3)10年後のわたし① **12月（4h）** (1)2学期の反省をしよう 　冬休みの計画を立てよう (2)冬を健康で過ごそう (3)10年後のわたし② **1月（2h）** (1)新年の抱負を語ろう (2)- (3)進路計画がなぜ必要なのか考えよう **2月（3h）** (1)学校生活の見直し (2)悩みとその解決法を考えよう (3)自分の進路計画を立てよう **3月（2h）** (1)1年間の反省をし、2年生への心構えを考えよう (2)- (3)学習の悩みを解決しよう	**4月（2h）** (1)学級の目標と組織を作ろう (2)2年生になって安全な通学について考えよう (3)- **5月（5h）** (1)連休の計画を立てよう (2)交通マナーを考えよう (3)将来の生き方を考えよう 　学ぶ目的と意義を考えよう 　学習生活の反省をしよう **6月（2h）** (1)- (2)健康と体力の増進のために (3)学ぶ意義について考えよう **7月（3h）** (1)1学期の反省をしよう (2)夏休みの計画を立てよう (3)職業の内容と特色について考えよう **9月（4h）** (1)学級の組織を見直そう 　体育祭に積極的に参加しよう (2)2学期の心構え 　充実した学級生活のために (3)- **10月（3h）** (1)合唱祭をクラスで頑張ろう (2)男女の特性について考えよう (3)職業の世界について知ろう **11月（2h）** (1)- (2)冬休みを健康で過ごすために (3)生き方を考えよう **12月（3h）** (1)2学期を反省しよう (2)冬休みの計画を立てよう (3)学ぶための制度と機会を知ろう **1月（4h）** (1)新年の抱負を語ろう (2)立志の意義を考えよう (3)自分の特徴を知り進路を考えよう 　立志の意義を考えよう **2月（2h）** (1)- (2)- (3)自分の適性を考えよう 　上級学校の内容と特色を調べよう **3月（3h）** (1)1年間の反省をしよう (2)3年生になる心構えを持とう (3)進路計画を検討しよう	**4月（3h）** (1)学級の目標と組織を作ろう (2)最上級生になって (3)進路選択の手順と方法を学ぶ **5月（3h）** (1)研修班で計画を立てよう（修学旅行） (2)意義ある修学旅行にしよう 　部活動と学習の両立を図ろう (3)進路情報を集めよう① **6月（4h）** (1)レクリエーション計画を立てよう (2)体力測定・健康診断の結果を活用しよう (3)家庭学習の能率をあげよう 　進路情報を集めよう② **7月（3h）** (1)1学期の反省をしよう (2)夏休みの計画を立てよう (3)卒業生の体験に学ぼう **9月（3h）** (1)学級の組織を見直そう (2)2学期の生活設計をしよう 　体育祭参加について考えよう (3)- **10月（3h）** (1)文化祭の計画を立てよう (2)- (3)学習方法を工夫しよう 　進路先の調査をしよう **11月（3h）** (1)- (2)受験期の悩みや不安を解決しよう (3)進んで進路相談をしよう 　進路決定に向けて① **12月（2h）** (1)2学期の反省をしよう (2)- (3)進路決定に向けて② **1月（3h）** (1)新年の抱負を語ろう (2)- (3)進路を決定しよう 　受験の心構えと健康な生活 **2月（3h）** (1)卒業文集を作ろう (2)卒業までの計画を立てよう (3)将来の生活に備えて **3月（2h）** (1)中学校生活の反省をしよう (2)- (3)新しい生活の準備をしよう

※学級活動年間活動計画の表記「(1)～(3)」について
中学校学習指導要領（平成20年告示）特別活動・学級活動の内容に対応
(1)学級や学校の生活づくり(2)適応と成長及び健康安全(3)学業と進路
※（　）内の数字は各月の学級活動時間数

図11-2　A中学校の生徒指導年間指導計画と学級活動年間活動計画の内容例

出所：筆者作成。

て担任の支援する時間として扱われていることがわかる。学級活動の内容には，望ましい学級・学校生活を送り教育活動に参加するように支える内容が網羅されている。

③ 育てる生徒指導の特徴

生徒指導年間指導計画と学級活動年間活動計画の指導内容全体に流れる強調点は，次の点である。

第1に，学級・学校の一員としての望ましい行動・態度の形成である。この望ましい行動・態度の基準には学級・学校の一員として望ましいこと（規範）が適用される。それはどのような児童生徒として描かれるのか。まず，例えば生活ルールが繰り返し確認されることから，基本的な生活習慣・態度を備えることである。次に，組織の一員として役割を担い充実した生活を送るよう促されることから，学級・学校の学習・生活活動に積極的に参加する意欲・態度を備えることである。児童生徒が生活のなかで経験する課題状況の支援よりも，このような望ましい児童生徒になることが強調される。

加えて第2に，自主性・主体性の喚起である。「○○運動」や「～しよう」という表現は，児童生徒が自主的，主体的に取り組むことを期待したものである。学校の教育活動，とくに特別活動のなかには，取り組むことになっている自主的，主体的な教育活動がさまざまに計画される。そのような教育活動を実施する際，担任が中心となって児童生徒から自主的，主体的な行為を引き出さなければならない。このような文脈が用意されている。

第3に，望ましい行動・態度の求められる領域は児童生徒の生活領域のほとんどを網羅することである。このことは，学校生活だけでなく家庭・地域生活のあらゆる場と機会に望ましい行動・態度を求めることにつながり，つねに規範的な行動・態度を形成することが強調されることになる。このとき，「○○生となって」などのように発達段階が学年段階に読みかえられ，支援の主眼は発達的ニーズから各学年の児童生徒らしさという望ましい行動・態度に置き換えられる。

育てる生徒指導の取り組みは，学校全体として規範的な行動・態度の形成を強調し，学級活動の内容の一部に発達支援が確認される。学級活動は，現在の学習指導要領等の規定に基づいて育てる生徒指導の取り組みが最も期待される時間である。安全・保健（健康）関係の指導内容は毎年の啓発イベントのように置かれているが，進路（キャリア）領域の支援は発達的に計画化されている。ここに発達を積極的に支える生徒指導の取り組みが計画上わずかに確認される。

以上のことから，日本の育てる生徒指導の支援は，次のように展開されてい

ると考えることができる。まず教育課程内外のあらゆる学習・生活場面において，学級・学校の一員として望ましい行動・態度の形成が図られる。ここでは発達段階ではなく学年段階が考慮され，当該学年らしい一定の行動・態度が求められる。児童生徒の発達（進路領域）を支援する取り組みは，時々，特別活動（学級・ホームルーム活動）などの時間で展開される。

4　育てる生徒指導のカリキュラムづくりと児童生徒理解

　日本の学校では，カリキュラムに基づく生徒指導という発想が生まれにくい。その理由の1つは，児童生徒の人間形成や成長発達を担う主役は教育課程内の教育活動であり，生徒指導はそれら教育活動を補正・補完する脇役であるとみなされやすいからである。

　また，統合的に発達を支援するための心理面，学習面，進路面，および健康面の発達側面は，学習指導要領の規定を通じて教育課程内の道徳科や特別活動などへとバラバラに引き取られ，展開されている。しかし，バラバラに取り組まれる支援内容は生活経験にそって前進する発達過程を統合的に描くことはできない。その上，バラバラな取り組みは，児童生徒の発達を支えるという目的意識と実感を教職員間で保てず，形骸化した活動となりやすい。

　生徒指導の中核的な時間である学級活動においても，学級・ホームルームの一員として学級・学校生活に貢献し，授業や文化祭などの教育活動に取り組む自主的，主体的な行動・態度がまず求められる。この時間の一部に進路（キャリア）領域などの発達支援が計画されるが，学習指導要領に規定されていることが主な理由であるなら，発達的ニーズに応えることは難しい。

　育てる生徒指導の基本方針は，児童生徒の発達的ニーズに応えることである。その柱となるカリキュラムに基づく生徒指導は，4つの要件を満たさなければならない。すなわち，① 構造化された開発的，予防的な教授・学習活動であること，② 明確な学習目標を備えた系統的，計画的なカリキュラムに基づくこと，③ 学習目標は，特定の発達課題や生活／進路上の困難状況に対処する知識・スキル・態度（コンピテンシー）であること，そして④ 学習活動を改善するために成果を確認すること，である。

　このような育てる生徒指導の取り組みを支える基礎は，児童生徒の発達的ニーズを理解することである。日本の教員が用いた発達的ニーズを理解する古典的な方法は，児童生徒の生活作文を読解することであった。作文に綴られた生活経験のなかに，彼らの抱える課題状況を読み取ったのである。戦後に参照された米国ガイダンスでは，さまざまな観察・調査や心理検査による方法が紹介された。現在では多種多様な個別／集団心理検査が利用可能となっている。

▷4　戦後に位置づけられた生徒指導の1つの原点として，大正期の生活綴り方教育が参照される理由は，生活作文に綴られた児童生徒の課題状況や問題意識（ニーズ）を理解し，個々に支え助力する努力が展開されたからである。

　しかし忘れてはならないことは，児童生徒の課題状況も発達の歩みも彼らの生活経験のなかで生じていることである。検査結果のプロフィールの上で生じているのではない。児童生徒の発達的ニーズを理解する最も重要な方法は，児童生徒の生活経験を観察し，彼らに直接訊ね，そして彼らの話を丁寧に聴きとることである。現在の生活において何に悩んでいる，あるいは困っているのか。将来の生活についてどのような不安や希望を抱えているのか。児童生徒の学習・生活をそばで支える学級担任制の利点でもある。

　そしてカリキュラムには，児童生徒個々で共通性の高い発達的ニーズに応える学習・生活経験を編成する。そのため，すべての児童生徒を対象としたニーズ調査を行うことも実際的である。収集された発達的ニーズを発達段階にそって整理しその全体を俯瞰するとき，私たちは目的意識と実感をともなって，目の前にいる児童生徒の統合的な発達過程を思い描くことができるだろう。

Exercise

① 　最近の学生生活のなかで，自分や周囲の人たちが抱えている困難状況を思いつくままに箇条書きにしなさい。その中から，3つ選び，それぞれの課題状況を乗り越えるために必要な知識・スキル・態度（コンピテンシー）が何か，そしてそれらを身につけるためにどんな学習・生活経験が役立つか，小グループで話し合ってみよう。

② 　米国ミズーリ州のガイダンスカリキュラム（中学校段階）の内容を10項目自由に選んでください。そして，各項目の内容を自分が中学校のどの時間に学んだか，あるいは学ばなかったかを書き出してみよう。

③ 　自分が中学校の学級活動でどのような活動を行ったか，そして，その活動で何を学んだか，リストをつくりなさい。そして，小グループでリストの内容を共有して，学級活動が実際，どのような意義のある教育活動であると考えられるか，自分たちの体験をもとに話し合ってみよう。

📖次への一冊

キャンベル，C. A.・ダヒア，C. A., 中野良顯訳『スクールカウンセリング・スタンダード——アメリカのスクールカウンセリングプログラム国家基準』図書文化社，2000年。米国スクールカウンセリングが児童生徒に育てようとする能力（指導内容）を理解できる。同時に，スクールカウンセリングの歴史とそのプログラムの定義の簡潔な説明から，スクールカウンセリングプログラムの全体を捉えることができる。

米国スクールカウンセラー協会編，中野良顯訳『スクール・カウンセリングの国家モデル——米国の能力開発型プログラムの枠組み』学文社，2004年。
　　米国スクールカウンセリングプログラムを理解し実践するための詳細な説明を提供する。米国スクールカウンセラーの仕事が何かを把握することができ，日本の教職員が生徒指導として何を実践することが重要かを考察するうえで役立つ。
八並光俊・國分康孝編『新生徒指導ガイド』図書文化，2008年。
　　積極的に児童生徒の成長と発達を促進する生徒指導の進め方について，1つの実践モデルを提案する。

引用・参考文献

米国スクールカウンセラー協会（ASCA）編，中野良顯訳『スクール・カウンセリングの国家モデル——米国の能力開発型プログラムの枠組み』学文社，2004年 a。

American School Counselor Association（ASCA）, *ASCA national model work book: A companion guide for implementing a comprehensive school counseling program*, ASCA, 2004年 b.

キャンベル，C. A.・ダヒア，C. A., 中野良顯訳『スクールカウンセリング・スタンダード——アメリカのスクールカウンセリングプログラム国家基準』図書文化社，2000年。

Gysbers, N. C., & Henderson, P., *Developing & managing your school guidance and counseling program*（4 th ed.）, The American Counseling Association, 2006.

磯田一雄（1971）「生活指導と教育課程」（海後宗臣監修，肥田野直・板垣忠彦編『教育課程総論（戦後日本の教育改革6）』621-656頁）東京大学出版会，1971年。

明和政子『ヒトの発達の謎を解く』ちくま新書，2019年。

文部科学省『生徒指導提要（改訂）』（ver.1.0.1）東洋館出版社，2022年。

文部科学省『中学校学習指導要領』東山書房，2018年。

日本生徒指導学会編著『現代生徒指導論』学事出版，2015年。

Starr, M., & Gysbers, N. C., *Missouri comprehensive guidance: A model for program development, implementation, and evaluation*（'93rev. ed.）, Missouri Department of Elementary and Secondary Education, 1993.

八並光俊・國分康孝（編）『新生徒指導ガイド』図書文化，2008年。

吉田武男・京免徹雄『特別活動』ミネルヴァ書房，2020年。

第12章
「育てる」教員の仕事としての生徒指導

〈この章のポイント〉

　教員の仕事には，授業や学級経営，校務などのさまざまな教育業務が含まれている。そして積極的に「育てる」生徒指導は，学校で働く教職員が分担，協働する日々の業務を通じて進められる。日本の教員は，学級／ホームルームの担任業務を中心に複数の意図を備えた業務を並行してこなす。その働き方は，欧米とは異なる教育機能の分担組織化によって規定されている。日本の生徒指導の課題は，学級／ホームルームの担任業務を充実させる組織体制をつくり，その組織体制の全体を専門的にリードする専従者を養成，配置することである。

1　教員の仕事

1　教員の多忙な仕事

　教員の仕事を，授業で教科内容を教えたり，担任学級の活動や部活動を指導したりする仕事，と理解することは簡単すぎる^{◁1}。

　教員の仕事といっても，小学校と中学校，さらには高等学校の間に多くの違いがあり，それらは児童生徒の発達段階を反映している。また，そうした違いと同様に，教員の仕事における重要な違いは，制度や慣習によって生じていることも多い。例えば，義務教育であるか，教科担任制であるか，あるいは部活動があるかなどである。こうした違いが，自ずと校種による教員の一日の仕事の構成と時間の使い方，つまり教員の働き方の違いを作り出していく。

　このような小中高校間の違いをひとまず脇に置き，教員の仕事の全体を大まかに描いてみよう。表12-1は，文部科学省が現在，推進している「学校における働き方改革」の基礎資料ともなっている『公立小学校・中学校等教員実態調査研究』（リベルタス・コンサルティング，2018）で使用された教員業務の項目である。教員の勤務実態を把握するために，各項目に何時間を当てているかが調査された。

　これを見ると，教員の仕事が多種多様な業務によって構成されていることがわかる。ここから教員の1日を想像してみよう。

　児童生徒が登校する前に出勤して，登校指導・安全指導のために校門や街頭

▷1　本章では，学校教育制度に規定された「教員」の欧米との比較を扱うことから，「教師」ではなく，「教員」という用語を使用する。「教師」は，師としての意味合いが色濃く多義的で，欧米などとの業務を比較するうえでは馴染まない。

表12-1　「教員実態調査」（文部科学省，2018）で使用された教員業務項目

業務分類	具体的内容
児童生徒の指導にかかわる業務	
朝の業務	朝打合せ，朝学習・朝読書の指導，朝の会，朝礼，出欠確認など
授業（主担当）	主担当として行う授業，試験監督など
授業（補助）	ティーム・ティーチングの補助的役割を担う授業
授業準備	指導案作成，教材研究・教材作成，授業打合せ，総合的な学習の時間・体験学習の準備など
学習指導	正規の授業時間以外に行われる学習指導（補習指導・個別指導など），質問への対応，水泳指導，宿題への対応など
成績処理	成績処理にかかわる事務，試験問題作成，採点・評価，通知表記入，調査書作成，指導要録作成など
生徒指導（集団）	給食・栄養・清掃指導，登下校・安全指導，健康・保健指導，全校集会，避難訓練など
生徒指導（個別）	個別面談，進路指導・相談，生活相談，カウンセリング，課題を抱えた児童生徒への支援など
部活動・クラブ活動	授業に含まれないクラブ活動・部活動の指導，対外試合引率（引率の移動時間も含む。）など
児童会・生徒会指導	児童会・生徒会指導，委員会活動の指導など
学校行事	修学旅行，遠足，体育祭，文化祭，発表会などの行事，学校行事の準備など
学年・学級経営	学級活動・HR，連絡帳の記入，学級通信作成，名簿作成，掲示物作成，教室環境整理など
学校の運営にかかわる業務	
学校経営	校務分掌業務，初任者・教育実習生などの指導，安全点検・校内巡視，校舎環境整理など
職員会議・学年会などの会議	職員会議，学年会，教科会，成績会議，学校評議会など校内の会議など
個別打ち合わせ	生徒指導等に関する校内の個別の打合せ・情報交換など
事務（調査への回答）	国，教育委員会等からの調査・統計への回答など
事務（学納金関連）	給食費や部活動費等に関する処理や徴収などの事務
事務（その他）※今回調査の回答時間を含む	業務日誌作成，資料・文書（校長・教育委員会等への報告書，学校運営にかかわる書類，予算・費用処理関係書類）の作成など
校内研修	校内研修，勉強会・研究会，授業見学など
外部対応	
保護者・PTA対応	保護者会，保護者との面談や電話連絡，保護者対応，家庭訪問，PTA関連活動，ボランティア対応等
地域対応	町内会・地域住民への対応・会議，地域安全活動，地域行事への協力など
行政・関係団体対応	行政・関係団体，保護者・地域住民以外の学校関係者，来校者の対応など
校外	
校務としての研修	初任研，校務としての研修，出張を伴う研修など
会議・打合せ（校外）	校外への会議・打合せ，出張を伴う会議など
その他	
その他の校務	上記に分類できない校務，移動時間など

に立ち，職員室に戻って朝の打ち合わせに参加した後は，担任学級で出欠確認・健康観察をして諸連絡・朝の会を行い，1〜4時限に授業をした後，再び，担任学級で給食指導をする傍ら昼食を済ませ，5・6時限の授業に臨む。業間休みや昼休みには，成績処理や提出物の確認，PTAの資料印刷・連絡，あるいは心配な児童生徒の個別指導・相談など細かな業務が挟まっている。清掃指導，終わりの会が終わると，放課後の児童会／生徒会活動や中高校では部活動を指導して，夕方になってやっと，翌日の授業準備・教材研究などに使える時間が生まれる。

2 働き方の特徴：多様な業務の混在

教員の仕事が，単に授業で教科内容を教えるという業務だけではないことは，すぐに理解できる。しかし，教員の仕事の全体を要領よく伝えることは意外と難しく，教員の働き方に関連するいくつかの特徴が指摘されている（油布，2017）。

（1）勤務時間の編成：大きな時間単位の仕事と細かな時間単位の仕事

教員の日常の勤務時間がどのように編成されているかをみると，次のことがわかる。それは，授業時間という大きな時間単位で曜日によって決められて動く部分と，比較的細かな個々の対応で動く時間によって仕事が成り立っていることである。

（2）時間の流れ：日常と非日常

通常授業などの日常的な時間の流れとは別に，例えば，文化祭や体育祭，学業・進路などの教育相談週間，あるいは職場体験活動などの学年・学校行事のような非日常的な異なる時間の流れが，1日のなかに組み込まれている。つまり，教員の1日の仕事は，時間感覚の異なる業務が入れ替わりながら進んでいく。

（3）仕事の範囲：無限定性

授業のための教材や資料を準備することは教員の日常的な仕事である。けれども，この仕事はどこまでやればよいということはなく，その人の判断に任されている。仕事の無限定性と教員個々の自律性が大きな特徴といえる。

（4）仕事の種類：複数の業務を同時並行して遂行

教員は，複数の異なる意図と見通しを備えた仕事を，同時に並行して遂行する。どの教員も，教科の指導だけでなく，幅広い指導活動と校務のいくつかに関与している。授業や授業に関わる業務などの一つの役割だけにじっくり専念することが難しい。授業準備をしながら（日常），文化祭に

向けた学級の取り組み（非日常）を気に掛けなければならない。そのようなときに，予期しないことが1日の仕事の流れのなかに割って入る。予定していた仕事を組み替えながら，その日の偶発的な出来事にも対応していく。

（5）仕事の性格：不確実性

　教員の仕事では，確かで間違いないといえる安定した評価基準が個々の活動にはない。ある子ども，あるいはあるクラスでうまくいった指導方法ややり方が，他の子どもや別のクラスでうまくいくとは限らない。

　教員の仕事は，1日の時間をどの仕事にどれほど使うかを大きく枠づける時間割を備えた日常業務に，体育祭などの学校行事や三者面談などの非日常の業務が幾重かに重なってくる。そのすき間を埋めるかのように細かな仕事をこなす。1日のなかでも，その時々に中心にすべき仕事が予期しない出来事の対応のために変化し，予定していた業務の順序が組み変わっていく。

　教員の仕事は多忙なだけではない。気ぜわしさが伴っている。一律に設けられた休憩時間はなく，昼食中も昼休みも業務に就いている。次から次へと業務が連なっていく。教員の多忙さは昨今，広く認識されてきているが，ここで重要なことは，多忙なだけでなく，気ぜわしさ，あるいは多忙感が伴うことである。なぜなら，1日のなかでも異なる意図を備えた複数の業務が混在しており，そのなかには経理事務処理など，教員が行わなければならない根拠の疑わしい業務が含まれているからである。そして教員は，そのような疑念を抱えながら，それら業務を同時並行してこなしている。この業務がなければ，もっと児童生徒に関わる時間ができるのにと，どこか感じながらである。

［3］　3つの教育業務と学校運営業務

　日本の教員は，児童生徒と共に過ごし学校生活全般について個々に目を配りながら，1日の学校時間の流れにそって目まぐるしく，意図の異なる大小さまざまな業務を切り替えて仕事をしている。

　通常授業で教科内容を指導することは，児童生徒が現代の文化的な知識・技能を身につけることを意図した学習指導の業務である。成績処理は，通知表を作成するための準備ではなく，本来，児童生徒の学習達成を確認して追加の支援策を講じたり，日々の学習指導を改善，工夫したりするためのものである。

　校門や街頭に立つのは，児童生徒が安全に生活できるように指導する業務（安全指導）である。毎朝の健康観察は心身の健康状態を確認し，心配な児童生徒がいれば個々にケアするだけでなく，手洗いやうがいの励行など，健康に過ごすための保健指導の業務にも関連している。業務として明確にされにくい

が，学校生活のなかで個々の児童生徒と関わり，何気ない会話を大切にするのは，学業や友人関係など，学校生活への適応状態を確かめたり，問題や悩みに個別に応じたり，あるいは生活／発達状態に合わせて個別に支えたりする機会だからである。これらは，個々の現状を理解し生活にそって育てようと意図する生徒指導の業務である。

　ところが，同じように校門に立っていても遅刻を取り締まることは，生活規律をしつけることにとどまらず，学校生活の秩序を維持し，安全にスムーズに教育活動を展開するための意図を含んでいる。廊下を走ったり，騒いで授業を妨害したり，あるいは掃除をサボったりする児童生徒を厳しく注意するなども，同様の意図を備えている。こうした学校が期待する生活態度や行動を児童生徒に求めることは，管理指導の業務である。しかしこの業務は，現在まで生徒指導の業務に含まれてきた。

　これらの他に，日本の教員は学校運営に関する経営・事務業務を分担して引き受けている。欧米の教員が授業規律の指導に手を焼くことはあっても，基本的に学習指導の業務に専念していることを考えると，ここには大きな違いがある。

2　学校の教育機能と組織化

1　教員の仕事の日米比較

　日本の教員は，1日中，児童生徒の学校生活全般に目を配りながら，多岐にわたる大小さまざまな業務をこなし，そしてその時々に生じる出来事に対応している。その業務の内容は，個々の児童生徒の学習面だけでなく，健康や安全，進路，人間関係などの生活のさまざまな面に及び，そして種々の徴収金の会計や施設・設備などの保守営繕などの複数の校務を担っている。このような教員の仕事の理解は，日本の学校教育を受けてきた私たちには自明のこととなっている。

　しかし実際には，教員の業務の内実は国によって異なっている。ここでは，米国の教員（ティーチャー）の業務と比較してみよう。

　表12-2は，日本の学校役割・教員業務を基準に米国のものと比較した結果である。これは，現在進められている日本の教員の「働き方改革」，これに先行する「チーム学校改革」のための基礎研究結果の一部である（国立教育政策研究所，2017）。

　すぐに目につくのは，米国の教員の担当業務に「担当ではない（×）」が非常に多いことである。その主な業務内容は，① 朝のホームルームがない，給

表12-2　日米の学校業務分担の比較

業務	日本		米国	
	学校の役割	教員の担当	学校の役割	教員の担当
登下校の時間の指導・見守り	△	△	×	×
出欠確認	○	○	○	○
欠席児童への連絡	○	○	○	×
朝のホームルーム	○	○	×	×
授業	○	○	○	○
教材購入の発注・事務処理	○	○	○	×
成績情報管理	○	○	○	○
教材研究	○	○	○	○
教材準備（印刷や物品の準備）	○	○	○	○
課題のある児童生徒への個別指導，補習指導	○	○	○	○
体験活動	○	○	○	○
体験活動の運営・準備	○	○	○	○
試験問題の作成，採点，評価	○	○	○	○
給食・昼食時間の食育	○	○	×	×
休み時間の指導	○	○	○	○
校内清掃指導	○	○	×	×
運動会，文化祭など	○	○	○	○
運動会，文化祭などの運営・準備	○	○	○	○
避難訓練，学校安全指導	○	○	○	○
進路指導・相談	○	○	○	○
健康・保健指導	○	△	○	○
問題行動を起こした児童生徒への指導	○	○	○	○
カウンセリング，心理的なケア	○	△	○	×
授業に含まれないクラブ活動・部活動の指導	○	○	○	△
児童会・生徒会指導	○	○	○	○
教室環境の整理，備品管理	○	○	○	○
校内巡視，安全点検	○	△	○	×
国や地方自治体の調査・統計への回答	○	△	○	×
文書の受付・保管	○	△	○	×
予算案の作成・執行	○	×	○	×
施設管理・点検・修繕	○	×	○	×
学納金の徴収	○	△	○	×
教師の出張に関する書類の作成	○	×	○	×
学校広報（ウェブサイト等）	○	○	○	×
児童生徒の転入・転出関係事務	○	△	○	×
家庭訪問	○	○	△	×
地域行事への協力	△	△	○	○
地域のボランティアとの連絡調整	○	△	○	×
地域住民が参加した運営組織の運営	○	△	○	△

※「学校の役割」：学校の「役割であるもの」に○を，「たまにその役割が求められる場合があるもの」に△を，「役割でないもの」に×を付けている。

※「教員の担当」：教員の「担当とされているもの」に○を，「部分的にあるいは一部の教員が担当する場合があるもの」に△を，「担当ではないもの」に×を付けている。

出所：国立教育政策研究所（2017）より筆者作成。

食指導や校内清掃をしない（担任業務がない），② 校務が分担されない，そして
③ 外部対応をしない（地域との連携行事を除く）などである。これに加えて，特
徴的な点は，進路指導，保健指導，教育相談（カウンセリング）など，日本では
生徒指導に含まれる業務を米国の教員はほとんど担当しない点である。これは
欧米の教員について一般に指摘でき，教員の役割が学習指導に関わる業務に基
本的に限定されてきたことが背景にある。欧米では概して，日本の教員の担任
業務や校務，生徒指導の業務は，学校の役割であるが教員の業務ではない。教
員以外の教職員が配置され，生徒指導やその他の校務などに従事する。

　このほか，欧米の学校には，日本で意味するところの，学習と生活を共にす
る学級／ホームルームがない。そのため，学級／ホームルーム担任という認識
はなく，その教室が家庭に喩えられる居場所としての学級になることは期待さ
れていない。また，教職員が協働して児童生徒の学習や生活全般の指導に当た
るための情報共有の場である職員室がない。

　以上のことは，日本の教員の働き方が世界的に見て，とてもユニークである
ことを伝えている。欧米の教員とは異なり，日本の教員は，授業以外の多岐に
わたる業務内容を引き受けて，それらを学校・学年の教職員が協働で行ってい
る。

［2］　米国における教育機能の組織化

　日本の教員の働き方がユニークであることは，学校の教育機能とその組織化
を概念的に整理すると一層，明確になる。主に日本の中学校を想定して確認し
てみたい。

　学校には，3つの教育機能が備わっている。すなわち，学習指導，生徒指
導，そして管理指導である。欧米の学校では，雇用される教職員はこれら3つ
のいずれかの部門に配置される。教育機能とは，特定の意図（目的）を備えた
業務のまとまりを意味する。つまり，学校の教育業務は，主に3つの意図の下
に分類される。

　図12-1は，米国の学校の教育機能とその組織化を図示したものである。ま
た表12-3は，「米国の学校における生徒指導の主担当者」(藤原, 2018) である。

　この図で表されている重要なことは，米国の学校では，3つの教育機能それ
ぞれの業務に，専門に従事する教職員が配置されていることである。生徒指導
の業務を主導するのはスクールカウンセラーであり，管理指導を主導するのは
スクールポリスなどの管理職員である。教員は，学習指導の業務を専門に引き
受ける。つまり，米国の学校では教育機能を分業して教職員の業務を組織化し
ている。教職員は第1に，それぞれが担う機能に含まれる業務に専従すること
が期待される。また，学校の経営・事務業務を教員もスクールカウンセラー

▷2　学校の教育機能は大
小の業務によって構成され
ている。どの業務をどの教
職員が役割として担うか
は，その教職員がいずれの
教育機能を担い，児童生徒
に働きかける役割であるか
を意味する。教育機能の組
織化とは，学校の教育機能
を各教職員に組織上の役割
として分担するやり方や考
え方を意味する。

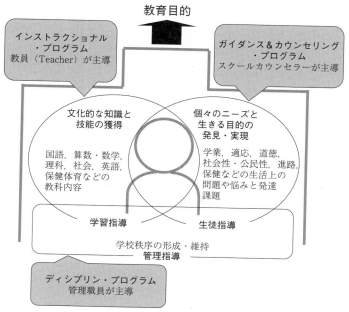

図12-1　米国における教育機能と組織化・分業組織化

出所：筆者作成。

表12-3　米国の学校における生徒指導の主担当者

機　能	校　種	
	初等教育	中等教育
(1) 秩序維持	管理職（校長，教頭），スクールサイコロジスト，スクールカウンセラー，スクールポリス	管理職（校長，教頭），スクールサイコロジスト，スクールカウンセラー，スクールポリス
(2) 心理的援助	スクールサイコロジスト	スクールサイコロジスト
(3) 進路指導・キャリア教育	スクールカウンセラー	スクールカウンセラー
(4) 環境調整	スクールソーシャルワーカー	スクールソーシャルワーカー

出所：藤原（2018, 154ページ）。

も，ほとんど引き受けてはいない。

　そして戦後，日本の生徒指導の考え方と方法のモデルとなった，当時の米国のスクールガイダンスは，現在，スクールカウンセリングと呼び換えられている。米国の学校における生徒指導の総合的な責任者は，スクールカウンセラーである。彼らの業務は，人間の発達を専門とし，雇用に際して教職歴を要件とする州もあるように常勤の教育専門職として発展してきた。彼らは現在，さまざまな発達的側面に働きかけて児童生徒を積極的に育てるために，総合的プログラムに含まれる以下の４つの専門的業務を行う。これら以外の教育業務には，自分たちの専門ではないし，専門的な訓練も受けていないために従事しない。

（1）**ガイダンス・カリキュラム活動**：すべての子どもに基礎的ライフス
　　キルの発達を目的とした，系統的かつ計画的な教育活動。

（2）**即応的サービス**：問題行動や困難を抱えている子どもに，速やかに
　　対応する教育活動。

（3）**個別進路計画**：個々の子どもが自分の成長と発達（学業的，キャリア
　　的，個人的−社会的領域）を理解し，自分のユニークな人生を発見し実
　　現していくための個別援助活動。

（4）**システム支援**：既述の3つの教育活動を十分に実施するために必要
　　とされる組織運営活動。

③　日本における教育機能の組織化

　米国の分業組織化に対して，日本の学校ではどのように教育機能の組織化が
行われているだろうか。とくに米国のスクールカウンセリング業務である3つ
の教育活動は，誰が担っているのだろうか。図12-2は，日本における教育機
能の組織化を表している。

　ここでまず確認したいことは，日本では3つの教育機能を教員がすべて，等
しく担っていることである。つまり，米国では3つの教育機能のそれぞれに専
従する教職員が配置されるが，日本では3つの教育機能のどの業務も教員が

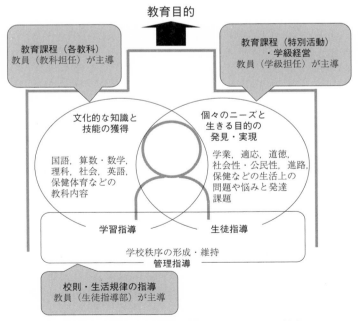

図12- 2　日本における教育機能と組織化：分担組織化

出所：筆者作成。

担っている。学校の外側から見ると教員が1人3役を負っているように見える。

　しかし，よく見てみると，学校内では，教科担任，学級担任，および生徒指導部（学校秩序担当）がそれぞれの教育機能を分担している。その上，日本の教職員は，校務として学校の経営・事務業務も引き受ける。日本では，学校全体の業務を分業せず，等しく教職員に分担している。つまり，日本の学校では，3つの教育機能を分担組織化していると言える。

　次に，生徒指導の業務に注目してみよう。米国のスクールカウンセラーは，生徒指導を総合的に進めるために3つの教育活動に従事し，その指導体制（システム）の運営業務を担っていた。それら教育活動や業務に過不足なく対応しているとは言えないが，児童生徒の生活全般に関わり，積極的に育てたり，個々の相談に応じたり，あるいは進路計画を支援したりする業務は，日本では主に学級担任に期待されている役割である。そして，そのことは学習指導要領に規定されてきたように，主に学級活動で取り組む教育内容となっている。つまり日本の学校では，学級担任が米国のスクールカウンセリング業務の主な担い手として位置づけられている。そのため日本の教員には，カウンセリング・マインドを備えることが求められてきた。育てる生徒指導の主要な役割を日本では，学級担任が担っている。

　ところが，米国のスクールポリスなどの業務である管理指導を，日本では生徒指導部に分掌配置された教員が主に担っている。とりわけ，生徒指導部の長である生徒指導主事は，米国で言うスクールポリスのリーダーということになってしまう。生徒指導主事は制度上，学校の生徒指導業務の統括者である。米国のスクールカウンセラーをモデルとしていたにもかかわらず，このような現状がある。

　米国では生徒指導（スクールカウンセリング）と管理指導（学校秩序）の業務を区別する努力がなされてきたが，日本の学校では混同されている。そのために1日のなかでも，教員の役割が学級担任から生徒指導部担当に切り替わると，個々を理解し育てる役割から校則の取締官へと反対の立場に立たなければならない。

　日本の教員は誰もが3つの教育機能を担い，加えて学校の経営・事務業務を分掌している。学校の役割業務（3つの教育機能）と，学校の役割を果たすための経営・事務業務は，教員の業務として分担される。業務の1つ1つは，学習指導なのか，生徒指導なのか，あるいは管理指導なのか，さらには学校の経営・事務業務なのか，区別され意識されることは少ない。

　さらに，区別する規準も視点も希薄なことから，学校の役割となれば際限なく，教員の業務になってしまう。教員養成では会計処理を学ばないが，教育活

▷3　区別される業務の例には次のようなものが含まれる（ASCA, 2004a）。すなわち，ガイダンスカリキュラム活動を行うために教員と協力するが，欠勤している教員のクラスで授業はしない。校則問題を起こす児童生徒をカウンセリングするが，懲戒処分を措置しない。校長が児童生徒の問題やニーズや課題を同定し解決することを支援するが，校長室の職務の手伝いはしない。問題生徒の対応の話し合いに児童生徒の代弁者となって参加し擁護するが，話し合いの事務準備はしない。

動に必要なさまざまな徴収金の収支について，領収書を整理し年度会計報告書を作成することは，教員の業務となっている。欧米流に表現するならば，日本の教員はティーチャーであり，カウンセラーであり，スクールポリスであり，同時に経理事務職員であると表現できる。彼らは，１日のなかでもそれら役割を目まぐるしく切り替えて働いている。

　このように複数の役割を１人の教員が担うことは，児童生徒と関わる際の立ち位置を混乱させる。日本の教員は，場面に応じてそれら役割を演じ分けながらも，すべての役割を自分のなかに統合する人格者であることが期待される。教員の誰もが，カウンセリング・マインドを備えて児童生徒個々の事情に応じる擁護者あるいは弁護者でありながら，同時に，分け隔てなく校則違反を取り締まり学校秩序を維持する警察官でなければならないという離れ業を身につけることが要求されている。このような役割観はときに，カンニングやいじめ行為の認否を児童生徒に問いただす業務を教員に引き取らせてしまいかねない。

3　生徒指導のこれから

　日本の生徒指導の今後の方向性を考えるために，これまでの生徒指導について基本的なことを確認しておこう。

　生徒指導は学校の教育機能の１つであり，児童生徒に提供する個別的な助力の総称である。それは，戦後の教育改革において個性尊重を第一原理とする機能として規定された。しかし，生徒指導の考え方は十分に学校現場に普及せず，管理指導との区別も曖昧なまま，現在に至っている。

　欧米の学校が３つの教育機能のそれぞれに専従する教職員を配置し，教育機能を分業組織化してきたこととは対照的に，日本の学校では学制（1872年）以来，学校の仕事は教員の業務と見なされ，教育機能を等しく分担組織化してきた。そのため，欧米では多様な専門職の配置が進んできたが，日本では教員以外の専門職の配置は進んでいない。そして，社会や文化，産業・経済の発展にともなって学校の役割に対する社会的期待は膨らみ，教員の業務は際限なく押し広げられてきた。

　一方で，こうした日本のユニークな教育機能の組織化は，生徒指導の取り組みにおいて，米国のスクールカウンセリングの考え方と方法に強く影響を受けながらも，日本独自の発展を遂げてきた。すなわち，米国のスクールカウンセラーの役割は，日本では学級／ホームルーム担任が担い，約30人の児童生徒の生活全般に関わりながら，個々の成長と発達を支えてきた。米国では，スクールカウンセラー１人当たり，児童生徒100人（理想）〜300人（最大）を担当するのに対して，である。日本の分担組織化は学級担任制とともに，学校生活を

▷4　ASCA によって推奨される比率である（ASCA, 2004a）。

児童生徒と共に過ごすなかで個々との間に信頼関係を築き，個々を理解しながら助力を提供することを可能にしてきたのである。さらに日本の分担組織化は，担任を学年・学校の教職員で相互に支えることを通じて，学校の全教職員で児童生徒を支え育てるという協働的な職業風土を育んできた。

しかし，教育機能の区別が曖昧なまま，分担組織化されるために，米国の学校に配置されるスクールポリス（学校秩序担当）や経理事務職員の業務まで，日本の教員は等しく分担されることになる。日本の教員の業務量は限界に達し，児童生徒に関わる時間が圧迫されるなど，担任業務に十分な時間と労力を当てられない現実が生じている。

こうした日本の学校の役割と教員の業務を見直す議論と教育政策が，現在，進行している。中央教育審議会答申の「教員の在り方改革」(2006) に端を発する「チーム学校改革」(2015)，そして「学校における働き方改革」(2019) などのそれぞれの提言は，21世紀前半の大きな学校教育改革の流れを形成している。そのなかで欧米の学校のように，多様な専門職の配置が進もうとしている。

これからの教員の働き方，そして生徒指導の取り組み方はどのように変わるのだろうか？　ここでは，日本の学校における教育機能の組織化の特徴を踏まえ，積極的に児童生徒を育てる教員の仕事へとこれまでの業務を再編するために，私たちが取り組まなければならない課題をあげ，説明を加える。

（1）教員の業務を整理，縮減する規準を明確にする

「学校における働き方改革」政策は，その議論のなかで，学校と教員が担う業務は何かなどについて検討したが，その規準が曖昧なまま，結果的に教員の勤務時間の統制から着手した。現実には，タイムカードに退勤の打刻をした後に戻ってきて残業する教員や持ち帰り仕事を抱えて退勤する教員が出現している。業務の整理，縮減を先行させなければ，教員は勤務時間を減らそうにも減らせない。

そして教員の業務を整理，縮減することは，教員の役割を再規定することにつながる。その際に，欧米のように教員の役割を学習指導に限定して多様な専門職に生徒指導を移すのか，あるいはこれまでと同様に学習指導と生徒指導を担うのか，そしてその際に管理指導や経営・事務業務も教員の役割に残すのか除くのか。教員の役割をどのように規定するかは，教員の業務を整理，縮減するうえで検討しなければならない最も重大な課題の１つである。

（2）学級担任の生徒指導業務を拡充する

教育機能の分担組織化と学級担任制は，約30人の児童生徒個々との信頼関係を築き，個々を理解しながら助力するという学級担任の生徒指導業務を規定し

てきた。しかし，いくつかの問題も抱えている。それは，教員が担う業務が増大し，学級担任の生徒指導業務に当てる時間が減少していることだけではない。学級担任制では学級担任の裁量が大きいために，学級で提供される助力にばらつきが生じやすい。その上，学級担任の生徒指導業務を遂行する準備教育・研修も不十分なために，米国のガイダンスカリキュラム活動のような教育活動を設計し展開することも難しい。学級担任が担う生徒指導業務を明確にして，その業務遂行を支援する体制を整えるとともに，児童生徒の成長と発達を促し支える学級担任の専門的力量を向上させることが課題である。

（3）学校の生徒指導全体を専門的にリードする専従者を配置する

　個々の児童生徒の成長と発達を促し支える助力は，学級担任を越えて広がり，学年にまたがって継続されなければならない。このような生徒指導体制を学校に整え，運営する責任者が必要である。彼らは，米国のスクールカウンセラーと同様に発達科学を専門とするが，日本の学校のユニークな教育機能の組織構造をよく理解すること，その長所を最大化し，短所を最小化するように学校内外の各種資源を調整して指導体制を改善できること，そして学校の生徒指導全体を効果的，効率的に運営することのできるリーダーとなることが望まれる。

Exercise

① 本文中の表12-1にある教員の業務項目について，日本の教員にとって最も重要である／必要がないとあなたが考える項目を5つずつ，書き出してみよう。そして，重要な理由，必要がない理由をそれぞれの項目について考察しよう。

② 学級担任制の長所と短所について考察してみよう。そして，長所を生かし，短所を補うために，学校でどのような取り組みができるか，案出してみよう。

③ 日米のスクールカウンセラーの役割の違いについて，詳しく調べてみよう。

📖次への一冊

藤原直子『中学校職員室の建築計画——教員の教育活動を支える学校・校舎』九州大学出版，2012年。

　本書は，職員室と教員の行動の間にある関連性を実証的に検討し職員室建築の提言

をまとめているが，第1章から始まる職員室の史的考察が興味深い。日本の教員が学校でどのように働いてきたか，史料を通じて理解することができる。

佐久間亜紀・佐伯胖編著『現代の教師論』ミネルヴァ書房，2019年。

教員のこれからを考えていくために必要な基礎教養を提供してくれる良書である。

鄭雄一『東大理系教授が考える道徳のメカニズム』ベスト新書，2013年。

社会や共同体が一定のルールや行動規範を所属するメンバーに期待する理由と限界について，わかりやすく説明している。学校という共同体とルールの関係を整理する一助となる。

引用・参考文献

キャンベル，C. A.・ダヒア，C. A.，中野良顯訳『スクールカウンセリング・スタンダード——アメリカのスクールカウンセリングプログラム国家規準』図書文化社，2000年。

中央教育審議会『今後の教員養成・免許制度の在り方について（答申）』，2006年。

中央教育審議会『チームとしての学校の在り方と今後の改善方策について（答申）』，2015年。

中央教育審議会『新しい時代の教育に向けた持続可能な学校指導・運営体制の構築のための学校における働き方改革に関する総合的な方策について（答申）』，2019年。

藤原文雄（編著）『世界の学校の教職員の働き方－米・英・仏・独・中・韓との比較から考える日本の教職員の働き方改革』学事出版，2018年。

国立教育政策研究所「学校組織全体の総合力を高める教職員配置とマネジメントに関する調査研究報告書」，2017年。

文部科学省『生徒指導提要（改訂）』（ver.1.0.1）東洋館出版社，2022年。

日本生徒指導学会編著『現代生徒指導論』学事出版，2015年。

リベルタス・コンサルティング（株）『公立小学校・中学校等教員勤務実態調査研究（平成29年度文部科学省委託研究）』，2018年。

油布佐和子『転換期の教師』放送大学教育振興会，2007年。

第一章　総則

（目的）

第一条　この法律は，日本国憲法及び児童の権利に関する条約の精神にのっとり，次代の社会を担う全てのこどもが，生涯にわたる人格形成の基礎を築き，自立した個人としてひとしく健やかに成長することができ，心身の状況，置かれている環境等にかかわらず，その権利の擁護が図られ，将来にわたって幸福な生活を送ることができる社会の実現を目指して，社会全体としてこども施策に取り組むことができるよう，こども施策に関し，基本理念を定め，国の責務等を明らかにし，及びこども施策の基本となる事項を定めるとともに，こども政策推進会議を設置すること等により，こども施策を総合的に推進することを目的とする。

（定義）

第二条　この法律において「こども」とは，心身の発達の過程にある者をいう。

2　この法律において「こども施策」とは，次に掲げる施策その他のこどもに関する施策及びこれと一体的に講ずべき施策をいう。

　一　新生児期，乳幼児期，学童期及び思春期の各段階を経て，おとなになるまでの心身の発達の過程を通じて切れ目なく行われるこどもの健やかな成長に対する支援

　二　子育てに伴う喜びを実感できる社会の実現に資するため，就労，結婚，妊娠，出産，育児等の各段階に応じて行われる支援

　三　家庭における養育環境その他のこどもの養育環境の整備

（基本理念）

第三条　こども施策は，次に掲げる事項を基本理念として行われなければならない。

　一　全てのこどもについて，個人として尊重され，その基本的人権が保障されるとともに，差別的取扱いを受けることがないようにすること。

　二　全てのこどもについて，適切に養育されること，その生活を保障されること，愛され保護されること，その健やかな成長及び発達並びにその自立が図られることその他の福祉に係る権利が等しく保障されるとともに，教育基本法（平成十八年法律第百二十号）の精神にのっとり教育を受ける機会が等しく与えられること。

　三　全てのこどもについて，その年齢及び発達の程度に応じて，自己に直接関係する全ての事項に関して意見を表明する機会及び多様な社会的活動に参画する機会が確保されること。

　四　全てのこどもについて，その年齢及び発達の程度に応じて，その意見が尊重され，その最善の利益が優先して考慮されること。

　五　こどもの養育については，家庭を基本として行われ，父母その他の保護者が第一義的責任を有するとの認識の下，これらの者に対してこどもの養育に関し十分な支援を行うとともに，家庭での養育が困難なこどもにはできる限り家庭と同様の養育環境を確保することにより，こどもが心身ともに健やかに育成されるようにすること。

　六　家庭や子育てに夢を持ち，子育てに伴う喜びを実感できる社会環境を整備すること。

（国の責務）

第四条　国は，前条の基本理念（以下単に「基本理念」という。）にのっとり，こども施策を総合的に策定し，及び実施する責務を有する。

（地方公共団体の責務）

第五条　地方公共団体は，基本理念にのっとり，こども施策に関し，国及び他の地方公共団体との連携を図りつつ，その区域内におけるこどもの状況に応じた施策を策定し，及び実施する責務を有する。

（事業主の努力）

第六条　事業主は，基本理念にのっとり，その雇用する労働者の職業生活及び家庭生活の充実が図られるよう，必要な雇用環境の整備に努めるものとする。

（国民の努力）

第七条　国民は，基本理念にのっとり，こども施策について関心と理解を深めるとともに，国又は地方公共団体が実施するこども施策に協力するよう努めるものとする。

（年次報告）

第八条　政府は，毎年，国会に，我が国におけるこどもをめぐる状況及び政府が講じたこども施策の実施の状況に関する報告を提出するとともに，これを公

表しなければならない。

第二章　基本的施策

（こども施策に関する大綱）

第九条　政府は，こども施策を総合的に推進するため，こども施策に関する大綱（以下「こども大綱」という。）を定めなければならない。

2　こども大綱は，次に掲げる事項について定めるものとする。

　一　こども施策に関する基本的な方針

　二　こども施策に関する重要事項

　三　前二号に掲げるもののほか，こども施策を推進するために必要な事項

（こども施策に対するこども等の意見の反映）

第十一条　国及び地方公共団体は，こども施策を策定し，実施し，及び評価するに当たっては，当該こども施策の対象となるこども又はこどもを養育する者その他の関係者の意見を反映させるために必要な措置を講ずるものとする。

（こども施策に係る支援の総合的かつ一体的な提供の

ための体制の整備等）

第十二条　国は，こども施策に係る支援が，支援を必要とする事由，支援を行う関係機関，支援の対象となる者の年齢又は居住する地域等にかかわらず，切れ目なく行われるようにするため，当該支援を総合的かつ一体的に行う体制の整備その他の必要な措置を講ずるものとする。

（関係者相互の有機的な連携の確保等）

第十三条　国は，こども施策が適正かつ円滑に行われるよう，医療，保健，福祉，教育，療育等に関する業務を行う関係機関相互の有機的な連携の確保に努めなければならない。

第三章　こども政策推進会議

（設置及び所掌事務等）

第十七条　こども家庭庁に，特別の機関として，こども政策推進会議（以下「会議」という。）を置く。

（組織等）

第十八条　会議は，会長及び委員をもって組織する。

2　会長は，内閣総理大臣をもって充てる。

少年法（抄）

（昭和23年法律第168号）

第一章

（この法律の目的）

第一条　この法律は，少年の健全な育成を期し，非行のある少年に対して性格の矯正及び環境の調整に関する保護処分を行うとともに，少年の刑事事件について特別の措置を講ずることを目的とする。

（定義）

第二条　この法律において「少年」とは，二十歳に満たない者をいう。

2　この法律において「保護者」とは，少年に対して法律上監護教育の義務ある者及び少年を現に監護する者をいう。

第二章　少年の保護事件

第一節　通則

（審判に付すべき少年）

第三条　次に掲げる少年は，これを家庭裁判所の審判に付する。

　一　罪を犯した少年

　二　十四歳に満たないで刑罰法令に触れる行為をし

た少年

　三　次に掲げる事由があつて，その性格又は環境に照らして，将来，罪を犯し，又は刑罰法令に触れる行為をする虞のある少年

　　イ　保護者の正当な監督に服しない性癖のあること。

　　ロ　正当の理由がなく家庭に寄り附かないこと。

　　ハ　犯罪性のある人若しくは不道徳な人と交際し，又はいかがわしい場所に出入すること。

　　ニ　自己又は他人の徳性を害する行為をする性癖のあること。

2　家庭裁判所は，前項第二号に掲げる少年及び同項第三号に掲げる少年で十四歳に満たない者については，都道府県知事又は児童相談所長から送致を受けたときに限り，これを審判に付することができる。

第二節　通告，警察官の調査等

（通告）

第六条　家庭裁判所の審判に付すべき少年を発見した者は，これを家庭裁判所に通告しなければならない。

2　警察官又は保護者は，第三条第一項第三号に掲げ

る少年について，直接これを家庭裁判所に送致し，又は通告するよりも，先づ児童福祉法（昭和二十二年法律第百六十四号）による措置にゆだねるのが適当であると認めるときは，その少年を直接児童相談所に通告することができる。

（観護の措置）

第十七条　家庭裁判所は，審判を行うため必要があるときは，決定をもつて，次に掲げる観護の措置をとることができる。

一　家庭裁判所調査官の観護に付すること。

二　少年鑑別所に送致すること。

（児童福祉法の措置）

第十八条　家庭裁判所は，調査の結果，児童福祉法の規定による措置を相当と認めるときは，決定をもつて，事件を権限を有する都道府県知事又は児童相談所長に送致しなければならない。

（検察官への送致）

第二十条　家庭裁判所は，死刑，懲役又は禁錮に当たる罪の事件について，調査の結果，その罪質及び情状に照らして刑事処分を相当と認めるときは，決定をもつて，これを管轄地方裁判所に対応する検察庁の検察官に送致しなければならない。

（保護処分の決定）

第二十四条　家庭裁判所は，前条の場合を除いて，審判を開始した事件につき，決定をもつて，次に掲げる保護処分をしなければならない。ただし，決定の時に十四歳に満たない少年に係る事件については，特に必要と認める場合に限り，第三号の保護処分をすることができる。

一　保護観察所の保護観察に付すること。

二　児童自立支援施設又は児童養護施設に送致すること。

三　少年院に送致すること。

（保護者に対する措置）

第二十五条の二　家庭裁判所は，必要があると認めるときは，保護者に対し，少年の監護に関する責任を自覚させ，その非行を防止するため，調査又は審判において，自ら訓戒，指導その他の適当な措置をとり，又は家庭裁判所調査官に命じてこれらの措置をとらせることができる。

第三章　少年の刑事事件

第二節　手続

（検察官の送致）

第四十二条　検察官は，少年の被疑事件について捜査を遂げた結果，犯罪の嫌疑があるものと思料するときは，第四十五条第五号本文に規定する場合を除いて，これを家庭裁判所に送致しなければならない。犯罪の嫌疑がない場合でも，家庭裁判所の審判に付すべき事由があると思料するときは，同様である。

（検察官へ送致後の取扱い）

第四十五条　家庭裁判所が，第二十条第一項の規定によつて事件を検察官に送致したときは，次の例による。

五　検察官は，家庭裁判所から送致を受けた事件について，公訴を提起するに足りる犯罪の嫌疑があると思料するときは，公訴を提起しなければならない。ただし，送致を受けた事件の一部について公訴を提起するに足りる犯罪の嫌疑がないか，又は犯罪の情状等に影響を及ぼすべき新たな事情を発見したため，訴追を相当でないと思料するときは，この限りでない。送致後の情況により訴追を相当でないと思料するときも，同様である。

第三節　処分

（死刑と無期刑の緩和）

第五十一条　罪を犯すとき十八歳に満たない者に対しては，死刑をもつて処断すべきときは，無期刑を科する。

2　罪を犯すとき十八歳に満たない者に対しては，無期刑をもつて処断すべきときであつても，有期の懲役又は禁錮を科することができる。この場合において，その刑は，十年以上二十年以下において言い渡す。

（人の資格に関する法令の適用）

第六十条　少年のとき犯した罪により刑に処せられてその執行を受け終り，又は執行の免除を受けた者は，人の資格に関する法令の適用については，将来に向つて刑の言渡を受けなかつたものとみなす。

第四章　記事等の掲載の禁止

第六十一条　家庭裁判所の審判に付された少年又は少年のとき犯した罪により公訴を提起された者については，氏名，年齢，職業，住居，容ぼう等によりその者が当該事件の本人であることを推知することができるような記事又は写真を新聞紙その他の出版物に掲載してはならない。

第五章　特定少年の特例

第一節　保護事件の特例

（検察官への送致についての特例）

第六十二条　家庭裁判所は，特定少年（十八歳以上の少年をいう。以下同じ。）に係る事件については，第二十条の規定にかかわらず，調査の結果，その罪質及び情状に照らして刑事処分を相当と認めるときは，決定をもつて，これを管轄地方裁判所に対応する検察庁の検察官に送致しなければならない。

2　前項の規定にかかわらず，家庭裁判所は，特定少年に係る次に掲げる事件については，同項の決定をしなければならない。ただし，調査の結果，犯行の動機，態様及び結果，犯行後の情況，特定少年の性格，年齢，行状及び環境その他の事情を考慮し，刑事処分以外の措置を相当と認めるときは，この限りでない。

一　故意の犯罪行為により被害者を死亡させた罪の事件であつて，その罪を犯すとき十六歳以上の少年に係るもの

二　死刑又は無期若しくは短期一年以上の懲役若し くは禁錮に当たる罪の事件であつて，その罪を犯すとき特定少年に係るもの（前号に該当するものを除く。）

第二節　刑事事件の特例

第六十七条　第四十一条及び第四十三条第三項の規定は，特定少年の被疑事件（同項の規定については，第二十条第一項又は第六十二条第一項の決定があつたものに限る。）については，適用しない。

6　第六十条の規定は，特定少年のとき犯した罪により刑に処せられた者については，適用しない。

第三節　記事等の掲載の禁止の特例

第六十八条　第六十一条の規定は，特定少年のとき犯した罪により公訴を提起された場合における同条の記事又は写真については，適用しない。ただし，当該罪に係る事件について刑事訴訟法第四百六十一条の請求がされた場合（同法第四百六十三条第一項若しくは第二項又は第四百六十八条第二項の規定により通常の規定に従い審判をすることとなつた場合を除く。）は，この限りでない。

児童虐待の防止等に関する法律（抄）

（平成12年法律第82号）

（目的）

第一条　この法律は，児童虐待が児童の人権を著しく侵害し，その心身の成長及び人格の形成に重大な影響を与えるとともに，我が国における将来の世代の育成にも懸念を及ぼすことにかんがみ，児童に対する虐待の禁止，児童虐待の予防及び早期発見その他の児童虐待の防止に関する国及び地方公共団体の責務，児童虐待を受けた児童の保護及び自立の支援のための措置等を定めることにより，児童虐待の防止等に関する施策を促進し，もって児童の権利利益の擁護に資することを目的とする。

（児童虐待の定義）

第二条　この法律において，「児童虐待」とは，保護者（親権を行う者，未成年後見人その他の者で，児童を現に監護するものをいう。以下同じ。）がその監護する児童（十八歳に満たない者をいう。以下同じ。）について行う次に掲げる行為をいう。

一　児童の身体に外傷が生じ，又は生じるおそれのある暴行を加えること。

二　児童にわいせつな行為をすること又は児童をしてわいせつな行為をさせること。

三　児童の心身の正常な発達を妨げるような著しい 減食又は長時間の放置，保護者以外の同居人による前二号又は次号に掲げる行為と同様の行為の放置その他の保護者としての監護を著しく怠ること。

四　児童に対する著しい暴言又は著しく拒絶的な対応，児童が同居する家庭における配偶者に対する暴力（配偶者（婚姻の届出をしていないが，事実上婚姻関係と同様の事情にある者を含む。）の身体に対する不法な攻撃であって生命又は身体に危害を及ぼすもの及びこれに準ずる心身に有害な影響を及ぼす言動をいう。）その他の児童に著しい心理的外傷を与える言動を行うこと。

（児童に対する虐待の禁止）

第三条　何人も，児童に対し，虐待をしてはならない。

（児童虐待の早期発見等）

第五条　学校，児童福祉施設，病院，都道府県警察，婦人相談所，教育委員会，配偶者暴力相談支援センターその他児童の福祉に業務上関係のある団体及び学校の教職員，児童福祉施設の職員，医師，歯科医師，保健師，助産師，看護師，弁護士，警察官，婦人相談員その他児童の福祉に職務上関係のある者

は，児童虐待を発見しやすい立場にあることを自覚
し，児童虐待の早期発見に努めなければならない。

3　第一項に規定する者は，正当な理由がなく，その
職務に関して知り得た児童虐待を受けたと思われる
児童に関する秘密を漏らしてはならない。

4　前項の規定その他の守秘義務に関する法律の規定
は，第二項の規定による国及び地方公共団体の施策
に協力するように努める義務の遵守を妨げるものと
解釈してはならない。

5　学校及び児童福祉施設は，児童及び保護者に対し
て，児童虐待の防止のための教育又は啓発に努めな
ければならない。

（児童虐待に係る通告）

第六条　児童虐待を受けたと思われる児童を発見した
者は，速やかに，これを市町村，都道府県の設置す
る福祉事務所若しくは児童相談所又は児童委員を介
して市町村，都道府県の設置する福祉事務所若しく
は児童相談所に通告しなければならない。

（通告又は送致を受けた場合の措置）

第八条　市町村又は都道府県の設置する福祉事務所が
第六条第一項の規定による通告を受けたときは，市
町村又は福祉事務所の長は，必要に応じ近隣住民，
学校の教職員，児童福祉施設の職員その他の者の協
力を得つつ，当該児童との面会その他の当該児童の
安全の確認を行うための措置を講ずるとともに，必
要に応じ次に掲げる措置を採るものとする。

　一　児童福祉法第二十五条の七第一項第一号若しく
　　は第二項第一号又は第二十五条の八第一号の規定
　　により当該児童を児童相談所に送致すること。

　二　当該児童のうち次条第一項の規定による出頭の
　　求め及び調査若しくは質問，第九条第一項の規定
　　による立入り及び調査若しくは質問又は児童福祉
　　法第三十三条第一項若しくは第二項の規定による
　　一時保護の実施が適当であると認めるものを都道
　　府県知事又は児童相談所長へ通知すること。

2　児童相談所が第六条第一項の規定による通告又は
児童福祉法第二十五条の七第一項第一号若しくは第
二項第一号若しくは第二十五条の八第一号の規定に
よる送致を受けたときは，児童相談所長は，必要に
応じ近隣住民，学校の教職員，児童福祉施設の職員
その他の者の協力を得つつ，当該児童との面会その
他の当該児童の安全の確認を行うための措置を講ず
るとともに，必要に応じ次に掲げる措置を採るもの
とする。

　一　児童福祉法第三十三条第一項の規定により当該
　　児童の一時保護を行い，又は適当な者に委託し
　　て，当該一時保護を行わせること。

　二　児童福祉法第二十六条第一項第三号の規定によ
　　り当該児童のうち第六条第一項の規定による通告
　　を受けたものを市町村に送致すること。

（出頭要求等）

第八条の二　都道府県知事は，児童虐待が行われてい
るおそれがあると認めるときは，当該児童の保護者
に対し，当該児童を同伴して出頭することを求め，
児童委員又は児童の福祉に関する事務に従事する職
員をして，必要な調査又は質問をさせることができ
る。この場合においては，その身分を証明する証票
を携帯させ，関係者の請求があったときは，これを
提示させなければならない。

（立入調査等）

第九条　都道府県知事は，児童虐待が行われているお
それがあると認めるときは，児童委員又は児童の福
祉に関する事務に従事する職員をして，児童の住所
又は居所に立ち入り，必要な調査又は質問をさせる
ことができる。この場合においては，その身分を証
明する証票を携帯させ，関係者の請求があったとき
は，これを提示させなければならない。

（警察署長に対する援助要請等）

第十条　児童相談所長は，第八条第二項の児童の安全
の確認を行おうとする場合，又は同項第一号の一時
保護を行おうとし，若しくは行わせようとする場合
において，これらの職務の執行に際し必要があると
認めるときは，当該児童の住所又は居所の所在地を
管轄する警察署長に対し援助を求めることができ
る。都道府県知事が，第九条第一項の規定による立
入り及び調査若しくは質問をさせ，又は臨検等をさ
せようとする場合についても，同様とする。

（児童の人格の尊重等）

第十四条　児童の親権を行う者は，児童のしつけに際
して，児童の人格を尊重するとともに，その年齢及
び発達の程度に配慮しなければならず，かつ，体罰
その他の児童の心身の健全な発達に有害な影響を及
ぼす言動をしてはならない。

2　児童の親権を行う者は，児童虐待に係る暴行罪，
傷害罪その他の犯罪について，当該児童の親権を行
う者であることを理由として，その責めを免れるこ
とはない。

（親権の喪失の制度の適切な運用）

第十五条　民法（明治二十九年法律第八十九号）に規定する親権の喪失の制度は，児童虐待の防止及び児童虐待を受けた児童の保護の観点からも，適切に運用されなければならない。

いじめ防止対策推進法（抄）
（平成25年法律第71号）

第一章　総則

（目的）
第一条　この法律は，いじめが，いじめを受けた児童等の教育を受ける権利を著しく侵害し，その心身の健全な成長及び人格の形成に重大な影響を与えるのみならず，その生命又は身体に重大な危険を生じさせるおそれがあるものであることに鑑み，児童等の尊厳を保持するため，いじめの防止等（いじめの防止，いじめの早期発見及びいじめへの対処をいう。以下同じ。）のための対策に関し，基本理念を定め，国及び地方公共団体等の責務を明らかにし，並びにいじめの防止等のための対策に関する基本的な方針の策定について定めるとともに，いじめの防止等のための対策の基本となる事項を定めることにより，いじめの防止等のための対策を総合的かつ効果的に推進することを目的とする。

（定義）
第二条　この法律において「いじめ」とは，児童等に対して，当該児童等が在籍する学校に在籍している等当該児童等と一定の人的関係にある他の児童等が行う心理的又は物理的な影響を与える行為（インターネットを通じて行われるものを含む。）であって，当該行為の対象となった児童等が心身の苦痛を感じているものをいう。

2　この法律において「学校」とは，学校教育法（昭和二十二年法律第二十六号）第一条に規定する小学校，中学校，義務教育学校，高等学校，中等教育学校及び特別支援学校（幼稚部を除く。）をいう。

3　この法律において「児童等」とは，学校に在籍する児童又は生徒をいう。

4　この法律において「保護者」とは，親権を行う者（親権を行う者のないときは，未成年後見人）をいう。

（基本理念）
第三条　いじめの防止等のための対策は，いじめが全ての児童等に関係する問題であることに鑑み，児童等が安心して学習その他の活動に取り組むことができるよう，学校の内外を問わずいじめが行われなくなるようにすることを旨として行われなければならない。

2　いじめの防止等のための対策は，全ての児童等がいじめを行わず，及び他の児童等に対して行われるいじめを認識しながらこれを放置することがないようにするため，いじめが児童等の心身に及ぼす影響その他のいじめの問題に関する児童等の理解を深めることを旨として行われなければならない。

3　いじめの防止等のための対策は，いじめを受けた児童等の生命及び心身を保護することが特に重要であることを認識しつつ，国，地方公共団体，学校，地域住民，家庭その他の関係者の連携の下，いじめの問題を克服することを目指して行われなければならない。

（いじめの禁止）
第四条　児童等は，いじめを行ってはならない。

（国の責務）
第五条　国は，第三条の基本理念（以下「基本理念」という。）にのっとり，いじめの防止等のための対策を総合的に策定し，及び実施する責務を有する。

（地方公共団体の責務）
第六条　地方公共団体は，基本理念にのっとり，いじめの防止等のための対策について，国と協力しつつ，当該地域の状況に応じた施策を策定し，及び実施する責務を有する。

（学校の設置者の責務）
第七条　学校の設置者は，基本理念にのっとり，その設置する学校におけるいじめの防止等のために必要な措置を講ずる責務を有する。

（学校及び学校の教職員の責務）
第八条　学校及び学校の教職員は，基本理念にのっとり，当該学校に在籍する児童等の保護者，地域住民，児童相談所その他の関係者との連携を図りつつ，学校全体でいじめの防止及び早期発見に取り組むとともに，当該学校に在籍する児童等がいじめを受けていると思われるときは，適切かつ迅速にこれに対処する責務を有する。

（保護者の責務等）
第九条　保護者は，子の教育について第一義的責任を

有するものであって，その保護する児童等がいじめを行うことのないよう，当該児童等に対し，規範意識を養うための指導その他の必要な指導を行うよう努めるものとする。

2　保護者は，その保護する児童等がいじめを受けた場合には，適切に当該児童等をいじめから保護するものとする。

3　保護者は，国，地方公共団体，学校の設置者及びその設置する学校が講ずるいじめの防止等のための措置に協力するよう努めるものとする。

4　第一項の規定は，家庭教育の自主性が尊重されるべきことに変更を加えるものと解してはならず，また，前三項の規定は，いじめの防止等に関する学校の設置者及びその設置する学校の責任を軽減するものと解してはならない。

第二章　いじめ防止基本方針等

（いじめ防止基本方針）

第十一条　文部科学大臣は，関係行政機関の長と連携協力して，いじめの防止等のための対策を総合的かつ効果的に推進するための基本的な方針（以下「いじめ防止基本方針」という。）を定めるものとする。

（地方いじめ防止基本方針）

第十二条　地方公共団体は，いじめ防止基本方針を参酌し，その地域の実情に応じ，当該地方公共団体におけるいじめの防止等のための対策を総合的かつ効果的に推進するための基本的な方針（以下「地方いじめ防止基本方針」という。）を定めるよう努めるものとする。

（学校いじめ防止基本方針）

第十三条　学校は，いじめ防止基本方針又は地方いじめ防止基本方針を参酌し，その学校の実情に応じ，当該学校におけるいじめの防止等のための対策に関する基本的な方針を定めるものとする。

（いじめ問題対策連絡協議会）

第十四条　地方公共団体は，いじめの防止等に関係する機関及び団体の連携を図るため，条例の定めるところにより，学校，教育委員会，児童相談所，法務局又は地方法務局，都道府県警察その他の関係者により構成されるいじめ問題対策連絡協議会を置くことができる。

第四章　いじめの防止等に関する措置

（学校におけるいじめの防止等の対策のための組織）

第二十二条　学校は，当該学校におけるいじめの防止等に関する措置を実効的に行うため，当該学校の複数の教職員，心理，福祉等に関する専門的な知識を有する者その他の関係者により構成されるいじめの防止等の対策のための組織を置くものとする。

（いじめに対する措置）

第二十三条　学校の教職員，地方公共団体の職員その他の児童等からの相談に応じる者及び児童等の保護者は，児童等からいじめに係る相談を受けた場合において，いじめの事実があると思われるときは，いじめを受けたと思われる児童等が在籍する学校への通報その他の適切な措置をとるものとする。

2　学校は，前項の規定による通報を受けたときその他当該学校に在籍する児童等がいじめを受けていると思われるときは，速やかに，当該児童等に係るいじめの事実の有無の確認を行うための措置を講ずるとともに，その結果を当該学校の設置者に報告するものとする。

3　学校は，前項の規定による事実の確認によりいじめがあったことが確認された場合には，いじめをやめさせ，及びその再発を防止するため，当該学校の複数の教職員によって，心理，福祉等に関する専門的な知識を有する者の協力を得つつ，いじめを受けた児童等又はその保護者に対する支援及びいじめを行った児童等に対する指導又はその保護者に対する助言を継続的に行うものとする。

4　学校は，前項の場合において必要があると認めるときは，いじめを行った児童等についていじめを受けた児童等が使用する教室以外の場所において学習を行わせる等いじめを受けた児童等その他の児童等が安心して教育を受けられるようにするために必要な措置を講ずるものとする。

5　学校は，当該学校の教職員が第三項の規定による支援又は指導若しくは助言を行うに当たっては，いじめを受けた児童等の保護者といじめを行った児童等の保護者との間で争いが起きることのないよう，いじめの事案に係る情報をこれらの保護者と共有するための措置その他の必要な措置を講ずるものとする。

6　学校は，いじめが犯罪行為として取り扱われるべきものであると認めるときは所轄警察署と連携してこれに対処するものとし，当該学校に在籍する児童等の生命，身体又は財産に重大な被害が生じるおそれがあるときは直ちに所轄警察署に通報し，適切

に，援助を求めなければならない。

（校長及び教員による懲戒）

第二十五条　校長及び教員は，当該学校に在籍する児童等がいじめを行っている場合であって教育上必要があると認めるときは，学校教育法第十一条の規定に基づき，適切に，当該児童等に対して懲戒を加えるものとする。

（出席停止制度の適切な運用等）

第二十六条　市町村の教育委員会は，いじめを行った児童等の保護者に対して学校教育法第三十五条第一項（同法第四十九条において準用する場合を含む。）の規定に基づき当該児童等の出席停止を命ずる等，いじめを受けた児童等その他の児童等が安心して教育を受けられるようにするために必要な措置を速やかに講ずるものとする。

第五章　重大事態への対処

（学校の設置者又はその設置する学校による対処）

第二十八条　学校の設置者又はその設置する学校は，次に掲げる場合には，その事態（以下「重大事態」という。）に対処し，及び当該重大事態と同種の事態の発生の防止に資するため，速やかに，当該学校の設置者又はその設置する学校の下に組織を設け，質問票の使用その他の適切な方法により当該重大事態に係る事実関係を明確にするための調査を行うものとする。

一　いじめにより当該学校に在籍する児童等の生命，心身又は財産に重大な被害が生じた疑いがあると認めるとき。

二　いじめにより当該学校に在籍する児童等が相当の期間学校を欠席することを余儀なくされている疑いがあると認めるとき。

2　学校の設置者又はその設置する学校は，前項の規定による調査を行ったときは，当該調査に係るいじめを受けた児童等及びその保護者に対し，当該調査に係る重大事態の事実関係等その他の必要な情報を適切に提供するものとする。

3　第一項の規定により学校が調査を行う場合においては，当該学校の設置者は，同項の規定による調査及び前項の規定による情報の提供について必要な指導及び支援を行うものとする。

義務教育の段階における普通教育に相当する教育の機会の確保等に関する法律（抄）
（平成28年法律第105号）

第一章　総則

（目的）

第一条　この法律は，教育基本法（平成十八年法律第百二十号）及び児童の権利に関する条約等の教育に関する条約の趣旨にのっとり，教育機会の確保等に関する施策に関し，基本理念を定め，並びに国及び地方公共団体の責務を明らかにするとともに，基本指針の策定その他の必要な事項を定めることにより，教育機会の確保等に関する施策を総合的に推進することを目的とする。

（基本理念）

第三条　教育機会の確保等に関する施策は，次に掲げる事項を基本理念として行われなければならない。

一　全ての児童生徒が豊かな学校生活を送り，安心して教育を受けられるよう，学校における環境の確保が図られるようにすること。

二　不登校児童生徒が行う多様な学習活動の実情を踏まえ，個々の不登校児童生徒の状況に応じた必要な支援が行われるようにすること。

三　不登校児童生徒が安心して教育を十分に受けられるよう，学校における環境の整備が図られるようにすること。

四　義務教育の段階における普通教育に相当する教育を十分に受けていない者の意思を十分に尊重しつつ，その年齢又は国籍その他の置かれている事情にかかわりなく，その能力に応じた教育を受ける機会が確保されるようにするとともに，その者が，その教育を通じて，社会において自立的に生きる基礎を培い，豊かな人生を送ることができるよう，その教育水準の維持向上が図られるようにすること。

第二章　基本指針

第七条　文部科学大臣は，教育機会の確保等に関する施策を総合的に推進するための基本的な指針（以下この条において「基本指針」という。）を定めるものとする。

2　基本指針においては，次に掲げる事項を定めるものとする。

　一　教育機会の確保等に関する基本的事項

　二　不登校児童生徒等に対する教育機会の確保等に関する事項

　三　夜間その他特別な時間において授業を行う学校における就学の機会の提供等に関する事項

第三章　不登校児童生徒等に対する教育機会の確保等

（学校における取組への支援）

第八条　国及び地方公共団体は，全ての児童生徒が豊かな学校生活を送り，安心して教育を受けられるよう，児童生徒と学校の教職員との信頼関係及び児童生徒相互の良好な関係の構築を図るための取組，児童生徒の置かれている環境その他の事情及びその意思を把握するための取組，学校生活上の困難を有する個々の児童生徒の状況に応じた支援その他の学校における取組を支援するために必要な措置を講ずるよう努めるものとする。

（支援の状況等に係る情報の共有の促進等）

第九条　国及び地方公共団体は，不登校児童生徒に対する適切な支援が組織的かつ継続的に行われることとなるよう，不登校児童生徒の状況及び不登校児童生徒に対する支援の状況に係る情報を学校の教職員，心理，福祉等に関する専門的知識を有する者その他の関係者間で共有することを促進するために必要な措置その他の措置を講ずるものとする。

（特別の教育課程に基づく教育を行う学校の整備等）

第十条　国及び地方公共団体は，不登校児童生徒に対しその実態に配慮して特別に編成された教育課程に基づく教育を行う学校の整備及び当該教育を行う学校における教育の充実のために必要な措置を講ずるよう努めるものとする。

（学習支援を行う教育施設の整備等）

第十一条　国及び地方公共団体は，不登校児童生徒の学習活動に対する支援を行う公立の教育施設の整備及び当該支援を行う公立の教育施設における教育の充実のために必要な措置を講ずるよう努めるものとする。

（学校以外の場における学習活動の状況等の継続的な把握）

第十二条　国及び地方公共団体は，不登校児童生徒が学校以外の場において行う学習活動の状況，不登校児童生徒の心身の状況その他の不登校児童生徒の状況を継続的に把握するために必要な措置を講ずるものとする。

（学校以外の場における学習活動等を行う不登校児童生徒に対する支援）

第十三条　国及び地方公共団体は，不登校児童生徒が学校以外の場において行う多様で適切な学習活動の重要性に鑑み，個々の不登校児童生徒の休養の必要性を踏まえ，当該不登校児童生徒の状況に応じた学習活動が行われることとなるよう，当該不登校児童生徒及びその保護者（学校教育法第十六条に規定する保護者をいう。）に対する必要な情報の提供，助言その他の支援を行うために必要な措置を講ずるものとする。

　　第四章　夜間その他特別な時間において授業を行う学校における就学の機会の提供等

（就学の機会の提供等）

第十四条　地方公共団体は，学齢期を経過した者（その者の満六歳に達した日の翌日以後における最初の学年の初めから満十五歳に達した日の属する学年の終わりまでの期間を経過した者をいう。次条第二項第三号において同じ。）であって学校における就学の機会が提供されなかったもののうちにその機会の提供を希望する者が多く存在することを踏まえ，夜間その他特別な時間において授業を行う学校における就学の機会の提供その他の必要な措置を講ずるものとする。

索　引

《監修者紹介》

吉田武男（筑波大学名誉教授，関西外国語大学短期大学部教学担当顧問・教授）

《執筆者紹介》（所属，分担，執筆順，＊は編著者）

＊吉田武男（編著者紹介参照）第 1・10章第 1・2 節

＊花屋哲郎（編著者紹介参照）第 2・3・8・9・11・12章

石垣正純（千葉県弁護士会弁護士）第 4 章

中井大介（埼玉大学教育学部准教授）第 5 章

森下　剛（いわき短期大学幼児教育科教授）第 6 章

都丸けい子（聖徳大学心理・福祉学部准教授）第 7 章

島田茂樹（常磐大学人間科学部准教授）10章第 3 節

《編著者紹介》

花屋哲郎（はなや・てつろう／1966年生まれ）

　秀明大学学校教師学部教授

　『生徒指導とカウンセリング』（共著，協同出版，2014）

　『自ら実感する心理学』（共著，保育出版，2016）

　『教育相談』（共著，ミネルヴァ書房，2019）

　『特別活動』（共著，ミネルヴァ書房，2020）

吉田武男（よしだ・たけお／1954年生まれ）

　筑波大学名誉教授，関西外国語大学短期大学部教学担当顧問・教授

　『シュタイナー教育を学びたい人のために──シュタイナー教育研究入門』（協同出

　　版，1997年）

　『シュタイナーの教育名言100選』（学事出版，2001年）

　『カウンセラーは学校を救えるか──「心理主義化する学校」の病理と変革』（共

　　著，昭和堂，2003年）

　『シュタイナーの人間形成論──道徳教育の転換を求めて』（学文社，2008年）

　『「心の教育」からの脱却と道徳教育──「心」から「絆」へ，そして「魂」へ』（学

　　文社，2013年）

MINERVA はじめて学ぶ教職⑮

生徒指導

2024年3月30日　初版第1刷発行　　〈検印省略〉

定価はカバーに表示しています

編著者　花屋哲郎
　　　　吉田武男

発行者　杉田啓三

印刷者　藤森英夫

発行所　株式会社　ミネルヴァ書房

607-8494　京都市山科区日ノ岡堤谷町1
電話代表　（075）581-5191
振替口座　01020-0-8076

©花屋哲郎・吉田武男ほか，2024　　亜細亜印刷

ISBN978-4-623-08896-6

Printed in Japan

MINERVA はじめて学ぶ教職

監修 吉田武男

「教職課程コアカリキュラム」に準拠 　　全20巻＋別巻1

◆ B5判／美装カバー／各巻180〜230頁／各巻本体2200円（税別）／別巻本体2600円（税別） ◆

【姉妹編】

MINERVA はじめて学ぶ教科教育 　全10巻＋別巻1

監修 吉田武男　B5判美装カバー／各巻予価2200円（税別）〜